编委会名单

编委会主编： 汪向东

编委会成员：（按各章节写作顺序）

李孟祥　蒋海滨　胡秀东　李丽莉　魏　强

杨志军　程俊强　钟婷婷　朱祝何　卢道俊

岳晓兰　滕莉琼　俞　元　张志统　李　敏

于　莹　贾艳艳　韩东原　宋婷婷　何华峰

康　宇　汤　敏　王　航　袁　涛

点评专家：（按各章节点评顺序）

杨培芳　李鸣涛　邱泽奇　安筱鹏　吕本富

李道亮　陈民利　姜奇平　吴秀媛　段永刚

魏延安　段永朝　王行最　陈秋霖　汤　敏

脱贫攻坚丛书

POVERTY ALLEVIATION SERIES

数字科技：扶贫兴农新利器

汪向东 / 主编

人民出版社

目 录 CONTENTS

序　言　数字科技扶贫兴农的中国故事 001

第一部分　广泛连接 013

01　"互联网＋"：按下脱贫攻坚快进键

.... 周雪峰　李孟祥　尹家宝　蒋龙龙 015

一、"互联网＋"的概念与发展 016

二、"互联网＋"拓宽扶贫路 018

三、"互联网＋"扶贫实践案例 022

四、"互联网＋"推动脱贫攻坚与乡村振兴有机衔接 025

◇◆　专家点评 .... 杨培芳 028

02　农村电商：农民脱贫致富生力军 .... 蒋海滨　胡秀东 029

一、电商扶贫概述 029

二、电商扶贫的发展 035

三、电商扶贫实践 049

四、农村电商未来展望 055

◇◆ 专家点评 .... 李鸣涛 056

03　社交互联网：脱贫攻坚重要信息载体 .... 李丽莉 058

　　一、社交互联网赋能扶贫兴农 059

　　二、社交互联网在助力脱贫攻坚中的重要作用 063

　　三、社交互联网助力脱贫攻坚实践案例 070

　　四、互联网是"后脱贫时代"促进乡村振兴的重要力量 079

◇◆ 专家点评 .... 邱泽奇 081

04　新基建：为乡村腾飞插上信息化翅膀

　　.. 魏　强　杨志军　程俊强 083

　　一、新基建的产生及主要内容 083

　　二、新基建与精准扶贫的关系 089

　　三、新基建助力扶贫助农实践案例 092

　　四、新基建扶贫兴农工作展望 105

◇◆ 专家点评 .... 安筱鹏 108

第二部分　应用精准 109

05　大数据：扶贫兴农新农资 .... 钟婷婷　朱祝何　卢道俊 111

　　一、大数据是高质量发展的新动力 111

　　二、大数据事关经济运行与国际竞争 112

　　三、大数据助力扶贫更精准 113

　　四、大数据扶贫案例 117

　　五、抓住数据链接这个根本 124

◇◆ 专家点评 .... 吕本富 125

06　区块链：重构精准扶贫信任体系......岳晓兰　滕莉琼　俞　元 127

　　一、区块链技术的起源及发展...128

　　二、精准扶贫与信息技术...135

　　三、区块链助力精准扶贫...137

　　四、区块链助力全面监管...141

　　五、区块链扶贫案例...143

　　六、区块链助力精准扶贫未来展望..153

　　◇◆ 专家点评...李道亮 154

07　数字化智能物流：农村经济发展强力引擎.........................张志统 156

　　一、数字化智能物流新基建助力脱贫攻坚.............................157

　　二、数字化智能物流深入产地打通"最先一公里"..................161

　　三、数字技术赋能提升贫困地区的农业经营水平....................163

　　◇◆ 专家点评...陈民利 165

第三部分　智能高效...167

08　云计算：强大算力使扶贫更精准.................................李　敏 169

　　一、云计算技术概述...170

　　二、云计算助力精准扶贫...175

　　三、云计算扶贫典型案例...178

　　四、云计算扶贫未来展望...184

　　◇◆ 专家点评...姜奇平 185

09　物联网：多方融合共发展.................................于　莹　贾艳艳 187

　　一、物联网概述...187

二、物联网在农牧领域的应用 188

三、物联网助力科技扶贫 196

四、物联网扶贫存在的问题 201

五、物联网扶贫兴农发展建议 202

◇◆ 专家点评 ....吴秀媛 204

10 电商"拼模式"：小农户对接大市场 ....韩东原 206

一、电商"拼模式" 208

二、"拼模式"助力脱贫兴农 212

三、"拼模式"应用于扶贫的作用、意义与挑战 215

四、应用案例与成效 217

五、未来展望及建议 222

◇◆ 专家点评 ....段永刚 225

11 短视频、直播：扶贫兴农"新农技" ....宋婷婷 何华峰 227

一、视频是新时代的文本 227

二、短视频、直播成为扶贫"新农技" 235

三、短视频、直播扶贫案例 239

四、动员社会更广泛力量助农扶贫 246

◇◆ 专家点评 ....魏延安 246

第四部分 普惠包容 249

12 "互联网＋家政"：为精准扶贫打开一扇窗 ....康 宇 251

一、"数据＋平台"家政服务业数字化转型 252

二、阿姨"上云"技术变革打通供需"最后一公里" 254

三、家政扶贫走出精准扶贫新路子 256

四、补齐家政待业"短板" 259

五、家政行业数字基础设施构建 260

六、网络家政转型升级提质增效 264

◇◆ **专家点评** .... 段永朝 267

13　**"互联网＋金融"：农村小额贷款机构发展的出路** ..... 汤　敏 268

一、网商银行和微众银行对农村金融的启示 269

二、农村中低收入农户贷款互联网化 270

三、进一步扩大互联网金融在农户小额贷款中的作用 272

◇◆ **专家点评** .... 王行最 273

14　**"互联网＋医疗"：为打赢脱贫攻坚战筑起健康防线**

.... 王　航 275

一、健康扶贫的要求 276

二、"互联网＋医疗"助力健康扶贫的背景 277

三、"互联网＋医疗"助力健康扶贫的服务模式 278

四、"互联网＋医疗"扶贫工作实践 280

五、"互联网＋医疗"助力健康扶贫的挑战 285

六、"互联网＋医疗"扶贫发展策略 286

◇◆ **专家点评** .... 陈秋霖 288

15　**"互联网＋教育"：构建开放精准教育帮扶新业态**

.... 袁　涛 291

一、"互联网＋教育"是精准脱贫的重要手段 292

二、"互联网＋教育"对贫困地区教育现状的重构 294

三、"互联网＋教育"助力脱贫攻坚的有效实践.................................299

四、职业教育和成人教育是"后脱贫时代"促进乡村振兴的

关键 302

◇◆ 专家点评 ....汤　敏 307

序　言

数字科技扶贫兴农的中国故事

呈现在读者面前的这本书——《数字科技：扶贫兴农新利器》，是由国内具有一定代表性的数字科技公司、科研和扶贫机构的专家共同撰写，主要反映中国在"十三五"期间，数字科技在"三农"领域的应用，特别是在助力打赢脱贫攻坚战中的合作成果。

数字科技扶贫兴农，是指人们将数字科技的规律、理念、技术等应用于农村扶贫和乡村振兴，帮助农村贫困主体摆脱贫困，帮助农民走向富裕和幸福的社会实践。我们当前正处在以数字化、网络化、智能化为主要特征的数字信息时代。数字科技具有广泛的渗透性，可以被应用到经济社会发展和人民生活的方方面面，其中，当然也包括用于扶贫和兴农。事实上，以数字科技助力扶贫兴农，已成为中国明确提出的重大国策，并逐渐成为社会共识，也是"十三五"期间扶贫兴农领域真实发生并取得显著进展的社会存在。

"十三五"时期，数字科技已被广泛应用于产业扶贫、教育扶贫、健康扶贫、生态扶贫等领域，渗透到扶贫的社会动员、资源投入、精准识别、精准帮扶、救济保障、项目管理等工作中，体现在贫困主体的生产生活、技能培训、创业发展、转移就业等脱贫的各方面。本书的作者分别从数字化基础设施建设、云计算、大数据、物联网、区块链、社交互联网、农村电商、数字化智能物流、短视频与直播、消费新模式、数字金融、"互联网＋医疗健康"、远程教育等不同角度，向读者介绍了数字科技相关应用的特点，回顾了"十三五"期间相关数字科技在"三农"，尤其是在农村扶贫领域应用的情况，甚至还展望了数字科技应用于乡村振兴的前景。也因此，本书从多方面向读者讲述了"十三五"期间数字科技助力扶贫兴农的中国故事，立体化展示了中国在这一领域的新探索、新经验。

数字科技扶贫兴农，是信息科技发展到数字化、网络化、智能化阶段并实际应用于扶贫减贫和"三农"领域的产物。数字科技是当今信息高科技时代给人类反贫困和共享发展带来的新利器。

数字科技主要通过以下特点和途径，赋能扶贫兴农。

一是广泛连接性。广泛连接，是数字化网络赋予用户的最重要、起基础作用的能力。如书中中国电信、杭州闻远科技、腾讯集团、中国移动的专家所述，数字科技应用于扶贫兴农，可以帮助贫困主体和广大农民打破时空阻隔，以前所未有的方式连接信息、连接市场、连接服务、连接资源、连接就业与发展机会。移动社交互联网，还可以更便捷地连接情感、连接社区、连接财富。新基建通过多种数字技术的交汇、叠加，将进一步拓展连接，并在此基础上，为数字科技的更广泛深入应用奠定新基础。

二是应用精准性。应用精准，离不开大数据的应用。如书中浪潮质量码、浙江甲骨文超级码满天星区块链技术、京东数字化智能物流等案例所示，将大数据技术应用于扶贫工作，有助于对贫困主体精准识别、精准施策，实现精准扶贫、精准脱贫的目标要求；将大数据、区块链等应用于农产品追溯，有助于精准实现产销对接和消费扶贫采购，保障质量安全；将大数据、物联网、人工智能等技术应用于物流，可精准地解决农村特别是贫困农村供应链的痛点，让扶贫兴农更加有的放矢。

三是智能高效性。智能高效，是人们应用数字科技所要追求的结果。就像书中中国信息通信研究院、农信互联科技集团、拼多多、快手科技等案例显示的那样，物联网、云计算、大数据、视频直播等数字技术的应用，可以为包括贫困地区在内的广大农民、农业企业等经济主体，带来新要素、新工具、新算力、新流程，促进乡村产业数字化转型和升级，让他们可以更加智能化、高效化地开展生产和经营、提供服务，降低成本、优化结构，从而提升整体发展的质量、价值与收益。

四是普惠包容性。普惠包容，是指数字技术创新让应用的门槛不断降低，从而惠及包括贫困主体在内的弱势群体和普罗大众。数字技术性能的不断改进、价格下降，平台经济用户的日益普及，使数字化新应用、新业态、新模式不断涌现，促进了消费升级和共享经济、共享服务的发展。如书中快手科技在短视频和直播、天鹅到家在消费新模式、中和农信等在数字金融、好大夫在线在远程医疗、尚德机构在远程教育等领域的扶贫案例所示，数字技术已成为贫困主体和广大农民脱贫致富的新帮手，成为他们更平等和更方便地享受公共服务、实现包容性发展的新手段。

减贫消贫，共享发展福祉，是人类的美好理想和国际社会的共同使命。进入 21 世纪以来，联合国相继发布千年发展目标（2000—2015）和可持续发展目标（2015—2030），都将反贫困放在了首要位置。

2000 年 9 月，联合国召开全球大会，提出要在 2015 年年底前，使全球极端贫困人口的比例降低一半。由各成员国领导人签署的《联合国千年宣言》，将此愿景化为 8 个发展目标，并正式作出政治承诺。在随后的 15 年里，联合国千年发展目标取得了明显进展。根据联合国 2015 年《千年发展目标报告》的数据，全球每天收入低于 1.25 美元的极端贫困人口的数量，从 1990 年的 19 亿人下降到 2015 年的 8.36 亿人，他们在全球人口中的占比，从近一半降到 14%。

然而，各地区和国家的减贫进展很不平衡，全球仍有数亿人口生活在极端贫困中。于是，2015 年，联合国又制定了新的、包含 17 项具体内容的可持续发展目标。新目标要求，到 2030 年，按各国标准界定的贫困人口至少再减一半，要使社会保障制度和措施较大程度上覆盖到穷人和弱势群体，让他们可平等享有获取经济资源和自然资源、享有基本服务等权利。

全球减贫的任务依然繁重。减贫，除了要有正确的战略、足够的资源投入和坚定的政治意愿外，还要有针对性的措施，采取各种有效的手段和方法。面对当代数字科技带来的重大机遇，用好数字科技，越来越成为扶贫减贫的必要之选。

国际组织重视发挥信息通信技术在减贫中的作用由来已久。早在 1984 年，国际电信联盟著名的"美特兰（Maitland）报告"——《缺失的环节》(the Missing Link)，就提出要通过发展电信基础设施，来促进发展中国家的开发和减贫。1994 年和 1995 年，世界银行连续两年的报告都提到 IN4D（Information for Development 的缩写，即以信息促发展），1995 年开始还专门设立了名为 InfoDev 的专项基金。在互联网快速发展的背景下，数字鸿沟问题更是强烈触动了各国战略决策者们的神经。联合国分别于 2003 年、2005 年两次召开世界信息社会峰会（WSIS），明确把弥合数字鸿沟，以信息通信技术助脱贫、促发展，作为实现联合国千年发展目标的手段。指出"要坚定不移地赋予穷人，特别是生活在边远地区、农村和边缘化城区的穷人，获得信息和使用信息通信技术的能力，使其藉此摆脱贫困"①。

近年，自联合国提出新的可持续发展目标以来，国际社会对数字科技扶贫减贫的重视有增无减。世界银行与联合国贸发会议联合发布的《2016 年世界发展报告——数字红利》，就以"数字红利"为报告主题。该报告充分肯定互联网等数字技术可以通过推动经济增长、降低交易成本、扩大就业、提高效率、改善公共服务等，来促进包容性发展与创新，从而助力减贫和实现可持续发展。报告大量引用了中国的特别是中国在电子商务方面的成功案例；与此同时，报告也指出互联网等数字技术可能带来过度集中、不平等和信息控制等风险，建议采取配套机制，以便让数字红利得以充分释放。

2019 年，世界银行的年度报告《终结贫困，投资于机会》，再次强调发展中国家要利用数字创新带来的机遇，缩小数字鸿沟。同时，报告还特别提出，数字时代改变了工作的性质和对技能的要求，强调要通过包容性经济增长、终身学习和人力资本投资，以及提高家庭和社区抗风险的韧性，来消除极端贫困，推进共享繁荣。

然而，利用数字科技扶贫减贫，绝非轻而易举。

首先是场景的挑战。数字科技扶贫，是通过将数字科技应用于和改变贫困发生的场景、作用在贫困主体身上，并产生减贫脱贫效果来实现的。特别是在区域性的贫困场景之下，贫困主体致贫，有其深刻的客观原因，往往是自然、区位、经济、文化、社会等多方面条件造成的。而这些与地域场景相关、导致贫困主体发生贫困的因素，又会成为数字科技在当地应用和发展的制约因素。

其次是技术的挑战。数字科技扶贫，需要具备起码的技术条件。

---

① 2003 年世界信息社会峰会通过的题为《建设信息社会：新千年的全球性挑战》的《原则宣言》。

一个贫困山区如果连简单的电信通信都不能实现，那里的人们便无法利用网络与外界沟通，并开展网络扶贫脱贫活动；数字科技扶贫还要帮助当地贫困主体掌握相应的技能，才能让他们跨越数字鸿沟，让数字科技变成他们手中摆脱贫困、走向振兴的有力工具。应对技术的挑战，必须开展数字科技基础设施和基础能力的建设；而这种数字科技能力基建的过程，往往需要耗费巨大的资源和时间，给贫困地区带来沉重的压力。

再次是应用的挑战。即使借助各方面的力量，人们在贫困场景下建成了一定的数字科技能力，也不等于就可以自然而然地获得预期的扶贫减贫效果。建成的数字科技能力是需要被有效应用的。不能应用，建成的能力就会被闲置，就变成了摆设；不能有效应用，前期和后续的资源投入便是白费。中国数字科技扶贫的实践表明，数字科技应用阶段所面临的挑战，与建设阶段相比，往往是有过之而无不及。

最后是机制的挑战。在数字科技扶贫的过程中，从规划设计、社会动员、资源投入、项目建设与推进，到形成可落地的应用系统并实施运作、效果测评与方案调整、后续跟进乃至可持续发展，是一个涉及技术、经济、社会、文化、政府、公益、市场等众多因素的相当复杂的实践过程。如果没有适宜的机制保障，即使有良好的扶贫意愿也无法取得令人满意的结果。

在人类减贫的历史进程中，中国为之付出的努力和取得的成就有目共睹。据国务院扶贫办官方网站上公布的数据，自1978年改革开放到2019年年底，中国贫困人口累计减少了7亿多人，对全球减贫贡献率超过70%。

特别是2015年以来，中国在率先实现联合国千年发展目标的基础上，中共中央、国务院发出《中共中央 国务院关于打赢脱贫攻坚战的决定》，要求于2020年实现现行标准下农村人口全部脱贫、全面建成小康社会的战略目标。2016 年，国务院制定《"十三五"脱贫攻坚规划》，明确了"十三五"时期国家脱贫攻坚总体思路、基本目标、主要任务和重大举措。

以数字科技助力扶贫，纳入了"十三五"总体规划和相关专项规划。中央网信办、国家发展改革委、国务院扶贫办联合制定了《网络扶贫行动计划》，部署实施"网络覆盖工程、农村电商工程、网络扶智工程、信息服务工程、网络公益工程"五大工程，要求"到 2020 年，网络扶贫取得显著成效，建立起网络扶贫信息服务体系，实现网络覆盖、信息覆盖、服务覆盖。宽带网络覆盖 90% 以上的贫困村，电商服务通达乡镇，带动贫困地区特色产业效益明显，网络教育、网络文化、互联网医疗帮助提高贫困地区群众的身体素质、文化素质和就业能力，有效阻止因病致贫、因病返贫，切实打开孩子通过网络学习成长、青壮年通过网络就业创业改变命运的通道，显著增强贫困地区的内生动力，为脱贫摘帽和可持续发展打下坚实基础"[1]。

到 2019 年年底，中国的贫困人口和贫困发生率已由 2012 年的 9899 万人和 10.2%，分别下降到 551 万人和 0.6%。全国 832 个贫困县减少至 52 个。2020 年如期实现脱贫攻坚战的既定目标，将标志着中国历史上首次整体消除绝对贫困，标志着中国提前实现联合国 2030 年可持续议程规定的减贫目标。这对中华民族乃至全人类的重大意义不言而喻。

利用数字科技助力实现减贫目标，是我们为世界减贫事业贡献的中国经验的重要组成部分。在我看来，中国在这方面的经验主要有以下几点。

---

[1] 《中央网信办、国家发展改革委、国务院扶贫办联合发文　加快实施网络扶贫行动》，中国网信网，见 http://www.cac.gov.cn/2016-10/27/c_1119801364.htm。

一是坚定不移，持之以恒。中国的贫困人口主要集中于农村，因此，农村也就成为数字科技扶贫的主战场。中国城乡之间、不同地域农村之间差距明显，农业农村信息化、数字化以往的基础相当薄弱、建设难度高，其中，贫困地区农村的发展条件就更加不利。因此，在中国农村开展数字科技扶贫，绝不可能一蹴而就。如果没有国家在加强"三农"工作以及在反贫困上的战略定力，没有对数字科技在扶贫兴农上的正确决策、持续支持和发展积累，就不可能有"十三五"期间的数字科技扶贫成果。

二是精准聚焦，提高绩效。中国扶贫工作指导方针近年最大的变化，就是从以往"大水漫灌"式的粗放扶贫，转变为"精确滴灌"式的精准扶贫。为此，通过大量的、艰苦细致的摸排形成对现行贫困标准下建档立卡贫困主体的数据，为保证扶贫工作的精准性、有效性奠定了基础，也为数字科技扶贫明确了帮扶对象和工作方向。事实也是如此，在"十三五"期间数字科技扶贫过程中，有了在精准识别基础上的精确施策为保证，便提高了数字科技扶贫资源利用的有效性和帮扶工作的绩效。

三是整合资源，合力攻坚。国家围绕脱贫攻坚所需的资金、用地、科技和人才等资源，出台了一系列优惠支持政策，优先部署和推进了相关制度的改革，有利于更多资源投向贫困地区并得到更有效利用。首先，政府加大了扶贫资源投入，允许贫困地区根据当地需要整合使用国家财政资金；其次，不断拓宽公益帮扶渠道，组织开展消费扶贫；最后，鼓励企业，尤其是数字科技企业积极创新信息扶贫、网络扶贫方式，承担更多的社会责任。这些举措在"十三五"期间数字科技扶贫工作中发挥了重要作用。

四是因地制宜，示范引领。数字科技扶贫落地并获得实效的关键，是要在数字科技扶贫的项目实施、产业发展、市场对接和价值实现的链条中，探索、构建精准地连接、带动、惠益贫困主体的有效方式，以便真正让贫困主体参与进来，分享到数字科技建设与应用带来的好处。鉴于具体的数字科技及其扶贫应用场景两方面的复杂多样性，因地制宜、鼓励探索、试点创新、交流合作，就成为推进数字科技扶贫、提高其实施绩效的必要之举。其中，充分发挥榜样的示范作用，特别是让数字科技扶贫的受益者现身说法，是吸引更多贫困主体参与进来的有效方式。

五是机制保障，持续护航。中国在长期扶贫工作中，建立起政府主导下全社会参与的"大扶贫"的体制机制，如东西部扶贫协作，中央部委、央企和机构定点扶贫，民营企业、社会组织与个人的广泛参与，各种扶贫联盟、组织、线上线下的平台、公益渠道，公益众筹、扶贫捐赠和志愿者行动等。这些为数字科技扶贫的顺利开展，提供了机制保障。其中，在市场化领域，国家鼓励企业良性竞争，促进扶贫产业、扶贫就业供给侧结构改革；对市场创新中出现的新问题，采取发展与监管并重、审慎包容的监管方针；支持对贫困主体和广大农民开展智能手机、电商等技能培训，重视对本土人才和创业致富带头人的培养等，都是不断提高数字科技脱贫内生能力的长效措施。

中国数字科技助力扶贫兴农的新实践、新经验，无论是对于中国，还是对于全球反贫困事业来说，都具有重要的意义。把这些新实践、新经验记录、总结和呈现出来，讲好数字科技扶贫兴农的中国故事，是我们编写本书的用意所在。

由活跃在数字科技扶贫兴农前沿的科技企业、科研与扶贫机构的专家执笔著述，好处显而易见。他们既有理论，更有实践；写的是他们的所思所悟，说的是他们的所作所为。由他们来讲述企业亲历的故事，相信会给读者带来不一样的阅读感受。如果说有不足的话，也许主要是企业专家所举的案例、所表达的观点会受企业的立场所限，比如，没能把竞争对手的贡献介绍出来——这恐怕是难以避免的。不过，我们也邀请了一批第三方专家，对文章作者所讨论的内容、所讲的故事进行点评。希望这能给读者在阅读时，提供更多的参考。

本书共15章，按数字科技给用户的主要赋能——广泛连接、应用精准、智能高效、普惠包容的作用，分为四大部分，具体编排如下。

第一部分，重点讲述数字科技在广泛连接方面的故事。前4章主要内容分别为：互联网帮助用户连接信息；农村电商连接市场、连接资源、连接就业和创收的机会；移动社交互联网连接情感、连接社区、连接有形的和无形的价值与财富；新基建，即在广泛连接基础上多种数字技术的汇聚、叠加，为扶贫兴农奠定新基础，创造新机遇。

第二部分，重点讲述数字科技在应用精准方面的故事。第5—7章讲述了数字科技，特别是基于大数据技术的应用，如何助力实现：扶贫工作的精准，包括扶贫产品在内的农村产品在市场对接和价值实现上的精准；物流的精准，即精准解决贫困地区物流痛点，助力当地农产品融入现代数字化智能物流体系。

第三部分，重点讲述数字科技在智能高效方面的故事。第8—11章的侧重点，分别是云计算、物联网、数字供应链、短视频和直播，核心是讨论数字科技新要素、新工具、新流程带来的产业转型升级，包括算力向智能高效化转型、农业向智能高效化转型、产销一体的供应链向智能高效化转型和传统平台电商营销方式向社交电商、场景电商、内容电商的智能高效化转型。

第四部分，重点讲述数字科技在普惠包容方面的故事。第12—15章分别讲：消费升级新模式带来的包容性发展，数字金融带来的包容性发展，以及数字网络新技术给包括弱势群体在内的广大用户在健康、教育上带来的包容性发展。

文章排列的先后顺序，与各作者所属企业、机构的性质、规模等无关，更不代表他们在扶贫兴农中的贡献大小或"重要性"的高低。所有为中国脱贫攻坚作出贡献的人、公司、机构，都值得我们致以崇高的敬意！

汪向东

2020 年 8 月 31 日

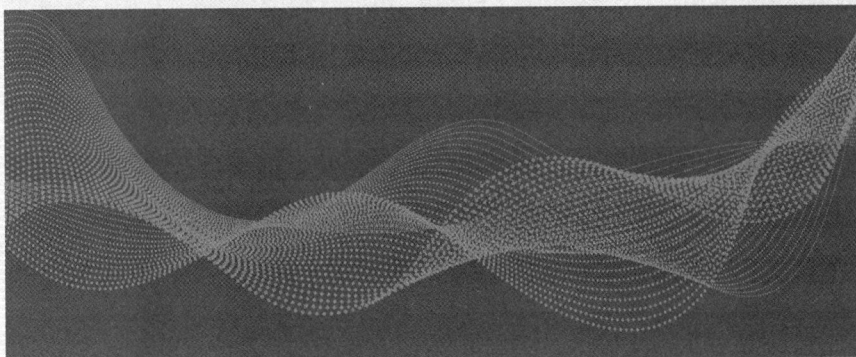

第一部分
广 泛 连 接

　　广泛连接，是数字化网络赋予用户的最重要、起基础作用的能力。本部分（第1—4章）主要内容分别为：互联网帮助用户连接信息；农村电商连接市场、连接资源、连接就业和创收机会；社交互联网连接情感、连接社区、连接有形的和无形的价值与财富；新基建，即在广泛连接基础上多种数字技术的汇聚、叠加，为扶贫兴农奠定新基础，创造新机遇。

01

"互联网+"：按下脱贫攻坚快进键

周雪峰① 李孟祥② 尹家宝③ 蒋龙龙④

我国从 20 世纪 80 年代开始有计划、有组织、大规模地开展农村扶贫开发工作，我们党根据不同历史时期的具体国情提出了消除贫困、实现共同富裕的一系列具体措施，推动扶贫攻坚任务不断向纵深发展。党的十八大以来，中国特色社会主义进入新时代，以习近平同志为核心的党中央坚持以人民为中心的发展思想，从全面建成小康社会大局出发，把扶贫开发摆在治国理政的突出位置，纳入"五位一体"总体布局和"四个全面"战略布局，全面打响了脱贫攻坚战，带领全党全国各族人民砥砺奋进，在脱贫攻坚领域取得了前所未有的成就。贫困人口从 2012 年年底的 9899 万人减到 2019 年年底的 551 万人，贫困发生率由 10.2% 降至 0.6%，连续 7 年每年减贫 1000 万人以上。2013—2019 年，832 个贫困县农民人均可支配收入由 6079 元增加到11567 元，年均增长 9.7%，比同期全国农民人均可支配收入增幅高

① 周雪峰，中国电信集团有限公司办公室副主任。
② 李孟祥，中国电信集团有限公司办公室扶贫工作处高级项目经理。
③ 尹家宝，中国电信集团有限公司办公室扶贫工作处初级项目经理。
④ 蒋龙龙，中国电信集团有限公司办公室扶贫工作处借调干部。

2.2 个百分点。全国建档立卡贫困户人均纯收入由 2015 年的 3416 元增加到 2019 年的 9808 元，年均增幅 30.2%。这些来之不易、举世瞩目的成绩，充分彰显了中国共产党的领导和我国社会主义制度的政治优势，为其他国家扶贫工作的开展提供了有益借鉴。

其中，我国互联网的快速发展，在释放了巨大数字红利的同时，也为推进脱贫攻坚工作提供了新思路、新技术、新举措。2016 年 4 月 19 日，习近平总书记在网络安全和信息化工作座谈会上明确将"互联网"与"扶贫"联系在一起。四年来，互联网和信息化技术创新成果逐渐融合在脱贫攻坚多个领域，其巨大的潜力在贫困地区不断释放、迸发，推动扶贫工作逐渐实现随时随地、四通八达，帮助贫困地区人民跟上信息时代的步伐，使其在互联网共建共享中有更多获得感。统计数据显示，截至 2019 年 11 月，中国贫困村通宽带比例达到 98%，纳入电子商务进农村综合示范项目的贫困县网络零售额超过 1700 亿元。互联网和信息化在脱贫攻坚中的作用日益凸显，在帮助贫困群众走出贫困、依靠自身努力逐渐致富中扮演着越来越重要的角色。

一、"互联网 +"的概念与发展

（一）什么是"互联网 +"

"互联网 +"是近年出现并受到持续关注的一个新概念。根据国务院 2015 年 7 月印发的《关于积极推进"互联网 +"行动的指导意见》（国发〔2015〕40 号），"互联网 +"是把互联网的创新成果与经济社会各领域深度融合，推动技术进步、效率提升和组织变革，提升实体经济创新力和生产力，形成更广泛的以互联网为基础设施和创新要素的经济社会发展新形态。

换一种更为通俗易懂的说法，"互联网 +"即"互联网 + 各个传统行业"，但这并不代表两者简单地相加，它以互联网为出发点，依托互联网信息技术，充分发挥互联网在社会资源配置中的优化和集成作用，通过互联网由消费领域向生产领域拓展，实现互联网与经济社会各个领域的深度融合，促进经济提质增效升级。

在全球新一轮科技革命和产业变革中，互联网与各领域的融合发展具有广阔前景和无限潜力，已成为不可阻挡的时代潮流，正对各国经济社会发展产生战略性和全局性的影响。

（二）"互联网 +"相关政策变迁

当前，我们生活在这样一个时代：网络信息技术加速创新，网络已成为生产生活不可分割的一部分，数据已成为战略性基础资源，信息已成为一项重要的生产要素。大力推广"互联网 +"理念，加快推动互联网与各领域深入融合和创新发展，有利于重塑创新体系、激发创新活力、培育新兴业态和创新公共服务模式，有利于打造大众创业、万众创新和增加公共产品、公共服务"双引擎"，对促进我国经济高质量发展具有重要意义。也因此，党和国家高度重视推进"互联网 +"发展。

2014 年 11 月，首届世界互联网大会于浙江乌镇举办，李克强总理出席大会并与中外代表座谈。他指出互联网是大众创业、万众创新的新工具。

2015 年 3 月十二届全国人大三次会议上，李克强总理在《政府工作报告》中提出，国家要制定"互联网 +"战略，推动移动互联网、云计算、大数据、物联网等与现代制造业结合，促进电子商务、工业互联网和互联网金融（ITFIN）健康发展，引导互联网企业拓展国际市场。

2015 年 7 月，国务院印发《国务院关于积极推进"互联网 +"行动的指导意见》，明确未来三年以及十年的发展目标，提出 11 项重点工作，加快推动互联网与各领域深入融合和创新发展，加速提升产业发展水平，增强各行业创新能力，构筑经济社会发展新优势和新动能。

2020 年 5 月，李克强总理在《政府工作报告》中提出，全面推进"互联网 +"，打造数字经济新优势。

二、"互联网 +"拓宽扶贫路

（一）互联网与脱贫攻坚

改革开放以来，党和政府带领全国各族人民开拓创新，实施有计划、大规模扶贫开发，国内经济的飞速增长也产生了巨大的减贫效应，超过 7 亿的贫困人口摆脱贫困，收入水平大幅提高，创造了人类减贫史上的奇迹。但随着经济发展减贫效应的递减，以及扶贫开发逐渐进入"啃硬骨头"阶段，扶贫工作面临新的挑战与困难。

2016 年 4 月 19 日，习近平总书记主持召开网络安全和信息化工作座谈会并发表重要讲话，指出"可以发挥互联网在助推脱贫攻坚中的作用，推进精准扶贫、精准脱贫，让更多困难群众用上互联网，让农产品通过互联网走出乡村，让山沟里的孩子也能接受优质教育"①。习近平总书记的指示，高瞻远瞩又实事求是地将互联网与脱贫攻坚结合起来，将网络扶贫作为决胜全面小康的新杠杆，与时俱进地为推进我国扶贫开发事业提供了新的思路。而后，2016年10月，《网络扶贫行动计划》印发，同年11月，全国网络扶贫工作现场推进会召开。2018年，《关于推进网络扶贫的实施方案（2018—2020年)》印发。2019年，《关于支持推进网络扶贫项目的通知》发布。2020年3月，中央网信办、国家发展改革委、国务院扶贫办、工业和信息化部联合印发《2020年网络扶贫工作要点》。

网络扶贫行动一系列政策法规的印发，为充分发挥互联网、大数据等在脱贫攻坚中的助推作用奠定了坚实制度基础，为做好网络扶贫工作指明了道路和方向。网络扶贫作为落实国家脱贫攻坚战略的重大举措，在以中国电信为代表的通信信息行业持续努力之下不断深化，"互联网＋电商""互联网＋教育""互联网＋医疗"等得到极大发展，互联网发展成果得以广泛惠及贫困地区人民，极大地助力贫困地区加快脱贫攻坚进程及可持续发展。

（二）"互联网＋"加快脱贫攻坚进程

当今世界，网络信息技术日新月异，与社会生产生活日益交汇、全面融入，我们已经步入网络时代或者叫信息时代，从百姓生活，到政府民生，再到经济发展，网络信息技术的促进作用有目共睹。网络信息技术在脱贫攻坚领域的运用，能为贫困地区精准扶贫、精准脱贫提供新理念和新技术，助力高质量打赢脱贫攻坚战。

---

① 习近平：《在网络安全和信息化工作座谈会上的讲话》，人民出版社2016年版，第5—6页。

首先，网络基础设施为贫困地区可持续发展奠定基础。网络扶贫具有基础性、先导性作用，是打好脱贫攻坚战的重要组成部分，也是具有巨大发展潜力的重点领域。加强贫困地区网络基础设施建设，是缩小城乡数字差距，推动互联网技术在贫困地区经济发展、政务民生、百姓生活等方方面面实际运用的必要前提，将为贫困地区稳定脱贫并实现可持续发展奠定坚实网络基础。加强贫困地区网络基础设施建设，有利于推动贫困地区独特的产品、文化、风俗习惯扩大辐射半径，与消费市场进行有效对接，从而产生足够的价值，同时消除商品流通过程中信息的不对称，减少中间商收购环节，拓宽农民增收渠道，提高贫困群众收入；有利于贫困地区通过信息化技术提升政务管理水平，推动建设高效、便捷、人民满意的服务型政府，方便贫困地区群众办事、政府办公，促进贫困地区全面发展；有利于帮助加快发达地区优质教育资源在贫困地区的同步共享，让贫困家庭学生同样享受到高质量的教育，推动教育公平的实现，斩断贫穷的代际传递；有利于提高贫困地区医院管理水平和便捷服务水平，逐步迈向健康管理个性化、精确化，减少因病返贫、因病致贫情况的出现。

其次，网络信息技术为精准扶贫提供技术支撑。习近平总书记多次对精准扶贫、精准脱贫作出指示批示，"扶贫开发贵在精准，重在精准，成败之举在于精准"①，"关键是要找准路子、构建好的体制机制，在精准施策上出实招、在精准推进上下实功、在精准落地上见实效"②，指引我国脱贫攻坚事业不断取得显著成绩。扶贫开发贵在精准，从某种意义上来说，实现精准的关键则在信息化。一

---

① 李贞、雷龚鸣整理：《习近平谈扶贫》，《人民日报（海外版）》2016 年 9 月 1 日。
② 《习近平谈治国理政》第二卷，外文出版社 2017 年版，第 84 页。

方面，"互联网+"有利于"六个精准"的实现。扶贫工作只有做到数字化、网络化、信息化，才能更好地掌握海量数据、及时地进行信息传递、高效地进行沟通对接，从而实现扶持对象精准、项目安排精准、资金使用精准、措施到户精准、因村派人精准、脱贫成效精准。如果没有了网络信息化技术的支撑，精准扶贫实施难度无疑会大大增加。另一方面，"互联网+"有利于提升扶贫工作效率。扶贫开发是一项庞杂的系统性工程，涉及扶贫干部、贫困群众等众多人员，涉及信息采集、项目管理、资金使用等各种细节。信息化手段的应用，能够有效提升扶贫开发工作效率，同时为各级扶贫主管单位对扶贫工作的开展成效，进行实时掌控和监管提供了有利条件。

最后，互联网有利于激发贫困群众内生动力。习近平总书记指出，"好日子是干出来的。脱贫致富终究要靠贫困群众用自己的辛勤劳动来实现"[1]。扶贫不是简单地给钱给物，而是要把握好用好外力和激发内力的关系，把扶贫和扶志、扶智结合起来，把救急纾困和内生脱贫结合起来，既为贫困群众找到致富的道路，又激励和引导他们靠自己的努力改变命运，才能帮助贫困地区持续稳固脱贫。受限于自然地理条件，不少贫困地区教育落后、思路保守、观念陈旧，互联网技术可以有效突破时间、空间的限制，帮助贫困地区与外部世界快速连接，消除与发达地区之间的信息壁垒，实现信息、资讯、技术等的及时传导。通过实施网络扶贫行动，开拓农村互联网应用市场，不让贫困地区、人口在信息化时代掉队，有利于弥合数字鸿沟，让数字红利充分释放，帮助贫困群众开拓视野、拓宽思路，激

---

[1]　中共中央文献研究室编：《习近平关于社会主义经济建设论述摘编》，中央文献出版社2017年版，第229页。

发贫困群众奋斗拼搏的动力。此外，在国家深入推进大众创业、万众创新的背景下，互联网创新驱动作用在贫困地区的充分发挥，有利于更大程度激发当地市场活力和社会创造力，打造贫困地区经济发展新引擎。

三、"互联网+"扶贫实践案例

在扶贫实践中，中国电信通过"互联网+"带动产业扶贫、就业扶贫、消费扶贫、教育扶贫、公益扶贫等多方面扶贫工作协同推进，逐步实现对贫困地区的全方位帮扶。

（一）实施网络能力扶贫，为贫困地区提供"用得上"的通信网络

持续加强贫困地区网络基础设施建设。2018年以来，中国电信加快推动第四、第五批4G普遍服务建设，共涉及1.1万个4G基站，2019年提前完成第四批4G普遍服务建设，同时中国电信定点扶贫和对口支援的6个县行政村光宽、4G均实现100%覆盖，达到中东部发达地区网络覆盖水平。在凉山州"悬崖村"，攻坚克难实施网络扶贫，率先开通宽带网络和4G移动通信，打通悬崖村"信息天路"，并赠送智能手机和宽带终端减免通信费用，帮助山顶村民第一次用上现代通信。悬崖村网络扶贫案例成为通信行业标杆，入选中共中央宣传部"伟大的变革""砥砺奋进的五年""庆祝中华人民共和国成立70周年大型成就展"等大型展览，登上央视《焦点访谈》栏目。

（二）实施通信业务扶贫，为贫困户提供"用得起"的通信服务

实施精准扶贫优惠资费政策。在全国 3.5 万个营业点上线扶贫资费套餐，市场在售主流套餐优惠低至五折及以下并叠加"致富包"，基本实现贫困县全覆盖，仅 2019 年就办理致富包、扶贫优惠套餐超360 万户，累计让利超 6 亿元。在贫困地区统一上线扶贫终端，在 31省天翼高清 IPTV 上线扶贫专区，覆盖扶贫政策、农技培训等内容，2019 年更新约 2 万条，时长超 5500 小时。

（三）实施信息化扶贫，为贫困人口提供"用得好"的信息化应用

在让更多困难群众用上互联网的基础上，充分发挥信息化能力优势，加大对贫困地区支撑，大力推广扶贫信息化平台应用，帮助政府扶贫相关单位提升贫困治理能力，帮助贫困地区农产品通过互联网走出乡村，帮助山沟里的孩子通过网络接受优质教育。

"互联网＋精准扶贫"方面，2016 年 1 月 7 日，中国电信与国务院扶贫办在北京签署《"互联网＋精准扶贫"行动推进合作协议》，利用互联网、大数据、云计算等技术，为政府开展脱贫攻坚工作提供管理手段，以信息化手段努力提升精准扶贫的广度和深度。近年来，强力支撑全国扶贫开发信息系统建设集成、资源租用、国务院扶贫办信息中心云服务、国务院扶贫办同城灾备中心、中国社会扶贫网云资源租用等多种服务，全面支撑建档立卡数据收集及系统集中。集团多个部门，广西、湖北等多个省（自治区、

直辖市）公司与中国社会扶贫网签署合作协议，为中国社会扶贫网信息化发展提供网络支撑和新技术、新业务应用。截至2019年年底，精准扶贫大数据平台累计服务16省、1030县、3900多万贫困群众。

"互联网＋电商"方面，打造天虎云商精准扶贫电商平台，为贫困地区及援建产业扶贫项目提供整套电商服务，帮助扶贫产品上线销售。组织系统内各级单位加大扶贫产品购买力度，利用旗下自有电商平台及中国社会扶贫网等外部平台，打造出盐源苹果、木里羊肚菌、田林姬松茸、疏附干果等网红特色扶贫品牌，为产业扶贫项目发展壮大提供强力消费支撑。2018年以来天虎云商帮助近百个贫困县商家入驻商城，帮助销售农副产品近4亿元，其中扶贫产品超1.1亿元，极大拓宽了扶贫产品销路。2019年，天虎云商电商扶贫模式入选国务院扶贫办"企业精准扶贫专项50佳案例"。

"互联网＋教育"方面，全力支撑国务院扶贫办凉山州"学前学会普通话"行动相关信息化平台建设，投入上亿元提升偏远幼教点网络覆盖，投入2600余万元、协调500余人次完成平台开发、测试、培训等工作。平台累计服务教育机构约4000个，帮助约16万学龄前儿童学好普通话。参与建设的凉山试点项目组荣获"2019年全国脱贫攻坚组织创新奖"，工作开展情况在国务院扶贫办《扶贫简报》专题刊发。此外，开展学校联网攻坚行动，完成4个定点扶贫县233所学校校园网提速增质。为木里县定制IPTV平台幼教专区，引进上海优质课程项目和幼教精品资源等。

"互联网＋医疗"方面，以定点扶贫和对口支援的6个县为例，中国电信为盐源县医疗机构开通医保及新农合专线90条；将疏附134家村级卫生室网络带宽从50M提升至100M，平均资费下降30%；为青海果洛、玉树等地州近200家医疗场所网络免费提速；联合多方在凉山州开展"5G＋健康"扶贫试点，在悬崖村上线基于 5G 网络的远程医疗及问诊系统，探索急救无人机送药模式；组织专家名医赴盐源开展体检、看病、赠药等义诊活动，惠及 200 余名村民。

"互联网＋疫情防控"方面，协调各级单位向贫困地区免费开放远程协同办公、天翼云会议、智能广播通知、在线教育等信息化服务，助力地方政府织密织牢防控大网，顺利复工复产复学。面向农村及贫困地区统一打造政府主导、电信承接、群众参与的"平安乡村"群防群治服务平台，提供远程监控、实时对讲等信息化服务。平台产品"天翼看家"累计覆盖近 6 万个行政村，用户突破 220 万户，在疫情防控、防汛抗洪、精准扶贫中发挥积极作用。通过"翼呼百应"信息化应用平台，每天把疫情防控信息和防控知识等内容传送到千家万户。通过"会易通"平台，为乡党委、政府与村社干部召开视频会议，安排布置工作，收集了解情况提供诸多便利。通过为贫困家庭学生免费开通"名师云课堂"账号，助其通过手机、独立电视台（ITV）在家学习名校名师的课程。

四、"互联网＋"推动脱贫攻坚与乡村振兴有机衔接

习近平总书记指出，"脱贫摘帽不是终点，而是新生活、新奋斗的起点。接下来要做好乡村振兴这篇大文章，推动乡村产业、人才、文化、生态、组织等全面振兴"[①]，"要针对主要矛盾的变化，理

[①] 《习近平：扎实做好"六稳"工作落实"六保"任务　奋力谱写陕西新时代追赶超越新篇章》，《人民日报》2020 年 4 月 24 日。

清工作思路，推动减贫战略和工作体系平稳转型，统筹纳入乡村振兴战略，建立长短结合、标本兼治的体制机制"①。近年来互联网快速发展，新一代信息技术创新空前活跃，不断催生新技术、新产品、新模式，推动产业形态深度变革，也为脱贫攻坚工作提供了新思路、新举措。中国电信作为基础电信运营商，在信息通信产业链占据重要位置，有着天然的优势和能力引导产业链合作伙伴、互联网头部企业将互联网创新成果与精准扶贫方略有效结合，进一步挖掘信息化在乡村振兴中的巨大潜力，最大限度释放网络红利，促进贫困地区数字经济发展，加速撬动脱贫攻坚的"硬骨头"，助力推动脱贫攻坚与乡村振兴有机衔接。

（一）加快推进贫困地区信息基础设施建设

面对严峻的新冠肺炎疫情，各行各业工作方式发生明显变化，全社会数字化转型和信息化升级跑出"加速度"，2020 年以来，中共中央多次提出加快 5G 网络、数据中心等新型基础设施建设进度。要抓住国家鼓励加大"新基建"建设的机遇，加快推进贫困地区尤其是"三区三州"深度贫困地区农村信息化基础设施建设，提升农村地区的宽带网络和 4G 覆盖水平及服务质量，加快推动贫困地区水利、公路、电力等基础设施数字化转型，从而激发新的消费需求、助力产业升级，为当地实现可持续发展奠定坚实基础。

---

① 习近平：《在决战决胜脱贫攻坚座谈会上的讲话》，人民出版社 2020 年版，第 12 页。

（二）加快推进贫困地区数字经济发展

要深入推进"互联网＋农业"工程，加快云计算、物联网、大数据等新技术在贫困地区农业生产经营中的应用，促进信息化技术与种植、畜牧、农产品加工的深度融合，推进贫困地区农业数字化转型，提高农业生产效率。要深入推进电商扶贫工程，推进贫困地区优质特色农产品生产、加工、流通各个环节数字化转型，通过网络电商平台促进贫困地区农产品出村进城，拓宽贫困地区农产品销售渠道。通过培育壮大农村电商产品品牌，带动强化产业和就业扶持，为贫困地区稳定脱贫长久致富注入不竭动力。

（三）深化网络扶志扶智激发乡村振兴内生动力

要深入推进"互联网＋党建"，推动党建工作线上线下融合促进，激发基层党建工作新活力，进一步打造乡村网络文化阵地，加强乡村网络文化引导，营造良好网络氛围，引导贫困地区树立自力更生、勤劳致富的观念。要大力推广"互联网＋教育"，持续提升学校宽带网络覆盖水平基础，推动发达地区优质教育资源与贫困地区中小学的同步共享。要加强培训培养新型高素质农民，加强实用人才、信息技术和电商技能培训，提高贫困群众生产经营技能与数字化素养，不断催生乡村发展内生动力，助力脱贫攻坚与乡村振兴有机衔接。

互联网+ 杨培芳 ▼ 扶贫兴农·专家点评

数字经济是建立在信息通信基础设施和网络公共平台上的经济，是实现全面建成小康社会目标的利器。信息技术有三大定律，即吉尔德光纤带宽定律、摩尔集成电路芯片定律和梅特卡夫网络外部性定律。这三大定律铸就了数字经济边际成本递减、边际效用递增，社会效益恒大于经济效益，天然普惠大众的三大经济特征。

改革开放四十多年来，我国哪个行业发展最快？恐怕非信息通信业莫属。据统计，四十多年来我国粮食产量增长了1.8倍，石油产量、发电量和社会交通量都增长了十几倍到二十几倍；而网络信息流量增长了200多万倍。同期，我国粮食单价上涨十几倍，水、电涨价几十倍，公共交通也涨价5—10倍；而只有信息通信流量的单价下降到原来的几千分之一。

如今，我们已经从铜线电缆传输、机械式电话网成功过渡到了全光网络和4G/5G移动互联网泛连接时代，在贫困地区普及网络设施，提供移动业务优惠资费，推动"互联网+"行业应用，为精准扶贫工作的推进奠定了坚实基础。未来，电信行业在推动资源共享和"互联网+"行业应用方面应该发挥更大的作用，一旦数字经济渗透到各行各业，协同共享将成为未来社会的主要经济模式，高效、普惠的信息社会一定会到来。

——杨培芳，中国信息经济学会原理事长

02

农村电商：农民脱贫致富生力军

蒋海滨① 胡秀东②

农村电商作为打赢脱贫攻坚战的重要力量，不仅能解决好农产品的"卖难"问题、让农产品卖出一个好价格，增加贫困户的经济收入，有助于转变农民传统的思维观念，融入数字化、网络化时代，并且有助于推动农业供给侧改革，为实施乡村振兴和数字乡村战略奠定重要的产业基础、数字化基础和人才基础。

一、电商扶贫概述

（一）电商扶贫是什么

电商扶贫是利用互联网时代电商主流化形成的技术经济条件，把电商纳入扶贫开发工作体系而形成的扶贫方式，或者简单地说，是一

---

① 蒋海滨，杭州闻远科技有限公司创始人兼董事长。
② 胡秀东，杭州闻远科技有限公司总裁办主任。

种"电商＋扶贫"的扶贫方式。①

从国家政策及县域实践可以看出，电商扶贫至少包括 3 个方面的因素：（1）当地农村应有适合网络销售的产品，包括农产品和其他非农产品；（2）当地具有相应的农村电商体系，比如产品类电商扶贫应具有起码的物流快递条件；（3）有开展电商所需要的人，可以帮助贫困户直接或间接使用电子商务技术和服务进行电商交易来增加收入，助推脱贫攻坚。

电商扶贫的主要形式，大致有以下 3 种。

一是直接到户。即通过教育培训、资源投入、市场对接、政策支持、提供服务等方式，帮助贫困户直接以电子商务交易实现增收，达到减贫脱贫效果。其中，最典型的方式就是帮助贫困户在电商平台上开办网店、微店，让他们直接变身为网商。

二是参与产业链。即通过当地从事电子商务经营的龙头企业、网商经纪人、能人、大户、专业协会与地方电商交易平台等，构建起面向电子商务的产业链，帮助和吸引贫困户参与进来，实现完全或不完全就业，从而达到减贫脱贫效果。

三是分享溢出效应。即电商规模化发展，在一定地域内形成良性的市场生态，当地原有的贫困户即便没有直接或间接参与电商产业链，也可以从中分享发展成果。

（二）为什么做电商扶贫

近年来电商扶贫的条件越来越成熟，各地越来越看重电商对于精

---

① 《"半汤茶话"：聊聊消费扶贫、电商扶贫与网络扶贫》，搜狐网，见 https://www.sohu.com/a/400261039_732804。

准扶贫的作用，主要有以下 4 个方面的原因。

一是贫困地区一般工业污染少，绿色生态农产品品质好，尤其是水果生鲜，经济价值高、深受大城市消费者喜爱，具有成为"网货"的基因，贫困地区的绿水青山也是开展乡村旅游电商扶贫的资源。

二是随着近年来国家高速公路建设、互联网普及和快递物流迅速发展，农村产品通过快递走出乡村的成本越来越低，城市和外地游客到乡村也更加方便，距离不再是主要的制约因素。

三是国家对农村基础设施建设、产业发展及人才吸引的政策力度逐步加大，返乡创业的大学生、农民工、退伍军人等群体日益庞大，电商创业主体的整体素质越来越高，各地涌现了大量"新农人"[①]，这些新农人大多懂电商、做电商，可以带领贫困户通过电商就业增收。

四是贫困地区的优质农产品可以通过电商对接更广阔的远端市场，找到合适的买家，能卖出较高的价格；还有助于提高本地产业、产品的知名度和影响力，增加品牌的溢价能力，助农增收。因此吸引了越来越多的贫困户加入电商大军。

总之，农村电商已成为农村转变经济发展方式、优化产业结构、带动创新就业、增加农民收入的重要动力，从而成为助力脱贫攻坚的有力工具。

（三）电商扶贫做什么

根据电商扶贫的有关理论，从《关于促进电商精准扶贫的指导意见》等政策和国家电子商务进农村综合示范项目规范要求、县域电商

---

① "新农人"是指具有科学文化素质、掌握现代农业生产技能、具备一定经营管理能力，以农业生产、经营或服务作为主要职业，以农业收入作为主要生活来源，居住在农村或城市的农业从业人员。

扶贫的具体实施，我们梳理出电商扶贫的主要内容包括 5 个方面。

1. 电商营销

农村电商发展普遍深受传统电商平台流量制约，打通、接入并保持通畅的电商市场通道，是形成交易流量、取得电商扶贫实效的前提。电商扶贫要充分发挥贫困地区龙头企业和贫困群众作为市场主体的积极性和主动性，鼓励并组织他们充分利用市场化电商平台和渠道，以电商购销对接全国广域大市场，对接正规供应商、采购商、服务商等合作伙伴和最终客户，开展形式多样的电商营销活动，实现"卖得掉、卖得好、卖得久"和"买得到、买得对、买得省"。

除了对接阿里巴巴、京东、苏宁易购等传统电商平台，顺应电商交易平台呈现多元化、多样式的趋势，开拓分销电商、批发电商渠道，利用直播、短视频等内容电商、社交电商、微商等新模式推广销售农产品，提高产品知名度。加强与生鲜电商企业合作，带动和扶持本地网商、农业企业参与，形成多样化、多层次的全网营销体系，进行全网整合式销售。积极发展县域社区团购业务，解决当地小农产品不适合网销的难题。同时，维护线下传统批发零售渠道，建设优质特色农产品直营店、体验区，用网络营销带来的知名度促进线下销售。

2. 产业升级

结合贫困村、建档立卡贫困户脱贫规划，确立特色产业和主导产品，推动"名特优新""三品一标""一村一品"农产品和休闲农业上网营销。制定适应电子商务的农产品质量、分等分级、产品包装、快递配送、售后保障等标准，打造网货供应链，并推广给网商主体使用，推进扶贫产业标准化、规模化、品牌化发展。提供农产品质量安全检验检测、产地认证、质量追溯、田头集货、产地预冷、冷藏保鲜、分级包装、冷链物流设施等公共服务，扶持一批辐射带动能力强的新型农业经营主体。

借力电商发展提升当地产业，不仅要推动农产品本身的销售，还要助推三产融合、农旅融合等方面的发展，以此夯实贫困群众参与电商、通过电商脱贫致富的产业基础。

3. 网商培育

以精准扶贫为目标，以"直接到户式"和"参与产业链式"电商扶贫方式为重点，结合当地产业开发的特点，针对建档立卡贫困户、电商创业脱贫带头人、农村青年致富带头人、村级信息员和残疾人专职委员等，整合各类培训资源开展电商扶贫培训，引导建档立卡贫困户依托电商就业创业。激发广大贫困群众的积极性，不断提升贫困地区发展电子商务和贫困群众利用电子商务创业、就业、增收的能力和素质，形成一支懂信息技术、会电商经营、能带动脱贫的本土电商扶贫队伍。

其中，特别要重视对"领头羊"、信息员、重点帮扶对象和培训师资的培训，充分发挥社会化培训机构的作用。重视招才引智，特别是引入有经验的网商和服务商，为本地电商发展输入新鲜血液。

4. 体系建设

一方面，加强本地电商扶贫产业和服务支撑体系建设。构建和依托从县级服务中心到乡村服务站点，梳理、整合本地优势产品和服务资源，结合"一村一品、一镇一业"，提供摄影美工、包装设计、开店指导、网货打造、创业咨询、资源对接、电商直播、政策解读、创客孵化等公共服务。组织扶贫效果明显的优势产业、产品上网销售，做好支线物流，加强品控，优化服务，不断推动产业链、供应链优化，提升消费者的体验。

开设电商扶贫示范网店，以保护价优先收购、销售贫困户农特产品，并义务为建档立卡贫困户提供代购生产生活资料、代办缴费购票、收发快递、金融信贷等业务。

另一方面，加强电子商务扶贫工作体系建设。电商扶贫工作量大面广，电商扶贫主体可以包括政府部门、电商平台、电商创客、电商企业、社会扶贫机构等各种社会力量。政府扶贫部门须加强领导，推动和依托市场化和公益性的机构和组织，有效开展电商扶贫工作。其中，最重要的是发挥当地电子商务协会、专业协会和本地电商主导运营服务商的作用。

5.环境优化

不断优化硬、软两方面的发展环境。在硬环境方面，提高农村宽带普及率，加强农村公路、电力、物流、移动支付终端等基础设施建设，是加快农村电子商务发展的先决条件。推进电信普遍服务试点工作，大力实施信息进村入户工程。加强交通运输、商贸、农业、供销、邮政等农村物流基础设施共享衔接，推进县、乡、村三级农村物流配送网络建设，提升电商小件快运服务能力。加强农产品仓储保鲜冷链物流设施建设，建设产地分拣包装、冷藏保鲜、仓储运输、初加工等农业基础设施，为生鲜农产品上行提供保障。在软环境方面，制定出台农村电子商务服务规范和工作指引，指导地方开展工作。引导各类媒体加大农村电子商务宣传力度，发掘典型案例，推广成功经验。特别是在贫困地区探索电商扶贫"弯道超车""另辟蹊径"的经验，允许试点地区在电商扶贫政策和其他"软"环境上先行先试，以更优的政策环境来弥补其他资源上的不足。

优化电商扶贫的环境，引导多元主体共同在社会参与、跨界合作、资源配置、政策氛围、标准体系、监管服务、质量安全、营销推广等方面下功夫，形成良性运作机制。

电商扶贫的形式和内容丰富多样，只要是通过扶贫对象直接参与或电商主体带动从事电商平台销售、电商服务、电商创业就业等与电商相关的且能为贫困户增收脱贫的活动，都可称之为电商扶贫。只要有利于促进贫困地区电商发展的措施，都可纳入电商扶贫的工作范畴。

二、电商扶贫的发展

在全国电商扶贫开展的过程中，政府、平台和渠道、服务商、当地实体企业、电商创业者和贫困户等主体都发挥着自身的作用。这些主体有机融合，推动了中国电商扶贫事业的蓬勃发展。

（一）国家电商扶贫政策

实践推动了电商扶贫政策的出台，而相关政策的出台与实施，又在深度与广度上促进了实践的发展，最终实践的结果又为政策的延续提供了支撑。

1. 陇南市电商扶贫试点[①]

以我国电商扶贫国家级唯一的试点市——甘肃陇南市的实践为例。2013年，虽然电商扶贫当时尚未被纳入国家扶贫政策体系和工作体系，但陇南市却率先将电商纳入全市整体发展战略。6月，成县县委书记利用实名微博叫卖成县核桃，引起网友强烈反响，也给陇南市各级领导带来前所未有的思想震动。9月，陇南市委、市政府利用主办"2013·中国陇南成县核桃产销对接商贸洽谈会"的机会，组织"农产品电子商务论坛"，邀请了一批电商专家到陇南市参会、考

---

① 汪向东：《转型升级中的陇南模式（一）——陇南模式的由来与陇南电商扶贫试点》，搜狐网，见 https://www.sohu.com/a/379612869_100009886。

察和指导。11月，市里组织以各县区领导为主参加的农村电商游学活动，专程到农村电商发展较早、较好的江苏沙集，浙江遂昌、义乌和福建安溪、南安等地考察学习。而后，按市里的安排，考察团通过各种方式，包括利用电视台等主流媒体，将此次电商考察的收获和体会，向全社会进行持续宣传报道。这些为陇南市启动规模化电商扶贫，奠定了重要的基础。

2013年12月，中共陇南市委三届七次全委（扩大）会议提出"433"发展战略①，明确把扶贫开发作为陇南工作的大局，首次将电子商务摆到战略高度，列为"三大集中突破"之首。要求"抢抓电子商务发展的有利时机，市县区成立领导小组和专门机构，配备工作人员，出台鼓励发展的政策措施，大力发展以农特产品网上交易为切入点的电子商务，确保在短期内取得突破性进展"。陇南市电商扶贫由此正式拉开大幕。

从提出电商集中突破的战略任务，到形成系统的电商扶贫路径和方法，作为电商扶贫的先行者，陇南市只能"摸着石头过河"，边探索、边前行。从2013年战略决策、2014年主动请缨作为全国电商扶贫试点，经2015年1月获批作为试点后的努力推进，到2016年10月获得"全国电商扶贫示范市"殊荣，陇南市的各级领导和电商人不辱使命。他们知难而进，不等不靠，因地制宜，积极创新，为全国开展电商扶贫提供了可复制、可推广的经验——陇南模式。

2016年全国电商精准扶贫现场会在陇南市召开，会上，国务院扶贫办主任刘永富，把陇南模式总结为"六个坚持"或"六条经验"：一是坚持政府推动，实现电商扶贫集中突破；二是坚持市场运作，建

---

① "433"战略，是指要实现"扶贫开发、生态文明、产业培育、城乡一体"4个快速推进，"基础设施、民生基础、管理基础"3个着力夯实和"电子商务、金融支撑、非公经济"3个集中突破。

立农特产品网销体系；三是坚持扶贫导向，建立网店带贫机制；四是坚持人才开发，开展多层次技能培训；五是坚持完善服务，建立电商扶贫服务体系；六是坚持微媒营销，培育农特产品网销品牌。

站在全国宏观角度，陇南试点的成功，为全国其他贫困地区开展电商扶贫，提供了一个看得见、摸得着、能对标的榜样和参照系，有助于各地打消对开展电商扶贫的顾虑，增强信心。陇南试点的另一个重大意义，是很好地发挥了国家电商扶贫政策"试验田"的作用。陇南的试点，对于电商扶贫政策尤其是国务院扶贫办牵头于 2016 年 11 月制定出台的《关于促进电商精准扶贫的指导意见》（国开办发〔2016〕40 号），具有重要的决策参考价值。

2. 电商扶贫政策演进

2014 年 12 月，全国扶贫开发工作会议在北京召开，电商扶贫首次被正式纳入国家主流的扶贫政策体系和工作体系，作为"精准扶贫十大工程"之一。

2015 年 5 月，国务院扶贫办召开新闻发布会，在甘肃省陇南市先行开展电商扶贫试点工作，探索电子商务助推扶贫开发的途径和方法。

中共中央、国务院于 2015 年 11 月 29 日颁布《中共中央 国务院关于打赢脱贫攻坚战的决定》，实施电商扶贫工程作为"互联网＋脱贫"中的重要任务，被列入其中：加快贫困地区物流配送体系建设，支持邮政、供销合作等系统在贫困乡村建立服务网点。支持电商企业拓展农村业务，加强贫困地区农产品网上销售平台建设。加强贫困地区农村电商人才培训。对贫困家庭开设网店给予网络资费补助、小额信贷等支持。

2016 年 4 月 19 日，习近平总书记在网络安全和信息化工作座谈会上指出，"可以发挥互联网在助推脱贫攻坚中的作用，推进精准扶贫、精准脱贫，让更多贫困群众用上互联网，让农产品通过互联网走出乡村，让山沟里的孩子也能接受优质教育"①。这一论述为我国新时期下的扶贫工作指明了方向，提出了新的思路。

2016年10月，中央网信办、国家发展改革委、国务院扶贫办联合印发《网络扶贫行动计划》，要求贯彻落实习近平总书记关于要实施网络扶贫行动的重要指示精神，充分发挥互联网在助推脱贫攻坚中的重要作用，推进精准扶贫、精准脱贫，实施"网络覆盖工程、农村电商工程、网络扶智工程、信息服务工程、网络公益工程"五大工程。这里可以看出，农村电商扶贫是网络扶贫行动的重要组成部分。

2016年11月4日，国务院扶贫办、国家发展改革委、中央网信办为进一步创新扶贫开发体制机制，提出《关于促进电商精准扶贫的指导意见》，将电商扶贫正式纳入脱贫攻坚总体部署和工作体系，进一步明确了电商扶贫的主要工作内容：电商扶贫行政推进、公共服务、配套政策、网货供应、物流配送、质量标准、产品溯源、人才培养等体系。并且制定了电商扶贫的目标：到2020年，实现农村电商对832个国家级贫困县全覆盖；在贫困村建设电商扶贫站点6万个以上，占全国贫困村50%左右；扶持电商扶贫示范网店4万家以上；贫困县农村电商年销售额比2016年翻两番以上。

（二）电商进农村综合示范项目

纵观电商扶贫发展过程，从覆盖范围、规范程度、体系标准、受益人群、参与度、脱贫效果等维度来看，电子商务进农村综合示范项

---

① 习近平：《在网络安全和信息化工作座谈会上的讲话》，人民出版社2016年版，第5—6页。

目无疑是电商扶贫领域最大规模的落地政策。

2014年，商务部和财政部在全国开始实施电子商务进农村综合示范项目，继2014年首批56个示范县之后，2015年商务部、财政部又确定了第二批200个电子商务进农村示范县。其中，中西部、革命老区和国家级贫困县的占比明确提高，分别为83%、77%和44%。从2016年开始，国务院扶贫办与商务部、财政部联合牵头实施国家电子商务进农村综合示范项目，更有力地推进农村电商与扶贫脱贫工作的结合。到2019年，电商进农村综合示范项目共实施1180个县，对832个国家级贫困县实现了全覆盖。一部分此前已被纳入电商进农村示范县、农村电商取得好成效的贫困县，再次被选入示范县，继续在国家财政资金支持下，深化电商扶贫的示范工作。

与此同时，商务部会同财政部、国务院扶贫办协调地方政府和大型电商企业建立了公益性电商扶贫机制——电商扶贫频道。在"统一标识、统一形象、统一规则、统一宣传"四统一下，组织大型电商企业在网站首页或手机客户端显著位置建立扶贫专区，与贫困地区政府部门、企业、农户等对接，对贫困地区特色优质产品（包括民俗、旅游等）给予流量支持、减免网店经营费用等优惠，打造贫困地区产品网络销售直通车，促进农民增收脱贫。电商扶贫频道聚集了淘宝、京东、苏宁易购、中国邮政等21家单位，服务覆盖了全国615个贫困县。

2018年8月，中华思源工程扶贫基金会与阿里巴巴、京东等18家单位共同发起成立中国电商扶贫联盟，致力于挖掘贫困地区优质农特产品，打造农特产品明星品牌，促进农特产品产销对接，助推贫困地区农特产品生产与加工的转型升级，帮助贫困地区脱贫致富。2019年其成员单位对接帮扶及销售贫困地区农产品逾28亿元，覆盖22个省（自治区、直辖市）、478个贫困县、842家企业、8万户农民，其中建档立卡贫困户超 5.6 万户。

国家层面对于电商扶贫的一系列政策，侧重于为贫困地区提供电商基础设施及公共服务，通过政府的引导，鼓励更多的市场化电商平台和电商服务商等主体广泛参与，充分调动贫困群众利用电子商务、参与电子商务产业链的主动性和积极性，实现农村电商的可持续发展。

（三）电商平台

随着国家扶持政策的力度加大以及农村互联网普及率不断提升，阿里巴巴、京东、苏宁易购、拼多多等电商企业纷纷响应国家打赢脱贫攻坚战的号召，发展县域电商市场的同时，积极向贫困地区输入科技、金融、人才、资金、营销资源，助力产业发展、农民脱贫增收。

阿里巴巴利用自身的商业平台力量，通过建立起包括交易、物流、支付、金融等在内的电商基础设施，帮助贫困地区、贫困人口提供因地制宜的脱贫解决方案。在 2018 年 1 月举办的电商脱贫高峰对话会上，阿里巴巴确立了首批十个电商脱贫样板县：重庆奉节县、云南元阳县、甘肃礼县、新疆巴楚县、新疆吉木乃县、内蒙古敖汉旗、安徽金寨县、福建长汀县、吉林和龙市和贵州雷山县。截至 2018 年 3 月，阿里巴巴零售平台上有超过 100 万的农民网商，有年销售额超过 1000 亿元的农产品，以及 2100 多个年销售额超 1 千万元的淘宝村。通过打造直供直销新链路模式，阿里巴巴已经孵化培育出了 160 多个区域农业品牌，上线了 300 多个兴农扶贫产品和 23 个淘乡甜种植示范基地。

2019 年，在阿里巴巴电商脱贫模式的带动下，832 个贫困县域在阿里电商平台网络销售额达到 974 亿元。2020 年国家广播电视总局协调淘宝开展"村播计划"，累计举办 160 多万场公益直播，覆盖

2200 个县域，带动农产品上行 60 亿元。同年 5 月，阿里巴巴针对脱贫攻坚冲刺阶段的实际需求，推出"脱贫春雷计划"，包括在全国建 100 个"村播学院"，将培育 10 万名农民主播；继续建设数字化农业基地，打造 50 个特色农产品品牌；中职学生免费学电商等系列举措。均是阿里巴巴脱贫基金接连打造出的可持续、可参与、可借鉴的电商扶贫模式。

　　京东在电商扶贫中，注重以品牌化为重点，促进扶贫产业变成高附加值产业，增强产品和产业的抗风险能力，帮助扶贫产业走向市场。从 6 个方面进行扶贫"助力"，即品牌打造助力产业升级、创业就业助力富民增收、科技赋能助力深度参与、物流布局助力渠道畅通、金融支持助力服务保障、公益创新助力社会联动。截至 2019 年年底，京东在全国 832 个贫困县上线商品超过 300 万种，实现销售额超过 600 亿元，直接带动 80 万户建档立卡贫困户增收。京东打造了"扶贫跑步鸡""游水鸭""飞翔鸽""王二舅黑猪肉"等一系列扶贫项目。从养殖、营销、推广、技术追溯等各个环节加以规范，促进绿色农产品规模化、标准化生产。这些项目既吸引了贫困户积极参与，又为消费者提供了优质产品，实现了利益共享、多方共赢。2020 年 2 月京东生鲜开通"全国生鲜产品上行绿色通道"，为疫情期间农产品上行提供"一站式"服务；推出"京源助农"计划，针对助农、扶贫项目等，以流量进行专项政策扶持和补贴支持；3 月京东宣布将投入价值 15 亿元资源，推出"春雨计划"，整合全平台营销能力向滞销产品、商家倾斜资源。

　　拼多多基于持续增长的海量需求、极简的产销供应链，以及完善的商家服务体系，大幅降低了电商创业的门槛，为农户打造了友好的创业土壤。深入农业主产区及"三区三州"深度贫困地区，帮助农户搭上社交电商"快速通道"，助力农产品上行，打开县域电商市场，截至 2019 年年底，平台国家级贫困县商户的年订单总额达 372.6 亿元，较 2018 年同比增长 130%。其中，注册地址为"三区三州"深度贫困地区的商家数量达 157152 家，较 2018 年同比增长 540%；年订单总额达 47.97 亿元，较 2018 年同比增长 413%。

苏宁易购在 2017 年年底已经在全国各地建设 437 家中华特色馆，在国家级贫困县建设 319 家"O2O 特色馆"，覆盖 277 个国家级贫困县；同时苏宁易购线上平台还通过"乐拼购、中华特色馆、扶贫众筹"等优势渠道资源，积极挖掘贫困地区特色农副产品。截至 2019 年 11 月，苏宁全国从事扶贫工作的人员超过 1000 人，用于公益慈善扶贫事业的累计投入超过了 17 亿元。线下深入村镇一线开设了苏宁扶贫实训店、苏宁易购零售云等 5000 余家，覆盖 184 个国家级贫困县；线上依托苏宁易购中华特色馆、苏宁拼购、苏鲜生的农村电商模式，惠及全国 1 万余个贫困村、761 万贫困人口，全渠道累计实现农产品销售 115 亿元。

乐村淘、美菜网、一亩田、本来生活等垂直电商平台通过"源头直采"模式，在农产品细分领域深耕细作，推动农产品产业链升级，加速发展冷链物流体系。2017 年美菜网推出"SOS 精准扶贫全国采购计划"，到 2019 年 2 月已遍及 26 个地区，采购总量为 2653.4 万斤，产值达 2401.8 万元。本来生活推进"百县百品"农产品赋能计划，截至 2019 年 7 月，累计上线销售了来自 22 个省（自治区、直辖市）、101 个国家贫困县的 1174 个规格的农产品，涉及 110 品项，销售额超过 3 亿元。

字节跳动、快手等社交平台通过场景化、原生态的直播卖货模式，打破了时间和空间限制，提升了消费者的参与度与信任度，不仅为电商扶贫增加了流量，而且提高了交易转化率。到 2019 年 6 月，字节跳动已招募"三农"合伙人 16 位，累计帮助 13 个国家级贫困县推广农产品 38.5 万单，为 7 款重点打造的扶贫产品提供了 51.6 亿次曝光。快手推出"福苗计划"2019 春季专场：2.34 亿次山货曝光、1.54 亿用户逛集、16 万名建档立卡贫困人口增收。

以上列举了一些具有代表性的电商平台与渠道，这些平台和渠道是贫困地区的产品通过电商卖向全国的桥梁，是脱贫攻坚战中不可或缺的中坚力量。他们在电商扶贫中勇于担当，未来还将在乡村振兴与数字农业农村发展中扮演重要角色。

（四）电商服务商

一方面，国家电商进农村综合示范项目需要市场主体履约，在县域建立完善的电商运作体系；另一方面，电商平台（渠道）需要有市场主体协助他们打造当地产品网货供应链，对接到平台卖给消费者。由于这两个主要方面的原因，专业化的电商服务商顺势而生，在全国遍地开花。

专业化的电商服务商最早可以溯源到浙江遂网电子商务有限公司（2014 年注册为浙江赶街电子商务有限公司，以下简称"赶街"）。他们一方面帮助网商成长，另一方面促进传统企业电商化，尤其是帮助农户和合作社对接电商渠道，使当地的产业尤其是农业通过电商而受益，这些反过来又促进了当地电子商务生态的完善，也拉动了当地的网上消费。[①]

2013 年 6 月，中国首个农村电子商务服务站在遂昌县王村口镇吴处村成立，这是赶街"县乡村三级农村电商服务体系"的开端。

---

① 张瑞东、陈亮、樊春晖：《遂昌模式研究——服务驱动型县域电子商务发展模式》，阿里研究中心涉农项目组研究报告。

2013年10月"首届中国农产品电子商务高峰论坛"在遂昌召开，阿里研究院、中国社会科学院信息化研究中心联合发布《遂昌模式研究报告》。该报告提出，"遂昌模式是服务商驱动的县域电子商务新模式"。对遂昌模式的定义为：以本地化电子商务综合服务商作为驱动，带动县域电子商务生态发展，促进地方传统产业，尤其是农业及农产品加工业实现电子商务化，"电子商务综合服务商＋网商＋传统产业"相互作用，在政策环境的催化下，形成信息时代的县域经济发展道路。[①]2015年10月，赶街成为商务部《农村电子商务工作指引》《农村电子商务服务规范》两项标准的起草单位。2017年7月，赶街再次承接商务部《国家农村电子商务强县（市、区）认定办法》的起草工作。赶街在中国农村电商发展过程中起到了领头羊的作用，开创了农村电商的标准化服务体系，这一体系为后来国家电子商务进农村综合示范项目及其助力脱贫攻坚，奠定了早期的理论与实践基础。

在农村电商在全国各地崛起的同时，各地专业化的服务商也逐渐成长起来。他们最初在各地开展电商人才培训、运营特色馆、组织营销活动等项目，以开展电商经营所积累的专业经验和资源，承接政府的电子商务进农村综合示范项目或电商扶贫专项项目，如杭州闻远科技有限公司（打造农村电商"临安模式"）、浙江讯唯电子商务有限公司、武汉蜂巢电子商务有限公司等一大批服务商在贫困地区冲锋陷阵。这些服务商团队深入县域、下乡进村，基于各地实际情况，建立标准化的电商服务体系，想方设法将贫困地区的产品通过电商销售出去，增加农民的实际收入。他们把政府电商扶贫政策落在实处，让电

---

① 张瑞东、陈亮、樊春晖：《遂昌模式研究——服务驱动型县域电子商务发展模式》，阿里研究中心涉农项目组研究报告。

商和互联网平台下沉到贫困农村的业务成为源源不断的活水，把农村电商扶贫从萌芽阶段推向了快速发展阶段。

（五）县域政府

无论是国家电子商务进农村综合示范项目还是专项电商扶贫工作，第一责任与实施主体基本都是县级政府，具体工作由县商务局落实。农村电商的发展，只靠企业运作还不行，还要靠政府背书、领导重视、行政推进。比如建设村级站点，除了服务商进村摸底，还需要县政府相关部门与村里协调工作才能确定合适的站长人员；例如培训工作，需要商务局下文，乡村干部拿到文件才能组织村民参与集中培训；再例如区域公用品牌打造，需要分管领导组织农业农村局、质监局、工商局等部门一起参与，后续的品牌注册、品牌授权与监管等工作都需要相关部门共同推进。

在2018年全国电商精准扶贫示范培训班上，隰县县委副书记、县长王晓斌分享隰县电商扶贫的实践与思考时提出：电商扶贫是脱贫攻坚的大事，党委和政府一定要抓在手上。县域农村电商的发展，必须做好十件事：网络覆盖、快递通达、人才培养、网货发掘、品牌塑造、数据分析、金融支持、园区依托、企业引进、政务服务。这些事情有的靠政府主导主办，有的靠市场运作推进，有的需要政府与市场相结合来推动。近两年，许多县领导为了电商扶贫，用心学习供应链、营销知识，纷纷来到直播间卖力地向消费者推介本地特色产品，形成了一道独特的县长直播带货风景线，这在以前是很难想象的。

一个地方的电商扶贫是否做得有成效，在很大程度上与政府部门领导是否重视、是否愿意学习电商息息相关。

（六）电商创客

在贫困地区的电商扶贫过程中，有这样一群人，他们看到了电商对偏远贫困地区的意义，渴望学习电商、利用电商做一些力所能及的事情，来改变家乡贫困的现状，同时也达到在家乡创业生存和发展的目的。我们将他们统称为"电商创客"。

这些电商创客有些是本来就在家乡做农业生产、做生意或者上班的，也有些是返乡大学生、返乡农民工、退伍军人等从外地回到家乡的，电子商务进农村给了他们与外界产生更多联系的机会。毕竟不是每个人都能进行电商创业，服务商进驻到县域后，首先会找到一批有潜力的网商主体，对他们进行系统化的电商培训，帮助他们开店、摄影、制作详情页、设计包装甚至打造个人品牌，建立分销体系，再将各大电商平台、渠道、微商、展会、推介会等营销资源对接给创客们，让他们的电商创业更简单、成本更低、成功率更高，将他们培养成电商致富带头人，销售当地农产品，吸纳贫困户就业（比如分拣、打包发货），带动贫困户增收脱贫。

例如广西壮族自治区融安县的小赖，是当地家喻户晓的电商能人。2017 年 12 月，她作为全国农业劳动模范列席全国农业工作会议，受到习近平总书记的亲切接见。小赖曾留学泰国，回国后在一家物流公司担任高管。2013 年，她辞掉工作回到融安创业卖金桔。为了保证金桔的新鲜脆甜，小赖改进包装，防止金桔在运输过程中出现碰撞、受冻致烂，影响销量；2015 年她还打造了自己的品牌"桔乡里"，售卖前必须经过两轮农残检测，保证每颗金桔甜度都在 18 度以上。她还在村子里建起了自己的电商基地和电商销售团队，并主动聘请贫困户到自己的基地务工，平均每天为贫困户提供 100 多个工作岗位。2015 年通过电商的线上销售，共卖出了 80 多万公斤金桔，销售额达到 800 多万元。2016 年"桔乡里"电商品牌带动大将镇桔农实现金桔网络销售 50 万公斤，销售额突破 1000 万元。2017 年，小赖带领团队通过电商平台实现网络销售金桔近 200 万公斤，金桔最高单价卖到了 50 元／斤，其中帮助 50 多户贫困户销售了 15 万公斤金桔。2018 年，小赖与 85 户贫困户签订 31 万公斤收购协议，从农户手里共收购 100 万公斤金桔，销售额达 2500 多万元。2019 年小赖的金桔销售额突破 6000 万元。农户的金桔卖价从 2013 年的不到 2 元／斤，提升到 2018 年的 10 元／斤左右，融安县的金桔种植面积也从 2013 年的不到 1 万亩扩大到 2019 年的 14 万亩。原本销售不畅、卖不上价的金桔，通过电商成为农民脱贫增收的"金蛋蛋"。[1]

这些农村电商致富带头人，既有农村电商模式创立者，也有返乡创业典范，他们有相对清晰的电商致富模式，能够带动贫困户创业就业，为脱贫攻坚和乡村振兴注入了新动力。

（七）贫困户

衡量电商扶贫的效果，要看扶贫对象——建档立卡贫困户在电商扶贫中有没有持续稳定增收以及增收了多少。尽管一些贫困户由于疾病、思想、环境等各方面的原因导致贫困，很难依靠自身力量改变现状，但依然可以看到许多贫困户自强不息，依靠农村电商改变了命运。

小杨是云南省文山市的一个贫困小镇——平坝镇"第一个吃螃

---

① 《赖园园：从种金桔赔光 20 万积蓄到"全国十佳农民"》，新京报网，见 http://www.bjnews.com.cn/feature/2019/09/28/630906.html。

蟹"的本地贫困农民，先天残疾的他在工厂停产失业后于困境中找到了文山市电子商务公共服务中心。在电商服务中心的帮助下，2016年8月他建立起属于自己的村级电商服务站——农村互联网超市。经过30多场免费且专业化的培训班学习，他掌握了电商知识和服务站运营技巧，并着手把家乡的农产品卖出去增加收入。农产品上行说起来简单做起来不易，如何聚集产品、如何把控质量、如何找到销路——这是最核心的三个难题。为解决这些难题，小杨树立了"先易后难、以易克难"的发展思路。他先从当地优势中药材——三七的网销入手，积累经验后再销售其他农特产品。在文山市，三七已成为特色支柱产业，有成型的产业支撑和稳定的货源，市场需求量大，因此成为本地电商创业的首选。小杨找到三七种植户和三七产品生产企业为其做代销。到2017年，他的月销量就达到了100多单，销售额达到4万元，这为小杨每月带来近2000元的纯收入。

网销三七小获成功后，小杨便开始把目光投向本地其他小优特产品，着手将它们开发成网货，以帮助更多贫困户增收。然而当地的小优特产品没有规模，标准不一，想要网销出去难度比卖三七大得多。小杨认真总结思考做三七电商的经验，找到了平坝镇和古木镇的香脆李合作社、生姜合作社，与他们签订协议，由合作社组织货源；在当地政府部门的协助和指导下，他依托合作社和自己组织一部分贫困农户对产品进行分级分拣、统一包装、检测，有效把控产品质量；在电子商务公共服务中心的帮助下，他通过阿里巴巴、苏宁易购、京东等电商平台对接销售渠道和资源，还拿到了一亩田平台的大量农产品订单。2018年，小杨通过平坝电子商务公共服务中心与益农信息社联合平坝镇沙子洞、平地、长冲3个贫困村，组建了文山福星农业技术开发有限公司，采取"公司＋基地＋农户"的模式创建了沙子洞水果蔬菜示范基地。2019年，基地共种植李子200亩，套种人参果200

亩。小杨成功通过电商平台销售李子、人参果、三七、小黄姜、甜柿、木瓜、菠萝、野生蜂蜜等农产品，实现销售收入 280 万元，带动 260 户农户增收。

三、电商扶贫实践

在政府、平台、服务商、创客和广大贫困户的共同参与、合力推动下，我国电商扶贫取得了显著的进展。

根据商务部发布的《中国电子商务报告 2019》，2019 年，农村电商进入规模化专业化发展阶段，全国农村网络零售额达 1.7 万亿元，占全国网络零售总额的 16.1%，同比增长 19.1%；其中，农村实物商品网络零售额为 13320.9 亿元，占全国农村网络零售额的 78%，同比增长 21.2%。2019 年全国农产品网络零售额达 3975 亿元，同比增长 27.0%，高于全国网上零售额增速 10.6 个百分点。

农业农村部信息中心与中国国际电子商务中心研究院发布的《2020 全国县域数字农业农村电子商务发展报告》数据显示：2019 年，832 个贫困县网络零售额达 1076.1 亿元，同比增长 31.2%；农产品网络零售额总计 190.8 亿元，同比增长 23.9%。

商务部例行新闻发布会数据显示，2020 年第一季度，832 个国家级贫困县农村电商实现逆势增长，网络零售额达 565.6 亿元，同比增长 5.0%，高出全国农村平均增速 1.9 个百分点。其中，农产品网络零售额 83.2 亿元，同比增长 49.7%，高出全国农村平均增速 11.5 个百分点。截至 3 月底，832 个国家级贫困县网络电商总数为 246.9 万家，同比增长 7.0%。国家级贫困县网络电商整体复工率达 85% 以上。据估算，国家级贫困县电商吸纳用工就业超过 900 万人。

尽管农村电商发展迅速，从总体上看，贫困地区，特别是以"三区三州"为代表的深度贫困地区的电商扶贫仍面临一系列的挑战和问题。电子商务基础设施建设滞后，电商人才稀缺，产业和产品的规模化、标准化、市场化、品牌化程度低，贫困群众网上交易能力较弱等因素，都会影响农村贫困人口通过电子商务就业创业和增收脱贫的成效。

无论一个贫困县电商扶贫工程如何开展，归根结底还是要立足县域的实际情况，解决当地产品特别是农产品的网络销售问题——"卖得掉、卖得好、卖得久"，所有的电商扶贫体系建设和努力付出都是为了实现这个主要目标。对此，我们以杭州闻远科技有限公司的农产品电商扶贫的实践为例加以说明。

（一）农产品首次"触网"销售

在开展电商扶贫过程中，最大的难题在于贫困户思维观念的转变。农产品第一次触网销售一般经历 3 个阶段：第一阶段是贫困户看，服务商做。贫困户刚接触电商时，看到电商销售农产品给的价格高，购买的人不在眼前又不能现金结账，认为不可信。服务商或创客带头人自己先做，收购贫困户的初级农产品，全程给他们看如何分等级、做包装，如何接订单、发货，如何结算。第二阶段是服务商带着贫困户做。贫困户看到效果，愿意参与的时候，服务商要手把手教他们如何做电商，并把营销资源赋能给他们。第三阶段是服务商看着贫困户做。贫困户自己学会在微信、淘宝等平台上卖农产品后，服务商要做的就是帮助他们提升各方面的能力，让他们卖得更好。第一阶段是最难的，服务商或创客在收购农产品时，经常会遇到坐地起价、产品质量参差不齐的问题。服务商或创客可以寻找靠谱的合作社、大户合作，保证供应链的稳定性或寻求政府部门支持。当然，加强系统性的电商培训也是必不可少的，除了技能培训，还有电商普及培训，加快转变贫困户的思维观念，让更多的人认识电商、接受电商、使用电商。

（二）两种常见的农产品上行方式

在农产品上行过程中，一般会遇到两种常见情况：一是当地有规模化的特色产业，如百色芒果、礼县苹果等，但是销路不稳定，价格上不去，没有品牌影响力。我们称之为"有品无牌"。二是当地不具有规模化的产业，农产品种类虽多、有特色，但面积小、产量少。我们称之为"有产无量"。基于不同的产业和不同的问题，服务商应采取不同的解决方案。

第一种情况以百色芒果为例。百色市是一个集贫困地区、革命老区、少数民族地区、边境地区、大石山区、水库移民区于一体的特殊区域，位于右江上游，良好的水土环境孕育了芒果、砂糖橘、猕猴桃、火龙果、百香果、茶叶等优质农产品，且大多数具有规模优势、品质优势。闻远科技自2015年6月进驻百色市开展电商扶贫，针对百色市的产业情况，选取了百色芒果作为突破口。以百色芒果做电商扶贫主要面临3个难题：（1）品牌知名度不高。虽然百色是芒果黄金产区，种植面积大（90多万亩）、产量高（40多万吨）；但本地各产区、企业都"各自为战"。（2）质优价不优。由于缺乏议价权，有些批发商会将百色芒果打上海南芒果的包装销售出去。（3）网销难。供应链、品控、物流达不到网货销售的要求，此前也缺乏电商销售的经验。这三点也是很多贫困地区面临的普遍难题。

在开展电商营销之前，闻远科技首先联合当地政府部门开展了

"三个统一"产业行动，即统一使用"百色芒果"区域品牌标识、统一使用"农产品地理标志登记"标识、统一按百色芒果采摘上市时限销售；其次按照网货销售的要求，针对芒果分等分级、包装设计、品控、打包、物流等各个环节进行梳理、把控、创新，形成百色芒果网货供应链；最后借力电商走出最关键的"四步"，成功实现弯道超车。

第一步：通过连续三年的"互联网＋百色芒果节"系列促销活动，持续打响"百色芒果"品牌。依托淘宝、苏宁易购百色馆和京东商城等平台，组织商家参与线上营销活动；配合百色市人民政府在北京、香港、深圳、兰州等地举办"百色芒果"线下专场推介会，不断提升"百色芒果"的知名度、美誉度。2016 年在芒果节期间，"百色芒果"登上了湖南卫视《天天向上》栏目。2017 年 7 月 11 日，第十二届世界芒果大会在"中国芒果之乡"广西百色市田东县举行，使"百色芒果"成为万众瞩目的焦点。

在连续三年的芒果季期间，通过线上线下全方位宣传方式，向全国用户推广了"百色芒果"这一地标品牌，引起了广大消费者的关注，使"百色芒果"走向全国乃至全世界，也让更多的人看到、吃到了百色的芒果。通过互联网销售，2016 年百色桂七芒果的价格，已经从每斤三四元钱涨到了每斤七八元钱，2017 年价格一直保持在每斤八九元钱左右。

第二步：从供应链发力，夯实百色芒果网货质量基础。闻远科技联合百色市政府从芒果的生产端入手，优化电商产品规格选择、电商包装、物流解决方案、供应流程等全产业链，为芒果上行做好供应链保障，打造优质的"百色芒果"品牌。

第三步：用创意、用文化、用商业的力量"包装"百色芒果。在2017 年芒果节期间，闻远科技独具新意地以芒果模型为标本，设计推出了芒果布偶娃，受到了全国各地消费者的喜爱，也使得芒果的销售比 2016 年更加火爆，在区域品牌打造和促农增收方面成效显著。

第四步：复制扩大百色芒果的成功经验，引导百色市 12 个县（区）借助电商把其他农产品也卖得风风火火。德保县在淘宝、苏宁易购百色馆等平台销售脐橙 1820 吨，单价由 2015 年的 3.5 元/斤提升至 2018 年的 6 元/斤；举办 2017 年"互联网＋猕猴桃节"促销活动，带动 15 家生产流通企业、6 家生产合作社在淘宝网销售 2.4 万斤猕猴桃，销售额超 30 万元；2017 年 6 月，凌云县首届电商年货节和"我为家乡代言"活动，重点推出凌云白毫茶、山茶油、红薯粉、百香果以及乌鸡、麻鸭等农特产品和生鲜产品，在淘宝、京东凌云服务站、凌云易购等平台共实现交易额 93 万元。

2018 年，百色芒果电商快递揽件 2054 万件，销量近 10 万吨，电商销售芒果价值超过 14 亿元，占全市芒果产值的 36.84%。2019 年，百色实现芒果产量 76 万吨，产值 41.31 亿元，全市参与种植芒果的农民超过 10 万农户，辐射带动 265 个贫困村，占全市贫困村总数的 35%，累计有 6.8 万贫困户、32.38 万人依靠种植芒果告别了贫困，走上致富的道路。全市经营芒果年收入突破 10 万元以上的农户达 1.5 万户。

从百色芒果的案例可以看出，以单品爆款切入推动全域电商扶贫的做法，是行之有效的。百色市的电商扶贫案例就是首先选择以芒果为爆款，在其品牌营销和打造、网货供应链的优化、文创升值等方面不断发力，率先形成品牌优势。此后，再将此单品爆款的成功复制到其他农产品的线上销售，从而提升整个区域特色农产品的市场占有率和影响力。这种培育电商品牌的模式，对于具有规模特色优势单品产业的贫困地区，具有非常重要的借鉴意义。我们在其他地区的电商扶贫实践中，发现不少电商服务商也是通过这种方式获得成功的，比如恩施富硒小土豆、礼县苹果、隰县玉露香梨等就是当地的单品爆款，在形成电商扶贫网货支持、带动其他当地产品销售和老百姓增收脱贫上发挥了重要作用。

第二种情况更为常见，尤其是偏远山区的县域，山多地少，虽然有多种农产品，但都不成规模、缺乏优势。例如贵州省施秉县，以太子参为代表的中药材产量较高，但中药材很难在电商平台销售，其他产品如青红脆李、黄桃、油桃、红阳猕猴桃、蓝莓、珠光米、紫米、腊肉、腊肠、牛肉干、黑木耳、香菇、茶树菇、苗银苗绣等农特产品产量均较小，且非常难打造成网络爆款。

为了更好发挥市场力量，增强施秉特色农产品发展的内生动力，引导推进施秉农特产品线上线下流通体系建设，闻远科技创新推出"1+3+8+600"电商帮扶方法。

"1"即在浙江省杭州市临安区建立1个临安—施秉电商协作运营中心，负责施秉特色商品的设计、整合、配送，实施批量采购、分销配送、线上线下结合等实体化运营。

"3"即推动3个标准体系建设，协助原产地进行产品供应链基础设施、农产品全过程溯源品控、产品品牌等基础体系建设。

"8"即实施8类分销模式，分别是旅游产品销售点专柜销售、商场超市销售网点专卖区销售、企事业单位工会福利销售、施秉线上特色馆销售、微商体系销售、杭州主城区连锁农产品店网点销售、施秉手工艺品外贸渠道销售、农特产品展销节促销。

"600"即开展电商实用技能、电商创新培训，培养600名电商带头人、农村致富带头人、新农人、营销管理人员，培育市场主体，搭建人才培育支撑体系。

施秉县的上述做法，旨在将线上线下结合起来，特别是以线下销售的流量带动线上销售，从而破解小众产品前期触网销售难以获得流量的难题。

小农产品、小众产品"有产无量""不适合电商销售"，是许多偏远山区的贫困县域的自身农产品资源短板，一时间难以改变，却也有着绿色生态无污染的优势。在这些县域进行电商扶贫要因地制宜、多管齐下。比如，可以通过东西部电商扶贫协作，将农产品批量销往东部城市的扶贫超市；开展消费扶贫活动，企事业单位集中购买贫困地区土特产品，带动后续线上持续购买；在县域开展社群营销，把农产品卖给县城居民；通过农旅融合将产品销售给周边城市消费者。并不是所有贫困县的农产品都适合上大电商平台销售，区域性、小而美的方式在某些时候效果更好。

四、农村电商未来展望

2020年是打赢脱贫攻坚战和全面建成小康社会的目标实现之年，也是"十三五"的收官之年。农村电商已成为精准扶贫的重要抓手和推进乡村振兴的新动力，我们展望农村电商在"十四五"期间的发展走向，可看到以下几个趋势。

一是农村电商将继续在巩固和扩大脱贫攻坚成果上发挥作用。全面建成小康社会不是扶贫工作的终点。在数字经济时代，要实现低收入人群脱贫不返贫和不断解决相对贫困问题，要促进区域和城乡的协调发展，农村电商仍不可或缺。

二是农村电商将被全面纳入和服务于乡村振兴、数字乡村的发展大局，与各地农村产业深度融合。农村电商基于大数据，将市场消费端的需求沿着供应链传导给生产端，加速提升产业链升级，推进农业供给侧结构性改革，助力乡村产业振兴。

三是在未来数字乡村的全面建设、数字技术各领域创新应用中，农村电商作为"可交易、可增收"的数字化、网络化，而且已成规模化、体系化的应用，将会更加充分地发挥其先导作用和基础作用，引领农业农村数字化转型。

四是在"后疫情"时代"六稳""六保"大格局和基本要求下，在扩大国内消费、培育强大国内市场的政策推动下，农村电商会加快提升工业品下乡和农产品进城双向流通效率，引领县域农村消费升级，促进县域新消费市场快速崛起。农村电商与县域经济加速融合，催生更多新业态新模式，将在乡村的"稳中求进"和支撑全局中扮演更重要的角色。

农村电商从助力打赢脱贫攻坚战到助力乡村振兴与数字乡村战略实施，从扩大覆盖到提质增效，从能力建设到拓展应用，从分散建设到系统推进，从外部输血到内部造血，从阶段任务到长效发展，其内涵和模式在不断创新、演化、升级，最终将重构农村经济结构，促进农业农村高质量发展。①

农村电商 李鸣涛 ▼ 扶贫兴农·专家点评

2020年是我国全面建成小康社会、第一个百年奋斗目标的实现之年，也是全面打赢脱贫攻坚战的收官之年。在这样一个时间点上全面回顾农村电商助力脱贫攻坚的发展历程、典型经验、趋势挑战等具有非常重要的价值，有利于我们在下一阶段继续发挥农村电商在助贫增收等方面的不可替代的带动作用，助力乡村振兴。

电商扶贫轰轰烈烈，是否能够取得成效的关键在于贫困户的

---

① 汪向东：《"半汤茶话"：聊聊"十四五"农村电商发展趋势与重点》，见 http://blog.sina.com.cn/s/blog_593adc6c0102ysfn.html。

获得感和可持续机制的形成。在这两个方面，本章作者结合自身的电商扶贫实践对我国电商扶贫的内涵、发展历程、参与主体、典型经验等进行了全面梳理，提出了一些非常有参考价值的观点。文中提出电商扶贫本质上就是要通过电商把贫困地区的产品"卖得掉、卖得好、卖得久"。围绕这一目标，电商扶贫"卖"是核心，要通过电商大市场带动地方电商产业链与产品供应链的结合，要通过电商创客示范、产品供应、产业链环节就业、合作社参股等多种方式与贫困人群建立可持续的联结帮扶机制，最终就是要多方式、多渠道地帮扶到贫困人群，让他们真真正正感受到电商带来的好处。在这个过程中，需要政府部门、平台企业、本地化服务商、合作社和加工企业、电商创客及贫困户的共同参与，其中最关键的环节就是要发挥好承上启下的本地化服务商的作用。如文中提到的闻远科技、赶街、浙江讯唯、武汉蜂巢等一批本地化的服务商立足当地、因地制宜，积极探索适合当地的农村电商发展模式，通过标准化、品牌化促进产品网货化，通过多渠道全网营销对接电商消费需求，通过自建或整合利用政府投入不断完善地方的电商基础设施，这些都将促进地方形成农村电商的可持续发展机制，进而实现电商扶贫由公益向市场机制的转变。

——李鸣涛，中国国际电子商务中心电子商务首席专家、研究院院长

03

社交互联网：脱贫攻坚重要信息载体

李丽莉①

习近平总书记指出："消除贫困、改善民生、逐步实现共同富裕，是社会主义的本质要求，是我们党的重要使命。"②2015 年 11 月，党中央吹响了坚决打赢脱贫攻坚战的号角，确保"小康路上一个都不能少"，这是党中央对全中国乃至全世界的庄严承诺。五年来，在党中央的坚强领导和全国人民的不懈努力下，中国脱贫攻坚力度之大、规模之广、影响之深、成效之巨前所未有，全国农村累计减贫超过5000 万人，减贫幅度接近 90%，农村地区贫困发生率从 2015 年年末的 5.7% 下降到 2019 年年末的 0.6%，为全球的减贫事业贡献了中国智慧和中国方案。

其中，以互联网为代表的信息技术成为重要的科技助推力量。由于互联网信息技术使用门槛低，连接覆盖广，传递信息便捷高效、精准透明，具有很强的普惠特性，与脱贫攻坚有着天然的契合之处，所以"互联网+"在脱贫攻坚中扮演着越来越重要的角色，为打赢脱贫

---

① 李丽莉，腾讯集团公共事务部总监。
② 《习近平谈治国理政》第二卷，外文出版社 2017 年版，第 83 页。

攻坚战作出了积极贡献。而社交互联网作为一类重要的互联网信息技术载体，探索了"互联网+"扶贫的有效方法，提供了脱贫攻坚的有益样本。

一、社交互联网赋能扶贫兴农

（一）互联网信息技术在赋能扶贫攻坚战中成效显著

据中国互联网信息中心（CNNIC）发布的第 45 次《中国互联网络发展状况统计报告》，截至 2020 年 3 月，我国农村网民规模已达 2.55 亿，占网民整体的 28.2%；农村地区互联网普及率为 46.2%，较 2018 年年底提升 7.8 个百分点，城乡地区互联网普及率差距缩小 5.9 个百分点；截至 2019 年 10 月，我国行政村通光纤和通 4G 比例均超过 98%，贫困村通宽带比例达到 99%，贫困地区网络基础设施得到显著改善、产生质变，实现了全球领先的农村网络覆盖；试点地区平均下载速率超过 70M，基本实现农村城市"同网同速"。"要致富、通网路"已经在广大农村地区得到了切实有效的保障。

与此同时，借助技术升级和平台集聚效应，各主流互联网企业积极响应党中央号召，持续探索多种"互联网+"扶贫路径，努力向贫困地区和广大农村释放数字化红利，发挥互联网在生产要素配置中的优化和集成作用，为贫困地区精准扶贫提供了新理念和新技术，为脱贫攻坚的有效推进注入了新动力。电商扶贫、社交互联网扶贫、大数据精准扶贫、"互联网+"公益、金融、教育、旅游等新型扶贫模式层出不穷，致力于"汇集广大网民的力量为贫困群众提供帮助""通过电商帮助贫困群众扩大农产品销售""让贫困群众更方便地获取工作、社保、医疗等信息""通过远程教育为贫困地区的孩子提供优质学习资源"，同时积极带动广大网民通过"网上扶贫捐款""扶贫宣传点赞、转发、评论"，助力打赢脱贫攻坚战。

（二）社交互联网是精准扶贫重要的数字化载体

从 PC 互联网到移动互联网，从 QQ、微博到微信，社交软件的"国民级"应用支撑了整个中国互联网演进和发展的历史，为互联网信息技术提供了极其丰富的"C 端"应用场景，不但催动了城市居民快速地切换到"在线生活"方式，也为农村网民规模的快速上升作出了巨大贡献。

针对社群属性尤其明显的乡村，通过搭建以"连接"和"社交"为中心的乡村社交互联网平台并大力拓展应用，正在让村民用"云上安家"的方式，为脱贫攻坚、乡村治理和乡村振兴带来无限潜能：增强乡亲故里之间的沟通联系，可以有效缓解人与人在情感、社会和文化层面的城乡隔离和"失连"；无缝连接互联网和各行各业的资讯和服务，为城乡"去媒介化"直接沟通提供机会，赋能乡村在新的领域创造新的业态；也可以借助互联网媒介丰富乡村未来生活的各种可能性，为村庄带来勃勃生机。

聚焦到精准扶贫视角，搭建社交服务平台开展乡村移动互联网能力建设，可以有效破解精准扶贫面临的"信息鸿沟"难题；可以指引村两委、基层党员及乡镇、区县各级干部实名为村民提供政策宣传和服务，密切干群关系、提升政府服务效率、记录脱贫攻坚轨迹；可以构建线上村庄场景，提供"看山望水留住乡愁"的连接纽带，并指引村民实名加入村庄，关心村庄事务，加强城乡联系互助，甚至吸引人口回流乡村创业；还可以用社交电商的方式整合本地力量，助力农产品上行，带动乡村旅游，从而助力产业振兴，拉动创业就业，增强造血功能。

社交互联网通过构建面向广大乡村的互联网社交与党政为民服务一体化综合应用载体，进而形成脱贫奔小康的长效机制，对于切实增强基层党组织的凝聚力和战斗力、创新乡村治理、激发乡村内生动力、助力乡村振兴发挥着其他"互联网＋"载体不可替代的功能和作用。马化腾认为，"通过移动互联网技术解决乡村信息、财富和情感'失连'问题，吸引更多农村人员在'云上安家'，这些都是数字化的温暖和力量"①。

2020 年上半年突如其来的新冠肺炎疫情，对经济增长产生了较大负面影响，为脱贫攻坚事业带来了较大不确定因素；也从另一侧面凸显了乡村社交互联网作为"一手抓疫情防控、一手抓脱贫攻坚"数字化助手的独特功能。习近平总书记坚定表示"收官之年又遭遇疫情影响，各项工作任务更重、要求更高。我们要不忘初心、牢记使命，坚定信心、顽强奋斗，夺取脱贫攻坚战全面胜利，坚决完成这项对中华民族、对人类都具有重大意义的伟业"②。一些优秀的乡村社交互联网平台，利用其巨大的覆盖范围和强大的后台技术保障能力迅速启动"战疫扶贫"，紧急上线提供了多项针对农村防疫的互联网服务，包括就医问诊健康自查、疫情科普谣言粉碎、传播动员群防群控，同时积极对接复产复工需求和农产品滞销等关键信息，及时传达村民诉求和真实受影响状况，成为弥补我国农村基层医疗卫生服务短板的"及时雨"，以及农村防疫工作宣传和权威信息发布的"大喇叭"，为巩固脱贫攻坚成果发挥了重要作用。

---

① 马化腾：《让数字红利惠及每个人是我们的责任》，《学习时报》2019 年 6 月 26 日。
② 习近平：《在决战决胜脱贫攻坚座谈会上的讲话》，人民出版社 2020 年版，第14 页。

（三）在"后脱贫时代"，社交互联网平台仍是巩固脱贫基础、实现乡村振兴的重要抓手

2020 年是全面建成小康社会目标实现之年，是全面打赢脱贫攻坚战的收官之年，绝对贫困即将彻底消除，新中国将迈入"后脱贫时代"。但如何进一步激发贫困人口内生动力，切实防止返贫，改善乡村治理，实现乡村振兴，仍然是一项长期而艰巨的任务。

习近平总书记指出："要把脱贫攻坚同实施乡村振兴战略有机结合起来。"[①] 在"后脱贫时代"，随着我国农村及偏远地区宽带网络基础设施加速普及和农村互联网渗透率的持续上升，数字化转型将成为乡村治理现代化的主要趋势[②]，分享数字红利将是实现乡村振兴的重要动力，社交互联网平台还将继续发挥更大作用。比如，为建构适应新形势的创新治理机制提供互联网工具，扩大乡村基层治理的触达范围，更加聚人、聚心、聚力；又比如，为村民提升专业技能，传播村庄产业信息，扩大农产品影响提供社交应用场景，真正实现"造血式帮扶"，积极推动产业振兴；再比如，随着"新基建"按下加速键和产业互联网的发展，可以成为数字教育、数字医疗等资源更深入地扩大到农村的"工具箱"，成为我国农村地区跨越式发展、在公共服务等领域拉近与城镇差距的重要平台；还比如，总结此次新冠肺炎疫情防控经验，放大社交互联网平台在重大应急事件中的情绪疏导、医疗

---

① 《习近平总书记在十三届全国人大一次会议内蒙古代表团的重要讲话引起强烈反响——扎实推进乡村振兴战略共同书写无愧于新时代的亮丽篇章》，《内蒙古日报》2018 年 3 月 10 日。

② 冯献等：《乡村治理数字化：现状、需求与对策研究》，《电子政务》2020 年第 6 期。

救助、信息发布、帮扶纾困作用，在我国农村地区搭建起日常、高效、长久的"防疫墙"，用"互联网＋"打通乡村应急体系"最后一公里"；等等。

二、社交互联网在助力脱贫攻坚中的重要作用

（一）乡村落后主要源于"失连"，社交互联网最擅长的就是"连接"

改革开放以来，我国经济社会快速转型，东西差距和城乡差距逐步加大，广大农村特别是中西部地区经济相对落后的农村，外出务工成为绝大多数青壮年劳动力就业的主要渠道，乡村中最具生产能力的人口逐年递减，留守的老人、儿童和妇女组成"386199 部队"。空心化造成了农村社会结构的失衡，"孔雀东南飞""朝夕盼团圆"，成为集体经济凋敝、产业水平低下、基层组织薄弱、传统文化消损、公共服务落后的总根源。

国家统计局数据显示，目前全国进城务工经商农民有近 3 亿人。对此，北京大学中国社会与发展研究中心主任邱泽奇认为："乡村振兴战略的实现面临着诸多痛点，归结起来就是'连通性'不足或缺位的问题。"[①]其中"包括人与人的连接、人与事的连接、人与组织的连接以及小地方与大市场的连接"。这些"连接"缺失的背后，本质上是情感、信息、思想、财富等交互渠道的匮乏。离家外出务工的人"故乡安放不下肉身，他乡安放不下灵魂"，距离造成了对故乡和亲

---

① 邱泽奇：《"为村"为乡村振兴搭建数字平台》调研报告，2019 年 11 月。

人的"情感失连"；因人口结构恶化带来的劳动力、活力和信息的缺失而困难重重，造成乡村"发展失速"；农村手艺传承因后继无人而日渐被遗忘，造成"传统文化及技艺失传"；等等。[①]

"人气"没了，"心气"自然不足了。[②] 部分贫困地区留守儿童家庭教育缺失，没有父母的关爱和陪伴；村民的集体观念日渐淡薄，只顾忙活自家营生，有利就争取、无利则旁观，村庄的发展变成了"干部干，群众看"。在这种情况下，村庄的组织建设和乡村治理缺失，"大喇叭""公告栏"关注度下降，上传下达不畅、干群沟通不够，群众对政策难以理解，村庄的真实需求难以传递，也失去了获取解读信息进而把握发展机遇的能力。

因此，要破解发展和财富的"失连"，首先就要实现信息、情感的"连接"。凭借社交互联网使用的低门槛和得天独厚的连通优势，搭建乡村社交互联网服务平台，推动乡村移动互联网能力建设，一方面围绕"党务、村务、事务、服务"的村民"刚需"，为发布政策、连接信息、提供数据提供丰富工具，将农村地区的人与党组织、人与社会、人与人、人与信息紧密连接在一起，农村很多问题矛盾有了沟通解决渠道，使村民对党员干部更信赖，农民生活更和谐；另一方面，基于村庄这一传统社群，通过社交互联网打造"网上家园"，为满足外出打工村民和留守村民间亲情乡情诉求的高频互动提供了便捷渠道。"让每一个离家的人都能看到家"，可能在外坚守谋生的人会有更深体会，这种沟通带给他们的心灵慰藉是难以估量的。

只有让情感在乡村的土地上深深扎根，才能让财富在乡村的土地

---

① 马化腾：《关于在"后脱贫时期"乡村振兴的建议》，2020 年全国"两会"代表建议案。

② 陈圆圆：《利用互联网助力乡村社会治理和发展》，中央党校《行政改革内参》2019 年第 6 期。

上自然生长。连接信息、连接情感，也就连接了正能量，从而为连接发展、连接资源、连接财富提供了基础和动力。

（二）破解集体经济缺失、产业空心化严重的难题，社交互联网是强大的"赋能"利器

习近平总书记指出："发展产业是实现脱贫的根本之策。要因地制宜，把培育产业作为推动脱贫攻坚的根本出路。"[①]脱贫攻坚必须要以产业扶贫为抓手。在不少乡村，"缺乏集体经济"是最大问题。本应在管理集体资产、合理开发集体资源、服务集体成员等方面发挥重要作用的集体经济缺失，使广大农村经济发展"力不从心"。此外，当前农村产业空心化严重，很难培育和发展长效产业。除人力资源短缺外，有利于产业发展的、较为稳定的资金投入机制尚未建立，农村资源变资产的渠道尚未打通。2019 年，全国政协社会和法制委员会就"乡村治理面临的问题与挑战"，对全国 24 个省 3540 个村庄的 2 万村民进行的问卷调查[②]结果显示，村民普遍认为集体经济缺失是头等难题，缺资金、缺人才是影响乡村集体经济发展的两大主要因素。村民们的诉求主要集中在各级政府机构要减少集体经济组织的负担，要加大资金投入、人才引进培养。

对此，社交互联网的"赋能"作用是巨大的——公众熟知的社交电商可以触及乡村最末端的毛细血管，进一步激起"下沉市场"的经济活力，为农产品销售渠道提供强大的流量支持，并通过挖掘村

---

① 《习近平治国理政"100 句话"之：发展产业是实现脱贫的根本之策》，央广网，见 http://news.cri.cn/20160802/898f5381-4d46-6f0d-5ad8-375d50f49013.html。

② 资料来源：全国政协社会与法制委员会"共话新时代社会治理创新"论坛，2019 年 12 月 19 日。

庄"一村一品"整合本地力量，推广本地产品。近年来兴起的直播销售模式，更为普通小村庄提供了展示"个性"的线上资源，不少"云上村庄"一夜成名，通过系列短视频展示秀丽的自然风光"圈粉"近百万，随即以网络直播销售的方式带动乡村特产大卖，"新农人＋新合作社＋新电商平台"渐成气候，充分释放的数字化红利直接推动了产业兴旺和脱贫致富。

此外，社交互联网极大助力了"扶贫先扶智"：首先，无人不用、无时不用的社交平台让移动互联网工具成为乡村生活的必需品，让乡村的人都具备了互联网技能，都过上了移动互联网无处不在的智慧生活，快速弥合了城乡人的"数字鸿沟"。其次，社交平台针对广大乡村信息技术能力低下的问题，可以开辟"在线课堂"进行农村线上线下并行的互联网技能培训功能，通过线上授课和线下培训引导，提升农民在线进行村务管理、信息交流、农产品广告宣传、旅游资源推介等能力，从而成为全方位提升农民内生动力、激发农民创造力、提升农村自我修复能力的数字化载体。掌握互联网技术的村民成为村庄与外界平台沟通的重要力量，也成为村民搭乘互联网快车实现自我发展的带头人物。最后，社交互联网可以因地制宜地进行资源连接和匹配，为村庄对接地方政府、社会公众、城市经济等多方资源，为促进村庄文化繁荣及城市需求的密切相连、推动村庄持久繁荣发展提供了有效载体。

随着数字乡村战略深入实施，村民逐渐从移动互联网信息的接收者、利用互联网跨越时空的连接者，转变为促进乡村走向城市、走出历史舞台的财富生产者。而以技术赋能为抓手，社交互联网生态中的资讯、支付、视频、社交等工具，也必将在产业、文化、教育、金融、公共服务等多个领域继续加力，巩固脱贫攻坚成果，持续释放数字红利，推进长效脱贫振兴，为乡村和民生领域贡献更多力量。

（三）脱贫的根本在于汇聚"人气"和"人才"，社交互联网是云端"聚人"的好帮手

毫无疑问，由于大量人口流向城市造成农村空心化，使农村人才流失，是导致农村一系列经济贫困和社会落后问题的重要因素。习近平总书记一针见血地指出："从长远看，无论怎么加强外部人才支持，派去的人总是有限的，关键还是要靠本地干部队伍和人才。"[①]虽说"谁不说咱家乡好"，但如何汇聚人气、吸引本地人才关注家乡、支援家乡、建设家乡，是一个亟待解决的长效问题。脱贫的根本在于"人"，"互联网＋乡村"的核心驱动也在于"聚人"。针对乡村应用场景的社交互联网平台能够有效发挥"聚人气""汇人才"的作用。

首先是线上议事聚人气。通过构建云端村庄场景，可以将空心村"不在场的人"拉回村庄，让农村青年在城市里重新"进入村庄"。村民实名认证进入本村社交平台，即使在外务工，也可在线参与本村事务、帮助本村发展。不少实践证明，很多在城市打工与生活的外流村民有浓浓的乡情，他们成为"认证村民"后，非常关注家乡的点滴变化，一旦有本村事务，会经常通过"村友圈"与村两委干部和村民发言互动，发表意见，甚至出钱出力。这样一来，无论在不在村庄，村里的事都能真正成为全村人的事，村集体能够更好地凝心聚力谋发展，这让很多人特别是村庄的精英与游子们也找到了一条回报村庄的路，重新关注并融入家乡发展。

其次是吸引回流汇人才，特别是能够吸引具有互联网思维的年轻人，

---

① 习近平：《在打好精准脱贫攻坚战座谈会上的讲话》，新华网，见 http://www.xinhuanet.com/politics/leaders/2020-04/30/c_1125928631.htm。

以及认同"绿水青山就是金山银山"的年轻人。云端村庄场景展现出村庄生产生活的勃勃生机，电商渠道激发了乡村的内生动力和产业前景，逐渐吸引了在外求学或打工、拥有了更多知识储备和更广眼界见识的年轻人回乡创业发展，参与家乡建设。目前，乡村社交平台的管理人员基本都由善于利用互联网的返乡青年、扶贫干部、大学生村官、村第一书记等新生力量担任，从而为乡村的长期繁荣提供持久的本地人才保障。

（四）脱贫的长效机制在于改善乡村治理，社交互联网是实现乡村"善治"的数字化"工具箱"

在一些农村地区，贫困的原因可能是受制于资源环境、基础设施、受教育水平等因素，可能是"一方水土养不了一方人"；但乡村凋敝、组织涣散、治理缺失、服务滞后无疑是根本原因之一。而农村地区严重滞后的治理服务水平，也进一步导致农村青壮年人口向城市"逃离"。在此次暴发的新冠肺炎疫情中，广大农村地区在防疫工作中的先天不足、后天劣势以及资源匮乏等都暴露无遗。这些都说明，没有乡村公共服务、公共管理、公共安全保障水平的显著提高，没有党组织领导的自治、法治、德治相结合的乡村治理体系的健全完善，没有治理有效、充满活力、和谐有序的"乡土中国"，仅靠产业、靠外出务工、靠兜底的"攻坚式"脱贫是很难可持续的。

从提升治理体系和治理能力的角度，面向乡村的社交互联网为改善乡村治理、大幅提升党组织建设和乡村数据治理能力发挥了重要作用，提供了"让大数据、高科技与农村治理紧密融合，改变农村治理方式的扶贫模式"[1]。

---

[1] 吕忠梅在全国政协十三届常委会第二次会议小组讨论现场发言，2018 年 6 月。

在组织建设上，乡村社交平台可以构建"云端上的乡村党群服务中心"，让基层信息公开更透明，指引村两委、基层党员及乡镇、区县各级干部实名为村民提供政策宣传和服务，密切干群关系、提升政府服务效率，从而为以人民为中心的党群服务提供"接地气"的互联网工具；在记录脱贫攻坚轨迹上，乡村社交平台可以分享扶贫政策，记录扶贫大事记，实时分享乡村扶贫工作动态，为村民们普及国家各项扶贫举措，公开扶贫资金使用情况，也让各级政府及村民们能够快捷、直观地监督扶贫工作开展情况；在促进乡村治理上，乡村社交平台不仅营造了情感连接的正能量氛围，还为村民开辟了民主自治的线上途径，使村民无论身在何处，知情权和参与权都能得到较好保障，是切实保障基层民主自治的有效工具；在弥补公共服务短板上，乡村社交平台可以与"智慧政府""数字政府"有效连接，为村民提供更好的"法律咨询""农技业务""寻医问药"等实际需要的公共服务。

特别是在此次新冠肺炎疫情的防控工作中，农村数字化治理水平偏低，效率低下、资源匮乏等问题暴露无遗，乡村社交平台即时权威政策资讯触达乡村、开展心理疏导，以及辟谣的重要手段，充分彰显了其对于农村应对重大突发公共事件时的保障能力，以及对维护乡村秩序稳定的重要作用。

从前述调查结果也可得到印证，当前村民们已经非常关注互联网在乡村的应用情况。他们认为"互联网已经成为村委会的党务、村务、财务'三公开'的主要渠道"，对"福利信息和村庄公共设施建设"的信息最关注；认为互联网是了解村事务和反映生产生活问题的主要渠道；甚至还认为"村干部老龄化""不会使用智能手机影响智慧乡村建设"，是制约乡村发展的两大主要因素。由此可见，社交互联网已成为农民心中实现农村脱贫和乡村善治的

"工具箱"。

三、社交互联网助力脱贫攻坚实践案例

作为国内社交互联网领域的领军企业，腾讯公司坚决响应党中央号召，在脱贫攻坚中积极践行企业社会责任，紧密依托在连接和技术方面的优势，持续探索"互联网＋"助力扶贫的载体和应用。这其中，腾讯"为村"在"用互联网助力党建引领精准脱贫、乡村社会治理、乡村振兴的互联网工作平台"方面进行了成功实践，"在城市化大潮下，用互联网填平城乡差距的鸿沟，把一个个深藏大山的贫困村打造成数字乡村，成为引领精准脱贫、助力乡村治理的标杆"[1]，获得了国家部委领导及各地合作政府的高度评价，多次获评或入选机构、协会和学院的典型案例。

（一）腾讯"为村"——传统公益实践的华丽转身

"为村"是一个面向乡村的互联网社交与党政为民服务一体化综合平台，也是用移动互联网发现乡村价值的开放平台，由腾讯公益慈善基金会"筑梦新乡村"项目发展而来。项目发起的初衷是"用互联网企业核心能力助力西部乡村发展"，但在实施中发现，许多农村由于空心化造成信息、人际、情感"失连"，从而造成治理薄弱、产业衰微及贫困落后、发展停滞，仅靠传统的捐赠型公益

---

[1] 《腾讯荣获"2019中国创新榜样"，引领精准脱贫，助力乡村治理》，人民日报社中国经济周刊官网，见 http://app.ceweekly.cn/?action=show&app=article&contentid=281233&controller=article。

帮助脱贫收效甚微，互联网公司要想"授之以渔"首先就是做好"连接"。

因此，随着移动互联网的发展和智能手机的普及，2014年，腾讯依托月活跃用户（MAU）"10亿+"的微信平台，以"连接情感、连接信息、连接财富"为根本宗旨，开发出"连接·为乡村"的微信公众号——"为村"，从贵州黎平县铜关村开始试点。通过组织并指导各地村庄开通属于自己的公众号，引导留守村民和外出打工村民实名加入，交流工作生活、商讨村庄事务。腾讯提供技术支撑、运营维护、功能迭代、数据存储、大数据分析、平台指引、人才培训等系列服务，致力于用乡村自身移动互联网能力与内容建设，将农村地区的人与党组织、人与社会、人与人、人与信息紧密连接在一起，以"互联网+乡村"的方式为村民提供现代化的情感连接纽带，助力党建引领精准脱贫、乡村治理和乡村振兴。

全国所有革命老区、边疆和民族地区村庄（约11.6万个）加入"为村"均免收开发费，同时在以村组织机构代码证申请微信服务号时，选择"政府主体"可获取微信年审费减免。同时，腾讯面向国家建档立卡贫困村（约12.4万）同样提供以上费用减免服务。腾讯与深圳市委组织部和广东省委组织部签署协议，2018—2020年，粤东西北14个市、16455个村，享受以上费用减免服务。

截至2020年6月15日，"为村"已覆盖全国30个省、224个市、869个区（县）、2461个乡镇中的15506个村庄和社区，其中包括1380个国定贫困村、1989个革命老区村庄以及417个边疆和民族地区村庄，认证村民超过250万人。其中部分市县实现"全域为村"，如山东省菏泽市11区（县）、内蒙古自治区乌兰察布市11旗（县）、广东省河源市等，星星之火开始呈现燎原之势，被有关专家誉为"目前覆盖性最好的乡村数字平台"①。

特别是在农村战"疫"中，"为村"将权威防疫信息高效下沉农村，截至2020年7月10日，各地村庄已在"为村"平台上向自己的村民发布疫情防控信息37.4万条，超过150万用户关注疫情信息并即时阅读防疫知识，浏览量超4067.3万，点赞数超2797.1万，评论数超410.9万；同时打通在线问诊"最后一百米"，集结过万名医生全天候提供在线免费问诊，获得近54万村民关注。农业农村部鼓励全国各县乡村充分运用腾讯"为村"平台，动员社会力量参与农村地区疫情防控，并依托"为村"平台，2天内完成对全国27个省9057个乡村59266名村民（含村干部）的在线问卷调查，快速精准了解了农村地区疫情防控、春耕复产、返城复工等情况。

（二）连接为乡村——"为村"有"三是"

1.连接信息："为村"是云端上的党群服务中心

搭建以"党务、村务、事务、服务"为核心功能板块的在线乡村工作平台，开展"三务"公开及党群服务。基层党员干部在线"亮身份、亮承诺、亮实绩"，与村民息息相关的社保金、扶贫款、村集体资金收支等财务信息"亮家底"，入户走访、群众纠纷、防灾抗灾等工作动态"亮日常"，强化党建引领作用和乡村治理功能，拉近了干群关系。在目前250万认证村民中，其中党员超13万人，党群互动超2.6亿次。近2万村支书（党总支或社区书记）和村主任（居委会主任）使用"为村"平台开展日常党务、村务工作，发布党群服务工

---

① 《北大报告：腾讯"为村"是目前覆盖性最好的数字乡村平台》，腾讯网，见 https://new.qq.com/omn/20191020/20191020A0I1V500.html。

作日记超 151 万篇，收到群众来信 6 万多封。其中，书记公开信超 27 万篇、"两委"日记超 102 万篇、党员日记 16 万篇、扶贫干部日记近 5 万篇、扫黑除恶内容超 4 万篇。

2. 连接情感："为村"是村民手机上的精神家园

村民无论身在何处都能实名认证"云上安家"，可以和留守家里的老人和孩子交流。湖南湘西土家族苗族自治州泸溪县小能溪村的"为村"管理员无意间将在村里拍摄的一张孩子的图片上传至"村友圈"，当晚就接到远在广东东莞打工的孩子母亲的道谢电话，由于平时家里只有老人在家，用的老人机有照片也不会发，很久没有看到孩子了，言罢失声痛哭；将乡村生活中的大小事都集中于"为村"平台，打通村民与村民、村民与村庄之间的联系，还可以切实保障村民对本村事务的知情权和参与权，实现远程民主自治、聚人聚心聚力。广东阳东县石岗村"两委"为开展"三清理三整治三拆除"工作，借助"为村"组织村民投票评选，吸引 3.2 万次浏览和全村 1140 人在线投票，众多在外务工的村民都远程参与。民主"票决"不但没有引发矛盾，还动员了很多不想给村组拖后腿的村民主动清拆。

3. 连接财富："为村"是"咱村自己的互联网名片"

通过"为村"，每个人从村友圈连接朋友圈，从身边开始传递村庄产业信息、扩大农产品影响，人人为村推广。自家产品不出镇，小量产品不出村，大批产品引批发，整合本地力量、推广本地产品，破解精准扶贫面临的信息鸿沟难题，实现连接致富、助人自助。通过线上指导运营方法、线下培训引导，鼓励村庄更好地使用"为村"进行村务管理、交流、农产品、旅游资源推介。此外，千万村民可以通过"为村"进行互联互通，分享最新致富经、村务自治经验。天南海北的村民在这里成为共同的"为村"村民。

（三）助力脱贫攻坚——"为村"有故事

1.连接产生价值，"互联网+"乡村启航（贵州省黎平县铜关村）

贵州省黔东南州黎平县铜关村是"为村"项目的第一个试点村，也因此成为中国穷乡僻壤里的首个"移动互联网村"。铜关村地处云贵高原，曾是极其贫困的一个侗族村寨，2012年人均年收入不足1800元，全村共有410户村民，交通闭塞、信息不畅，其经济收入主要靠外出务工。2014年，腾讯基金会选址铜关村，投入资金、整合设计师资源、组织村民用传统的建筑风格和技术，建造了一组占地46亩、建筑面积5600平方米的"铜关侗族大歌生态博物馆"，吸引更多人来村里旅游，为村民们创造家门口的收入。项目团队以博物馆作为乡村移动互联网培训基地，整合运营商资源，示范光纤宽带及4G通信基站进村；连接资源方为村民捐赠智能手机，并教会村民使用；帮村庄搭建起宣传村庄品牌的微信公众号和讨论村务的微信群；连接多方资源打造村庄茶叶、大米、侗布等乡村产业品牌……2014年试点以来，该村从一个只通2G网络、智能手机拥有量不足5%的村庄，发展到现在全村留守人员使用智能手机超过80%。

如今，村民可以在村口的小卖部用微信支付购买生活用品、农具、种子。老人可以到小卖部门口连接WiFi与远在广东省打工的儿子视频聊天。不识字的侗族老人也学会了用智能手机听歌、看侗戏，用微信喊家人吃饭，召集队友唱侗歌，队长用微信给队友发放唱歌的劳务费。留守妇女们更是成立了自己的绣品合作社，通过腾讯"为村"销售，一年甚至能创收5000元。村里的侗族大歌生态博物馆大型民宿项目，2016年投入运营，通过腾讯"为村"宣传展现移动互联网乡村风采，2016—2017年间，接待游客超过4500人次，村民直接增收超过100万元。

2.宣传产业谋出路，民主决议谋发展（四川省邛崃市陶坝村）

在2013年的芦山大地震中，陶坝村因灾致贫。灾后重建中，全村种起了400多亩佛手瓜。终于等到村里的佛手瓜成熟了，却因村庄地处深山、信息不通而大量滞销。原本就是丰收的喜悦却成了村民们心头挥之不去的愁云。

2017年4月，陶坝村成为四川省首批"为村"上线村庄。返乡大学生成了村里的"为村"管理员，其借助"为村"平台充分施展才能，组织起外出村民也能参加的线上村庄活动，维系乡邻感情；带动村"两委"线上发布重要通知，及时回应村民需求；在网上帮村民宣传农家特产，推广村庄产业。借助"为村"大力宣传推广后，佛手瓜还没挂果就吸引了不少批发商前来实地探访和订购，短短一个月内就被订购一空。每斤价格也从2毛钱提高到最多7元钱，整整提高了34倍！而眼看佛手瓜快成熟，批发商的运输车辆就要来了，村里的发展越来越好，但3.5米的小村道却成了制约产业发展的瓶颈。

2019年村里从县上争取到了一笔修路款，却没办法再筹到青苗补偿和土地补偿。这件事涉及四个村民小组的利益，怎样让村民了解村庄发展诉求，共同讨论修路方案呢？村"两委"借助"为村"的"议事厅"功能，组织村民共议"产业路"拓宽方案，超过100位村民在线参与，包括很多外出的村民。最终四个受影响的村民小组共同表态：没有青苗补偿和土地补偿，也愿意无偿支持修路振兴产业。

3.挖掘"一村一品"，带动网上销售（广东省龙川县珠塘村）

河源市龙川县是广东省21个扶贫开发重点县之一，全县有70个相对贫困村，相对贫困户超过 1 万户。这在整体富裕殷实的广东省内并不多见。2016 年龙母镇珠塘村扶贫干部首次在广东省内注册"为村"平台，并通过"为村"来助力产业扶贫。珠塘村也成为广东省第一个"为村"村庄。

扶贫干部在珠塘村"为村"设置"村有好货"板块，被置顶的好货是当地有名的"果园走地鸡"。只要填写地址，付款购买，每份 128 元的走地鸡肉就能定向发货。最开始只是外出打工的村民才会购买，但不久其他乡镇的"为村"用户很快也慕名而来。深圳宝安区是龙川县的对口扶贫区，很多来自深圳的关注者也通过"为村"成了"果园走地鸡"的消费者，很快实现了销量大增。后来，这种办法又被复制到牛蛙种植、稻田养鸭、柚子茶加工上。

同时，珠塘村也利用"为村"平台宣传村庄产业发展，带动农民合作社参与扶贫产业开发。如今已有两个大型农业企业，通过珠塘村"为村"平台发布的信息连接进村投资。其中一家为省农业龙头企业，计划 5 年内注资千万元在村里开发 100 万只林下走地鸡项目，已完成第一期 10 万只规模。另一家牛蛙养殖大户，和村庄合作社达成深度合作，开发了 100 亩牛蛙基地。目前牛蛙还养在池塘里，但通过网络宣传，养殖户收到的订单和订金，就已收回了近千万元的投资。

截至 2019 年 8 月底，河源市共有 1436 个村（社区）全部上线"为村"平台。龙川县珠塘村通过"为村"脱贫致富的经验，被平台收录为农村扶贫先进典型案例在全国推广。该村扶贫干部也受邀参加平台升级改进，以便更精准地服务乡村和城市社区。

4.汇聚扶贫人才，打造村庄"网红"（山东省巨野县舒王庄村）

山东省菏泽市巨野县舒王庄村大部分青年外出务工，留守村庄的村委会成员和村民们年龄较大，和大部分村庄一样，都面临乡村移动互联网能力建设匮乏的困境。

通过"为村"平台，王庄村大学生村官协助村委开展村务，教村民们合力打造村庄互联网品牌。村里的樱桃采摘节、村民养殖生产的乌鸡和绿皮鸡蛋，以及创作的工笔画，都被发到"为村"平台做宣传，经过口口相传，外地客户咨询量和订单量都多了起来。

而村里的鸟笼老手艺人，则打造成了"网红"做起了直播，吸引到当地媒体关注。如今，鸟笼从小村庄卖到了北上广，就连《百家讲坛》主讲人荣宏君也买去收藏。而老人原本在外打工的儿子，也终于看到老手艺的发展前途，返乡继承手艺。已过古稀之年的鸟笼老手艺人，不懂得什么是互联网，也不会使用智能手机，如今却彻底接受了"为村"这个新鲜事物。

5.助力乡村治理，激发内生动力（陕西省延安市上砭沟村）

上砭沟村位于陕西省延安市宝塔区枣园街道，有 220 户村民，总人口为 760 人。2013 年遭受强降雨后一度沦为"空壳村"。近年来，街道和村干部深化"三变"，盘活集体资源，撬动社会资本，村集体经济不断发展壮大。上砭沟村的土地出租和 80 座高标准温室大棚内的蔬果已成为农民最重要的两个收益渠道。2019 年加入"为村"后，通过数字平台助力改革，让乡村呈现出产业快速发展、生态环境优美的新风貌。

上砭沟村包村干部定期在"为村"平台发布关于枣园街道干部深入村产业园的"扶贫日记"，还发布大棚调研与耕作的"两委日记"，配上领导工作、村民劳作的图片，动员村民和村干部共同整改大棚，抓好大棚种植产业。每次发布都引发村民的积极讨论。村内还定期举办蔬菜产业培训，街道的党工委书记发布"扶贫日记"公开培训情况，评论区一阵赞扬。当大棚出现问题时，村委委员会在"为村"发布"书记信箱"，如希望书记解决大棚门口水管破裂等问题，这些问题均得到有效处理。

到了丰收的季节，上砭沟村在"为村"晒村内的金秋美景，欢庆"2019 中国农民丰收节"在陕西延安枣园举行，并配上热闹的照片，邀请村民踊跃参加。村民在评论中对自产的"大苹果"反应热烈。党工委书记还通过"供求信息"发布了草莓、苹果的售卖信息，"为村"平台帮助上砭沟村集聚了村庄人气。

2020 年 3 月，正值春耕时节，上砭沟村"一手抓防疫，一手抓春耕"。村副书记不忘产业园的打扫，发布"村委通知"向村民说明其卫生情况。同时公开了产业选址和春耕情况，号召村民勤打扫自家门前的卫生。包村干部也参与话题"春耕，村民在努力"，向大家展示村庄大棚的丰收之景，获得 800 多次点赞。

6. 干部扶贫留"轨迹"，群众点赞"获得感"（内蒙古自治区卓资县黄旗滩村）

黄旗滩村位于内蒙古自治区乌兰察布市卓资县十八台镇，是革命老区。退耕 1972.3 亩，还林 4739.57 亩。主要养殖猪、牛、羊、鸡。黄旗滩行政村黄东自然村和哈拉沟自然村 2017 年年底因为条件落后，被确定为搬迁村。为助力全村脱贫，黄旗滩行政村实施了因地制宜产业扶贫、易地搬迁、生态扶贫公益性岗位等措施。

自加入"为村"以来，村干部通过平台更好地向村民宣传、推广易地搬迁政策。2019 年 8 月为黄旗滩易地拆迁房交工的日子。8 月 4 日，村支书发布"两委日记"：黄旗滩村委会哈拉沟自然村易地搬迁户搬迁成功，住进了楼房！浏览量达 1600 多，村友评论说："让我们共同打赢脱贫攻坚战。"黄旗滩行政村在同月获得了腾讯颁发的"为村示范村"荣誉称号。

2019 年，村支书通过"两委日记"，发布了有关易地搬迁的分房通知，公开抽签选房仪式的"扶贫政策"，邀请村民一同线下抽房、商议搬迁时间，还发布一系列"村委通知"，宣传有关易地搬迁的各类政策、汇报卓资县关于优先搬迁户的建议，调动搬迁户的积极性，平均浏览量近一千。干部们还通过"村务通知"发布各类易地搬迁的公益岗位安置、招工信息，如缝纫机熟练工人、马路清扫人员、防火专员、养老院护理等，促进易地搬迁户就业。

在"为村"平台上，还会看到村干部发布的帮扶负责人、督导组、十八台镇党委书记等干部走访搬迁户的信息，对房屋满意度、养殖牲畜处理情况等进行走访，通过平台让村民切实感受到易地搬迁政策的实施落地。2020年1月，村支书还发起"投票评选"，号召村民在平台评选"最佳公益岗位"，汇报公益人员在过去一年间对环境卫生和森林防护安全作出的奉献。村民响应积极，2600多浏览量，共113名村民参与投票。除此之外，黄旗滩行政村名誉村民还时常在平台发布易地搬迁大楼的样貌和夜景，还会自己作诗歌颂党的好政策，引来村民纷纷点赞。

四、互联网是"后脱贫时代"促进乡村振兴的重要力量

随着脱贫攻坚战接近尾声，新中国在历经七十多年发展历程后即将迈入"后脱贫时代"。但我国是世界上最大的发展中国家，人口众多，城乡发展很不平衡。人民日益增长的美好生活需要和不平衡不充分的发展之间的矛盾仍然长期存在，相对贫困现象也将持续存在。特别是此次新冠肺炎疫情，对包括农村地区在内的中国经济发展造成较大冲击，这对保持稳定脱贫，持续推动乡村振兴提出了更高要求。

（一）数字乡村是实施乡村振兴战略的应有之义

2020年的中央一号文件明确提出要全面完成脱贫任务，保持脱贫攻坚政策总体稳定，研究接续推进减贫工作，并对现代信息技术在农业领域的应用、国家数字乡村试点等工作作出安排。在此背景下，巩固脱贫成果，避免返贫和新增贫困人口，需要更加充分地发挥"互联网＋"的重要作用，加大力度弥合城乡"数字鸿沟"，扎实推进实施乡村振兴战略。

党的十九大报告提出"乡村振兴"战略，提出"产业兴旺、生态宜居、乡风文明、治理有效、生活富裕"的乡村振兴总要求。2019年5月，中共中央办公厅、国务院办公厅印发的《数字乡村发展战略纲要》进一步指出，"数字乡村是伴随网络化、信息化和数字化在农业农村经济社会发展中的应用，以及农民现代信息技能的提高而内生的农业农村现代化发展和转型进程。既是乡村振兴的战略方向，也是建设数字中国的重要内容"。因此，网络扶贫纵深发展，提升乡村治理能力现代化水平，激发乡村振兴内生动力，推动乡村网络文化健康发展，都离不开国家数字乡村发展战略的规划实施。

（二）"互联网＋农村"是乡村振兴的重要手段

我国农村及偏远地区宽带网络基础设施普及加速，农村互联网特别是移动互联网的渗透率持续上升，无论在城市还是乡村，互联网已成为每个人生活必不可少的一部分。互联网在乡村治理、产业振兴、传统文化复兴等领域的应用将会更加普及。而以大数据、云计算、人工智能为代表的新型信息技术发展日臻成熟完善，将为推动乡村现代化发展和治理水平提升注入不竭动力。

继续完善"互联网+"基础设施，扶持乡村互联网信息平台，扩大基层治理触达范围；建立防止返贫长效机制，发展乡村互联网经济；借助发展"新基建"机遇，用互联网加速农村公共服务发展；发挥互联网工具优势，大力筑牢乡村应急体系工作。通过深入发掘信息技术的普惠特性，积极探索"科技+帮扶""科技+治理"新模式，通过科技手段协助解决困扰"三农"的各种难题，"互联网+农村"必定成为乡村振兴的重要手段。

进一步加大对农村地区互联网基础设施建设的投入，推动提升乡村公共服务水平。如通过互联网技术和视频技术，让农村孩子共享优质教育内容；加强公共医疗卫生资源配置和覆盖，试点开展远程医疗、5G远程手术等；通过大数据和网络平台建设，建立留守儿童、空巢老人关爱服务体系；设立网上图书馆、网上民俗馆、网络教室等线上公共文化服务设施，提高村民文化素养，丰富精神生活。

社交互联网 邱泽奇 ▼ 扶贫兴农 · 专家点评

读者可以设想两种场景。

第一种，一个人为脱贫在努力地挣钱。忽然，他得到了一笔钱，这笔钱来自政府的扶贫项目。接下来，他会怎么做？在不同地区，他会有不同的行动，或直接去买食物、或等着下一笔钱、或买生产工具、或去盖房子……每一种行动都与他所处的地方文化密切相关。

第二种，一个人为脱贫在努力地挣钱。忽然，他获得了一条信息：如果他加入一个更大的市场，便可以挣更多的钱。接下来，他会怎么做？不管在哪个地区，都只有两个选择，要么进入，要么不进入。如果这条信息来自他最信任的人，那么，"进入"便是大概率事件。

两种场景是两种不同的扶贫模式。第一种场景说明，走不出地方文化樊篱的人，很难摆脱贫困。第二种场景则正是社交互联网之于脱贫攻坚的意义所在。作为连接技术，社交互联网把因工业劳动分工造成的人际时间和地理空间阻隔再一次连通，把乡村与无限的市场相连，让先进带后进成为可能，让每一个人的创意获得足够市场机会成为可能，也让分散在不同时间和地理空间的熟人回到社交熟人社会成为可能，赋能乡村组织、赋能乡村村民，为脱贫攻坚提供了非常有效率的社会支持。

——邱泽奇，北京大学中国社会与发展研究中心主任

04

新基建：为乡村腾飞插上信息化翅膀

魏　强① 杨志军② 程俊强③

一、新基建的产生及主要内容

（一）当前经济社会发展的特点

1.基础设施建设取得伟大成就

基础设施是指为社会生产和生活提供基础性、大众性服务的工程和设施，是社会赖以生存和发展的基本条件。基础设施是现代社会发展的基石，具有战略性、基础性和先导性作用。基础设施的定义从狭义上看，是指交通运输（铁路、公路、港口、机场）、能源、通信、水利等经济性基础设施，更宽松的定义还包括了社会性基础设施（教育、科技、医疗卫生、体育、文化等社会事业）、油气和矿产，甚至

① 魏强，中国移动通信集团有限公司扶贫办公室扶贫管理处经理。
② 杨志军，中国移动通信集团有限公司扶贫办公室项目经理、高级工程师。
③ 程俊强，中国移动通信集团有限公司扶贫办公室扶贫管理处副经理。

延伸至房地产。传统意义上的基础设施建设一般简称"铁公基"，包括铁路、公路、机场、港口、水利设施等建设项目，在我国经济发展过程中具有重要的基础作用。

改革开放四十多年来，中国成为全球第二大经济体和基础设施建设大国。根据国际货币基金组织（IMF）数据，2017年中国公共资本存量达到48万亿美元，位列世界第一。无论是能源基础设施，还是铁路、公路、高铁、城轨等保有量，中国均位居世界前列。取得巨大成就的同时，我们也应清醒地看到，中国在研发投入、高校数量质量、博物馆和公共图书馆数量、人均医疗资源、人均体育场地面积等方面与发达国家还存在一定差距。

2. 经济社会数字化进程加速

随着网络和信息化技术的快速发展，经济社会数字化进程加速。一是随着5G和物联网的快速普及，通过各类传感器和网络，我们的公路、汽车、各类电器……都会"上网"且实时"在线"，万物皆可连、皆在线，物理空间和网络空间的边界被打破，传统的基础设施更加智能、高效。二是智能化，随着人工智能的发展，机器智能开始在生产、工作、消费等场景普及，逐渐走入寻常百姓家，传统的农业种植、工业生产将更加智能、柔性、高效，远程办公更加普及；人们的吃、穿、住、行、娱等日常生活方式数字化。三是大数据的快速普及，使得海量数据的挖掘、运算成为必需和可能，基于大数据的应用创新和精细化管理决策贯穿于社会治理各环节，社会治安、交通拥堵等社会治理应用更加丰富。

（二）新基建应运而生

当前世界正处于"百年未有之大变局"中，国际贸易摩擦、新冠肺炎疫情全球肆虐等多重因素叠加。中国国内经济下行压力加大，传统的"铁公基"投资对经济的拉动作用逐渐放缓，国家在投资结构优化中需要找到具有更大带动效应的新领域。与此同时，全球正处于新一轮科技革命和产业变革的加速推进期，数字化、网络化、智能化在生活中广泛应用，驱动人类社会迈向智能经济时代。

正是在这种复杂多变的全球形势下，面对经济社会发展的新常态，党中央适时提出了"新型基础设施建设"（以下简称"新基建"）：2018 年 12 月中央经济工作会议首次提出新基建的概念，2019 年新基建被写入《政府工作报告》，2020 年 1 月国务院常务会议、2 月中央深改委会议、3 月中央政治局常委会议更是持续密集部署。

可以说，新基建影响深远、意义重大。短期来看，这是应对经济下行压力的客观需要，面对传统基建投资边际效益下降和产业渗透率下降的挑战，推进新型数字基础设施建设是我国对冲疫情影响、优化投资结构、刺激经济增长的有效方法。长期来看，在深刻把握社会主要矛盾转化和经济迈向高质量发展要求，更好支持创新、可持续和消费升级的情况下，这是新时代对经济转型发展的本质要求，在深刻洞察和把握世界科技与产业变迁大趋势基础上作出的战略抉择。

（三）新基建的定义

根据国家发展改革委发布的有关文件，新基建即新型基础设施建设，是指以新发展理念为引领，以技术创新为驱动，以信息网络为基础，面向高质量发展需要，提供数字转型、智能升级、融合创新等服务的基础设施体系。主要包括以下三方面内容。

一是信息基础设施，包括以 5G、物联网、工业互联网为代表的通信网络基础设施，是未来信息社会、智能社会、数字社会的核心和基石。

二是融合基础设施，主要指深度应用互联网、大数据、人工智能等技术，支撑传统基础设施转型升级，进而形成的融合基础设施，比如智慧城市、智慧交通、智慧教育、智慧医疗等。

三是创新基础设施，主要是指支撑科学研究、技术开发、产品研制的具有公益属性的基础设施，比如重大科技基础设施、科教基础设施、产业技术创新基础设施等。

（四）新基建的特征

基建具有明显的时代特征。"新基建"是与传统的"旧基建"相对应的，其表象是基础设施建设内容的差异，但内核却是技术特征、经济发展阶段等社会历史情境变化所引致的内在差异。传统基建解决了人和物"硬件上"的连接，比如公路、机场、码头等的修建给当地带来繁荣的商业和社会的进步。数字化新基建则解决未来社会万物互联"软件上"的连接交互。启动"新"一轮基建，关键在"新"，要用改革创新的方式推动新一轮基础设施建设。具体而言：

一是全新领域，调整方向。包括以 5G、人工智能、物联网、云计算为代表的新型数字化基础设施，是新基建的核心，也是未来经济新的经济增长支点。打造经济发展新动能，离不开信息化、数字化、智能化的强力支撑。

二是传统领域，新的内涵。传统的工业制造、农业加工、城市管理、汽车生产等行业要赋予新的内涵，通过数字化实现转型升级，智能制造、现代农业、智慧城市、车联网等实现更高质量的发展，建设更加智能的工厂、公路等，适应信息化社会发展需要。

三是新的地区，补齐短板。基础设施建设最终是为人口和产业服务的，应充分发挥其最大化的经济社会效益。未来城镇化的人口将更多聚集到城市群都市圈，比如长三角、粤港澳、京津冀等。同时，伴随着西部大开发战略、"一带一路"倡议的持续推进，以及实现全面建成小康社会的目标，落后地区因在传统"铁公基"建设方面落后，更需要加快信息化数字设施建设，通过信息化高速公路，通过社会化缩小城乡二元发展差距，"弯道超车"、后发先至，通过信息化迎头赶上、齐头并进甚至超越。

（五）新基建主要内容

新基建内涵非常丰富，但总体来看，5G、人工智能和大数据是其中最为重要的"三架马车"，这也是当前信息化发展最重要的内容，本章也重点围绕此部分信息化设施进行分析。简单来看，5G技术能够提升信息传递速度，为数据传输提供技术支撑；人工智能主要是信息处理技术，为数据的分析处理提供更为成熟、科学的决策方案；大数据能够提供海量数据资源处理，为生产与服务决策提供信息内容。三者互为关联、互相支持。

1. 第五代移动通信系统（5G）

近年来，移动通信技术飞速发展，4G网络快速普及，推动了移动互联网应用经济的蓬勃发展，让人们的生活更加便捷、更加丰富。2019年6月，工业和信息化部正式发放5G牌照，标志着中国正式迈进第五代移动通信时代。5G不是简单的4G+1G，5G位列新基建之首，作为数字社会的底座和基石，将为经济转型、社会进步、民生改善带来更为深刻、更为显著的变化。简单地说，4G改变了我们的生活，而5G将深刻改变社会。

一方面，5G 相关的信息基础设施容量巨大，将有力地促进数字经济的发展。据统计，预计到 2025 年国内 5G 网络建设直接投资将达 1.2 万亿元，带动产业链上下游累计投资超 3.5 万亿元，成为经济新的增长点。另一方面，5G 网络的高带宽、低延迟、广连接的优异性能，具有跨界融合的天然属性，对传统的基础设施、工业车间、消费设备、农业生产等进行数字化、智能化升级后，并与云计算、大数据、人工智能等领域深度融合，形成新一代信息基础设施的核心能力。可以说，5G 技术与传统行业的相互融合，将产生更多新产业、新业态和新模式。其应用场景主要包括 AR/VR、智慧医疗、智慧城市、智慧工厂、自动驾驶等。在数字经济浪潮下，5G 就如同"信息高速公路"，为庞大数据量和信息量的传递提供了高速传输信道，为传统行业插上腾飞和质变的翅膀。5G 使万物互联变成可能，将推动整个社会生产方式的改进和生产力的发展。

2. 人工智能（AI）

人工智能指计算机系统不断感知、模拟人类的思维过程，使机器达到甚至超越人类的智能，即人工智能具备人类的感知、思考和决策能力。人工智能从首次提出到今天已有六十多年的时间，得益于 5G 等信息技术的飞速发展，人工智能正在成为新一轮科技革命和产业变革的核心驱动力，重构生产、分配、交换、消费等经济活动各环节，催生新技术、新产品、新产业，正对世界经济、社会进步和人民生活产生深刻的影响。

人工智能的产业链，包括基础支撑、关键技术及应用场景。其中，基础支撑指的是芯片、传感器、数据服务和云计算等计算机基础设施服务；关键技术主要是指机器学习、计算机视觉、语音及自然语言处理等算法的迭代优化；人工智能的应用场景非常广泛，覆盖"智能 +"的各个领域以及机器人、可穿戴设备等。

3.大数据

2020年4月，国家出台《中共中央 国务院关于构建更加完善的要素市场化配置体制机制的意见》，首次将数据与土地、劳动力、资本、技术并列为五大要素，中国数据经济也将驶入发展的快车道。未来社会是智能社会、信息社会和数字社会，数据爆炸的时代，一切都可以变成数据，而数据就是未来"新的石油"。面对海量数据，需要具有更强的决策力、洞察发现力和流程优化能力，需要更强、更经济的数据搜集、分析、处理和决策系统。可以预见，未来几乎各个行业、领域都离不开大数据。

二、新基建与精准扶贫的关系

（一）精准扶贫取得伟大成效

党的十八大以来，以习近平同志为核心的党中央统揽全局，审时度势，把贫困人口脱贫作为全面建成小康社会的突出短板、底线目标和标志性指标，纳入"五位一体"总体布局和"四个全面"战略布局，摆到治国理政重要位置，在全国范围打响了脱贫攻坚战，带领贫困地区、贫困民众与全国各族人民一道勠力同心、砥砺奋进，大步行进在实现"两个一百年"奋斗目标和中华民族伟大复兴中国梦的征程之上。

2013年11月，习近平总书记在湖南省花垣县十八洞村考察，首次提出"精准扶贫"，要求从"漫灌式"扶贫向"滴灌式"扶贫转变，模式上更多从"输血式"扶贫向"造血式"扶贫转变。2015年以来，习近平总书记就打赢脱贫攻坚战召开了7个专题会议。2015年提出了"六个精准"，实施"五个一批"，解决"四个问题"；2016年提出实施最严格的考核制度和建立大扶贫格局；2017年提出聚焦深度贫困地区，打好精准脱贫攻坚战；2018年提出坚持目标标准，加强扶贫领域作风建设；2019年指出巩固脱贫成果，不获全胜，绝不收兵。

（二）存在的问题

在2020年决战决胜脱贫攻坚座谈会上，习近平总书记强调，虽然当前我国脱贫攻坚已经取得决定性成就，但"脱贫攻坚战不是轻轻松松一冲锋就能打赢的，从决定性成就到全面胜利，面临的困难和挑战依然艰巨，决不能松劲懈怠"[①]。一是剩余脱贫攻坚任务艰巨；二是新冠肺炎疫情带来新的挑战；三是巩固脱贫成果难度很大。已脱贫的地区和人口中，有的产业基础比较薄弱，有的就业不够稳定，有的政策性收入占比高，已脱贫人口中有近200万人存在返贫风险。

（三）新基建极大助力精准扶贫

如何高质量地解决遇到的问题，从根本上解决最后的短板、夺取脱贫攻坚全面胜利？如何实现脱贫攻坚成果的长期巩固，避免返贫？如何实现贫困地区的可持续发展，全面振兴？以5G、人工智能、大数据等为代表的信息化新基建为我们提供了新的解决方案。

一方面，在传统的基础设施建设方面，农村偏远地区的水、电、公路、铁路等基础设施短板一定要补上，但不能走"竭泽而渔"的粗

---

① 习近平：《在决战决胜脱贫攻坚座谈会上的讲话》，人民出版社2020年版，第7页。

放式建设模式，要充分考虑各地区的差异和特点，考虑对自然环境的保护，避免对自然生态的破坏，秉承"绿水青山就是金山银山"的理念，充分发挥基础设施建设在带动上下游联动、扩大就业、刺激内需、提高劳动生产率等方面的作用。

另一方面，5G、人工智能、大数据等新基建独有的显著优势在于可以带动产业转型升级、缩小城乡和地区差距、与制造业深度融合、补齐民生短板。加大农村地区信息化设施的建设力度，尽快缩小城乡在教育、医疗、消费、生产等方面的数字鸿沟，通过新基建设施，打破资源、技术、资本、产品等流动壁垒，使技术类、社会类资源自由流向贫困地区，结合不同地区的资源禀赋，发展当地特色产业，实现城乡资源的良性循环和互动，加快贫困地区经济、社会发展。在教育方面，通过大带宽低时延的高速网络，将大城市教师、教案等优质资源以及美术、科技等素质课程引入贫困地区，实现不同空间"同上一堂课"，解决贫困地区好老师引不进、留不下的困境，使贫困地区的孩子也能享受到优质教师资源，促进教育均衡，实现教育公平。在医疗方面，通过信息化医疗网络，实现远程诊断、远程治疗、远程手术，实现医疗资源能够下沉到贫困县、乡、村，实现逐级联动、逐级提升，缓解就医难、看病难的问题。在产业方面，我国幅员辽阔、地大物博，特别是广袤的农村地区，物产丰盛，但一直以来由于受销售信息、物流、冷链等条件的限制，在偏远艰苦地区，特色农产品售价不高，只是农民收入的补充，并未成为他们的主要收入来源，也就不能帮助他们脱贫致富。如今，上述限制条件均不复存在，有了畅通的信息、便捷的物流，各地新鲜特色优质农产品能够第一时间出现在城市居民餐桌上，其新鲜、有机等优质特性，为贫困户带来较大经济收入，这一良好的"生产—销售—消费"生态将长期存在，解决了农产品的销路问题。可以说，信息化新基建为贫困地区的持续发展注入了源源不断的内生动力，将有力推进脱贫攻坚、实现乡村振兴。

三、新基建助力扶贫助农实践案例

2016年4月19日，习近平总书记在网络安全和信息化工作座谈会上强调，"当今世界，信息化发展很快，不进则退，慢进亦退。我们要加强信息基础设施建设，强化信息资源深度整合，打通经济社会发展的信息'大动脉'……要适应人民期待和需求，加快信息化服务普及，降低应用成本，为老百姓提供用得上、用得起、用得好的信息服务，让亿万人民在共享互联网发展成果上有更多获得感"[①]。

在扶贫助农实践中，中国移动通信集团有限公司依托网络和信息优势，将信息化服务与教育、消费、健康、产业等多个领域有机结合，激发信息化对经济社会高质量发展的助推、放大和倍增作用，以网络和信息之力助力贫困地区脱贫攻坚和跨越式发展，走出了一条独特的基于"1+3+X"体系框架的"网络+"扶贫新路子，即坚持以网络扶贫为主线，强化组织、资金、人才3方面资源保障，将网络和信息化与教育、文化、健康、消费、产业、就业、民生、党团等多个扶贫领域相结合，为贫困地区和群众送去世界一流的网络和信息服务，将信息技术和信息化服务深度融入基础设施、社会治理、生产方式、生活方式、工作方式等方方面面，通过信息化新基建全面推动贫困地区经济社会数字化转型，实现高质量发展。

---

① 习近平：《在网络安全和信息化工作座谈会上的讲话》，人民出版社2016年版，第4页。

（一）模式概况

中国移动"网络+"扶贫模式体系框架如图 4-1 所示。

中国移动"网络+"扶贫模式，为"1+3+X"体系框架下的"网络+"扶贫模式。其中，"1"代表以网络扶贫为主线，"3"代表强化资金、组织和人才保障，"X"体现中国移动利用自身专业优势，开展创新扶贫工作，提升责任竞争力。在此过程中，中国移动发挥产业链影响力，带动相关方共同参与扶贫工作，打造更广泛的扶贫生态系统。具体而言：

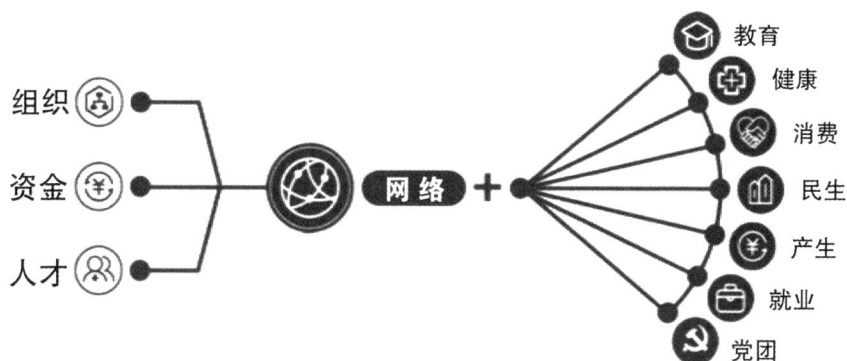

图 4-1 中国移动"网络+"扶贫模式

"1"：以网络扶贫为主线，持续加大投资力度，完善贫困地区、边远山区通信网络基础设施，积极开展"村村通电话"工程和电信普遍服务试点，做好 832 个县贫困地区通信网络建设，积极开展 5G、AI、大数据等新型基础设施建设，提高网络覆盖率，完善贫困地区数字基础设施，搭建数字高速公路。

"3"：发挥大型国有中央企业规模和组织优势，提高政治站位，坚持党建引领，加大资源投入，做好组织、资金和人才保障，确保精准扶贫各项工作有组织、有计划地高效推进。

"X"：依托先进的通信基础设施，发挥信息化桥梁作用，将贫困地区的教育、文化、健康、消费、产业、就业、民生等领域的实际诉求与网络相结合，发挥信息化技术的助推、放大和倍增作用，缩小城乡差距，促进贫困地区经济社会全面发展。

"网络+"扶贫的核心做法可以分三步理解，第一步是中国移动发挥央企规模优势，积极加大资源投入力度，捐赠扶贫资金建设中小学校、医院、农产品交易中心等硬件基础设施；第二步是发挥网络和信息化优势，大力开展农村地区、偏远山区等地网络建设，持续完善贫困地区网络基础设施，建设数字校园、数字医院、电商平台等，搭建"信息高速公路"；第三步是在网络的基础上，通过网络与教育、医疗、消费、产业等领域深度融合，积极引入教育、医疗等优质内容资源，实现高价值信息的快速传递交互，有效促进城乡社会资源均衡，缩小数字鸿沟，推动农村地区经济社会快速发展。

（二）工作思路

1."扶贫"与"扶志扶智"兼顾

习近平总书记强调，"扶贫要同扶智、扶志结合起来……注重激发贫困地区和贫困群众脱贫致富的内在动力，注重提高贫困地区和贫困群众的自我发展能力"[①]。中国移动始终坚持"扶贫"与"扶志扶智"相结合，积极探索有效途径，提高贫困群众自我脱贫的主观意愿和内生能力。投入资金，完善教育基础设施，改善当地教育教学环境，建立科技交流引入机制，引入优质教育资源，提高贫困人口自我

---

① 《习近平谈治国理政》第二卷，外文出版社 2017 年版，第 90 页。

发展能力，阻断贫困代际传播。

2."输血"与"造血"相结合

2014年9月28日，习近平总书记在中央民族工作会议上强调，要坚持输血和造血相结合，坚持民族和区域相统筹，重在培育自我发展能力，重在促进贫困区域内各民族共同发展。[①] 中国移动在全面推进"网络+"扶贫过程中，始终积极考虑如何激发贫困地区内生动力，在资金投向和项目发展方面充分考虑当地特点，因地制宜发展特色产业。在自然禀赋和人才资源匮乏的贫困地区，为避免后期经营不善、项目闲置的状况发生，以民生和基础设施项目为主；在自然和人才资源相对丰富的贫困地区，积极增加产业扶贫项目。

3.科学扶贫与专业优势相结合

习近平总书记指出："推进扶贫开发、推动经济社会发展，首先要有一个好思路、好路子。要坚持从实际出发，因地制宜，理清思路、完善规划、找准突破口。"[②] 这实际上提出了科学扶贫的思想。中国移动在扶贫过程中，通过加强贫困地区的基础设施和网络设施建设来带动当地脱贫。首先，利用自身资金、产业影响力等优势，围绕"两不愁三保障"，加大对贫困地区基础设施的建设力度，提供良好的公共基础设施建设服务，通过改善民生来促进脱贫。其次，发挥自身优势，加大贫困地区网络建设，搭建信息高速公路，将网络与教育扶贫、健康扶贫、产业扶贫、民生扶贫等相结合，缩小城乡差距，促进均衡发展。

---

① 《习近平谈扶贫》，人民网—《人民日报（海外版）》，见 http://cpc.people.com.cn/n1/2016/0901/c64094-28683393.html。

② 习近平：《做焦裕禄式的县委书记》，中央文献出版社 2015 年版，第 17 页。

（三）主要内容

1. 以网络扶贫为主线

近年来，城乡差距仍很巨大，信息闭塞成为农村边远贫困地区迟迟未能脱贫致富的主要原因。巨大的数字鸿沟，不仅影响政府对农村经济发展以及扶贫情况的了解，也限制了农民对外界信息的获取，给扶贫工作带来诸多不便。中国移动属于技术密集型的通信行业，通过网络建设、资费优惠、信息化扶贫等方式为贫困地区、贫困人群开展网络扶贫相关工作，提高行政村光纤通达率、行政村移动网络覆盖率、重点道路沿线无线网络覆盖率，不断完善农村网络基础设施、统筹推进提速降费专项行动和深化拓展农村信息服务应用，确保广大贫困群众"用得上、用得起、用得好"信息通信服务。在此基础上，大数据、云计算、互联网、物联网等迅速与各行各业融合发展。中国移动充分发挥通信网络的基础作用，从多个方面辐射带动价值链各领域推进扶贫事业，为我国精准扶贫、脱贫攻坚注入了全新力量。

一是完善通信基础设施。大力实施"村村通电话"工程、电信普遍服务试点，积极开展贫困地区网络建设，截至 2020 年 6 月，累计投入网络扶贫资金 800 多亿元，实现了 12.2 万个自然村通电话、8 万多个行政村通宽带，全国行政村 4G 网络覆盖率超过 98%，建档立卡贫困村宽带网络覆盖率超过 97%。其中，2019 年在全国 832 个国家级贫困县投入网络建设资金 102 亿元，2019 年电信普遍服务工程建成 4G 基站约 6400 个，完成超过 4500 个偏远农村、黑龙江等 6 省边境线、海南西沙 6 个海岛的 4G 覆盖建设，任务总量居行业首位。

二是大力实施"5G+"计划。推进"5G+4G"协同发展。高质量、高效率打造覆盖全国、技术先进、品质优良的 5G 网络，2019 年建设开通 5 万个 5G 基站，在全国 50 个城市提供 5G 商用服务。2020 年进一步加大 5G 建设力度，5G 基站预计将开通超过 30 万个，在全国所有地级以上城市提供 5G 商用服务。推进"5G+AICDE"融合创新。加快构建以 5G 为中心的新型数字基础设施，构建更多新能力、催生更多新业态，围绕工业互联网、工业制造、教育、医疗、政务等行业领域加强融合创新。同时，加强数据中心建设，规划形成"3+3+X"数据中心布局。推进"5G+Ecology"生态共建。积极构建资源共享、生态共生、互利共赢、融通发展的 5G 新生态，共同推动我国 5G 产业加速发展。成立 5G 终端先行者产业联盟和全球 5G 联合创新中心，聚合 1900 多家合作伙伴，在 5G 技术研发、成果转化等方面深化交流合作；设立了总规模 300 亿元的 5G 联创产业基金。推进"5G+X"应用延展。坚持以人民为中心的发展思想，面向个人客户、家庭客户领域，推出 5G 消息（RCS）、4K 超高清视频、虚拟现实/增强现实（VR/AR）等 50 余项特色业务，推广影音娱乐、入户安防等一体化智慧家庭解决方案；面向企业客户，聚焦 14 个领域打造 100 个示范应用，助力经济新旧动能转换。

三是加强资费扶贫和手机扶贫。中国移动为贫困群众定制推出 18 元、28 元专享"扶贫套餐"，普通套餐全部享受 4—5 折优惠，每月免费赠送流量 1GB、通话 100 分钟，共惠及 1320 万建档立卡贫困客户，让利 22 亿元。配合中国互联网发展基金会连续三年开展汉藏双语手机捐赠项目，助力富边兴藏，手机预装云端西藏等定制化 APP，惠及西藏及四川、甘肃、云南、青海藏区建档立卡贫困户 3.5 万余人，提供资费优惠价值 1335 万元。向定点扶贫的疏勒、白沙等县贫困群众捐赠自有品牌手机 3300 台。

四是开发精准扶贫系统。中国移动依托自身管理大数据系统创新能力、在掌握一线帮扶干部与贫困户需求的基础上，自主研发精准扶贫系统，可实现"一部手机连接地方政府、帮扶干部、贫困群众、社会爱心人士四类用户，一套系统精准研判扶贫工作，一个平台汇聚社会多方扶贫资源"。在海南，通过系统大数据比对，帮助海南省政府精准识别建档立卡贫困客户 9.61 万户，主动为 8.99 万户贫困户开通扶贫优惠套餐，惠及比例达 93.5%。该系统先后荣获联合国信息社会世界峰会（WSIS）电子政务类最高项目奖（Winner），入选 2019 年联合国粮农组织"全球减贫案例"。

2. 强化组织、资金和人才 3 个保障

一是提高政治站位，强化组织保障。

中国移动在集团层面成立扶贫工作领导小组，多次召开党组会、扶贫工作会，研究部署落实扶贫工作。公司领导多次深入贫困县实地调研，现场督导扶贫工作。

强化党建引领，构建"集团统筹、省公司主管、市州公司＋扶贫干部抓落实"三级帮扶机制，建立"分解落实、督办通报、考核问责"的协同工作体系，将扶贫工作纳入党建责任制考核，安排集团内部实力较强的省公司"多对一"结对帮扶定点六县，帮助引入帮扶资金、销售农产品。深化与各级政府的沟通合作，共同推动贫困地区脱贫攻坚和经济社会发展，广泛动员 10 亿客户、积极推动产业链上下游合作伙伴共同参与扶贫。全集团"党建引领、横向协同、上下联动、结对帮扶、内外合作"，形成强大帮扶合力。

中国移动各省公司分别成立扶贫开发领导小组，配备扶贫专职人员，派出扶贫干部，确保扶贫工作顺利有序开展。中国移动在集团总部和 31 个省（自治区、直辖市）公司均设置扶贫工作主管部门，全集团共配备专职扶贫工作人员超过 100 人。

帮扶对象、政府、消费者、合作伙伴、媒体、公益组织、社会力量等不同利益相关方广泛参与扶贫事业。作为网络连接平台，中国移动一端连接着贫困群体，另一端连接着利益相关方。积极回应和吸纳各利益相关方的诉求，加强透明沟通，建立和谐发展关系，获得贫困群众及各方的认同和支持。

与国务院扶贫办、国资委、各省扶贫办等政府机构合作，携手拓展"网络+"精准扶贫模式，投资参股"中央企业贫困地区产业投资基金"，减免流量全力支持中国社会扶贫网发展，首批签约、上线农产品入驻中国社会扶贫网"央企电商签约馆"。携手社会组织、员工、合作伙伴、扶贫对象等利益相关方共同推进扶贫。对内发动企业员工，对外积极协调产业链上下游合作伙伴、联合各类社会组织，激发扶贫对象能动性，凝聚合力，发挥联动效应，并注重与贫困群众及各利益相关方共享扶贫成果。与媒体合作，加强推广宣传。扶贫工作相关经验在国务院扶贫办、国资委、工业和信息化部等部委刊物上多次发表，在中央电视台、学习强国、人民网、新华网等权威媒体多次报道。

二是发挥规模优势，加大资金投入。

中国移动不断加大对贫困地区资金帮扶力度。2002 年至今，中国移动无偿捐赠资金累计超过 19 亿元，其中在五省（区）八县捐赠扶贫资金 10 亿元。中国移动坚持"输血"与"造血"相结合，全面调研、精准施策，实施各类扶贫项目近 2800 个，从民生改善、产业扶持、教育扶智、医疗健康、公益捐助等多个方面，全面助力对口帮扶地区脱贫致富。

为规范扶贫资金管理，中国移动印发了扶贫援助项目管理办法、扶贫捐赠项目资金管理办法等规章制度，从项目选定、资金拨付、资金使用、项目变更等方面，详细明确了相关原则和操作要求。

三是发挥组织优势，强化人才扶贫。

中国移动精准选派熟悉党群工作、经济工作、社会工作，政治素质好，工作作风实，综合能力强，具备履职身体条件的优秀干部到定点扶贫县挂职、到贫困村担任第一书记，通过开展专题学习和培训，培养挂职干部业务能力和综合素质，并给予其充分的关心关爱，保障扶贫干部安心挂职、全力攻坚。截至目前，累计派出扶贫挂职干部、第一书记和驻村工作队成员 4532 名，在岗扶贫干部近 2200 人全职奋战在脱贫攻坚第一线。扶贫干部段玉平同志荣获"2019 年全国脱贫攻坚奖贡献奖"、中共中央宣传部"最美支边人物"称号。驻村扶贫工作队员向明同志在扶贫第一线献出了宝贵的生命。

3.深化拓展"网络+"多个领域扶贫

中国移动结合通信行业特点和自身优势，重视激发贫困地区群众的内生动力和积极性，创新性地在教育、语言、文化、健康、消费、产业等层面开展特色创新扶贫实践。通过创新"网络＋教育扶贫"，有效解决优质教育资源共享的深度与广度问题；通过创新"网络＋语言扶贫"，帮助少数民族地区解决语言交流困难；通过创新"网络＋文化扶贫"，助力贫困地区整体文化素质和科学技术水平的提高；通过创新"网络＋健康扶贫"，推动优质医疗资源逐级下沉到县、到乡、到村，有效解决因病致贫、因病返贫的问题；通过创新"网络＋消费扶贫"，从消费、渠道和供给全产业链推动，促进农产品销售，为贫困地区发展注入内生动力；通过"网络＋产业扶贫"，推动精准扶贫由"授鱼式"向"授渔式"转变。

（1）教育扶贫。中国移动通过资金捐助和校园建设的方式助力完善当地教育基础设施，加强贫困地区校园网络覆盖，实现贫困农村地区与城市同网、同速、同质。同时，充分发挥专业优势，搭建在线网络教育平台，通过吸引各方力量广泛参与，积极组织开展教育扶贫公益行动，进一步缩小城乡教育资源差距，促进优质教育资源共享。中国移动打造"名师直播课程＋管理软件＋智能硬件"的同步课堂整体解决方案，重点在"三区三州"等中西部贫困地区推广部署。建设同步课堂教室 5000 余间，惠及贫困学生 1500 万名。通过"和教育"云平台，为贫困地区师生家长免费提供各类学习资源，已汇集超千万条教育资源、超百款教育应用，帮助了超过 2000 万名留守儿童、150万名乡村教师。通过"和直播"，农村学校的孩子可享受与名校教学进度一致的同步直播课堂；通过"备课中心"应用平台，可为教师提供 2 万余所名校的丰富备课资源（见图 4-2）。

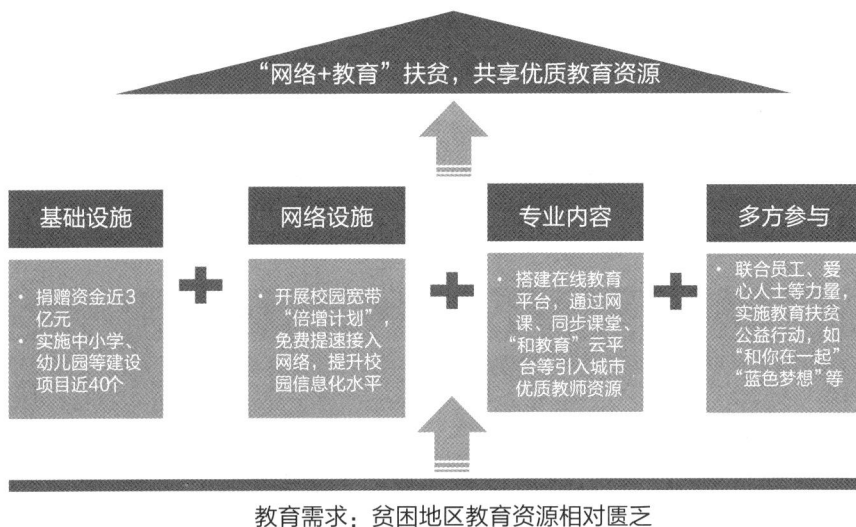

图 4-2　中国移动教育扶贫模型

（2）文化扶贫。中国移动不断加大资源投入，完善贫困地区文化和通信基础设施，携手外部社会力量和内部党员团员志愿者开展送课下乡，全面推动贫困地区文化水平提升。一是联合教育部开展"推普脱贫"行动，联合打造语言扶贫 APP，涵盖 1000 句常用语和云南当地 500 个高频词，将普通话学习融入常用语境及场景，能够基于AI 和大数据技术进行自动评价反馈。以流量补贴、提供"定制手机"等方式提供保障，借助 645 家营业厅、1.5 万家社会渠道和 1.1 万家村级服务站，以标杆效应带动复制推广。截至 2020 年上半年，惠及"三区三州"近 21.3 万贫困人口，其中 6.8 万为不通汉语的青壮年劳动力，成功打造普通话示范村 701 个。云南永春乡阿沙落村农户在普通话水平提升后，外出打工年收入从 1 万元增长至 4 万元。二是发挥公司文化 资源优势，携手教育专家、明星艺人等爱心人士，开展"同悦工程"，以线上直播＋线下支教方式，打造音乐、体育、健康、文学、绘画五大类课堂，其中 4 场课堂在线观看人数超过 5 万。组织各单位员工志愿者参加"和 苗"义务支教活动，为贫困地区学生带来机器人、未来通信、自然探索、心理健康等科普课程。(见图 4-3)。

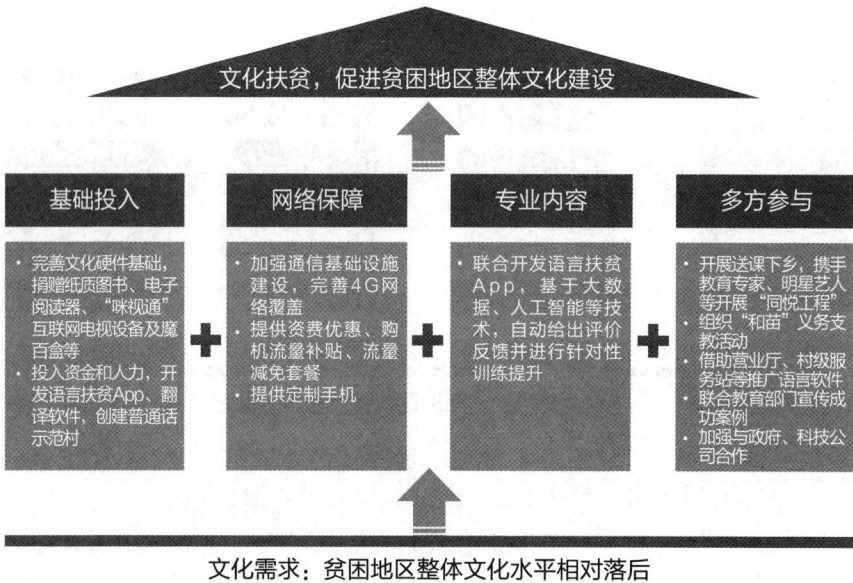

图 4-3　中国移动文化扶贫模型

（3）健康扶贫。中国移动通过资金捐赠促进医疗基础设施改善，参与多个医院、卫生院等医疗建设项目。同时，以网络优势为核心，积极构建"一网三服务"的健康扶贫信息化服务体系，推出 HIS、电子病历、村医通 APP 等医疗信息化解决方案，开展远程会诊、远程心电等。此外，联合中日友好医院等国家级医疗资源，实现优质医疗资源逐级下沉，协同社会力量开展以健康扶贫为主线的公益行动，促进贫困地区群众病有所医（见图4-4）。

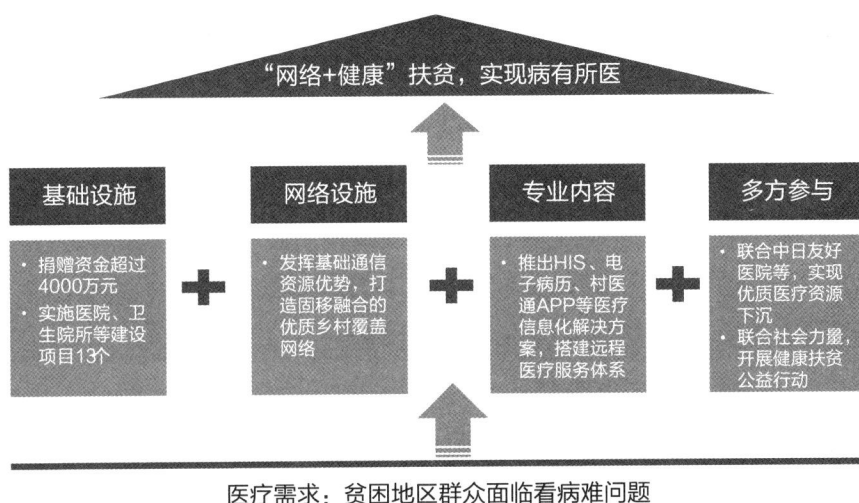

"网络+健康"扶贫，实现病有所医

基础设施		网络设施		专业内容		多方参与
• 捐赠资金超过4000万元 • 实施医院、卫生院所等建设项目13个	+	• 发挥基础通信资源优势，打造固移融合的优质乡村覆盖网络	+	• 推出HIS、电子病历、村医通APP等医疗信息化解决方案，搭建远程医疗服务体系	+	• 联合中日友好医院等，实现优质医疗资源下沉 • 联合社会力量，开展健康扶贫公益行动

医疗需求：贫困地区群众面临看病难问题

图4-4 中国移动健康扶贫模型

（4）消费扶贫。中国移动牢牢抓住消费扶贫政策要求，秉承"互利双赢"的发展理念，加快从简单送钱送物向以购代捐、供需对接转变，在生产加工环节加强农产品前端拣货、品质控制和包装优化；增加信息基础设施建设资金投入，提高当地网络覆盖率；充分发挥网络平台优势，搭建以中国移动扶贫商城等为代表的电商平台；鼓励多方参与农产品销售，动员公司员工和扶贫干部参与销售农产品，为贫困户增收提供保障。2019年至今购买和销售贫困地区农产品近3亿元，其中2020年积极帮助湖北和贫困地区克服疫情影响，购买湖北地区和63个央企定点扶贫县因疫滞销农产品3000余万元（见图4-5）。

（5）产业扶贫。中国移动从扶贫地区实际情况和产业需求出发，在基础设施层面参与工厂车间、蔬菜大棚等设施援建，不断增加产业扶贫资金投入。中国移动积极响应国务院国资委号召，2019

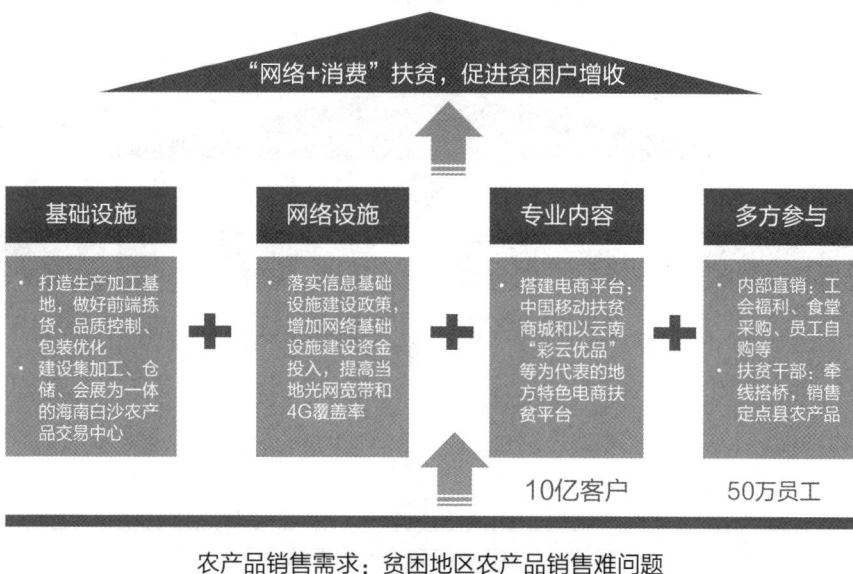

图4-5 中国移动消费扶贫模型

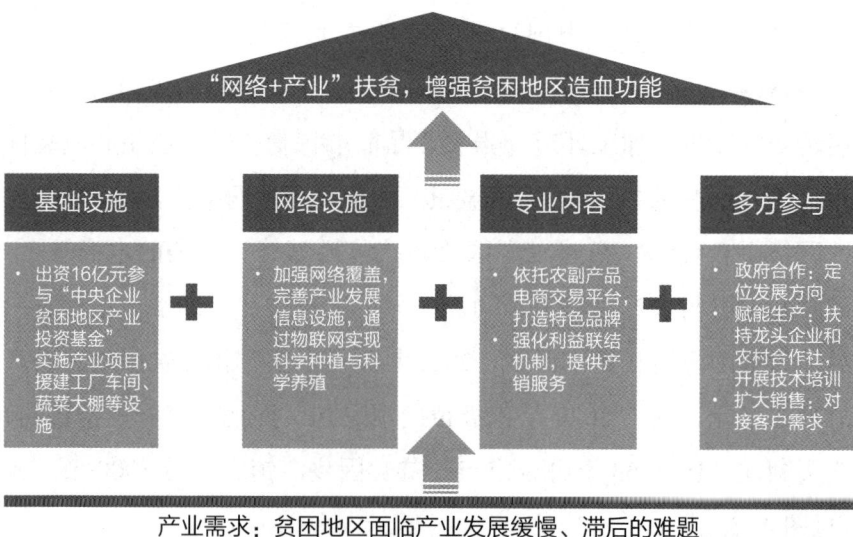

图4-6 中国移动产业扶贫模型

年出资 11 亿元、累计出资 16 亿元参与"中央企业贫困地区产业投资基金"，为贫困地区产业发展提供资金保障。在全国贫困地区引进企业 62 家，实际投资 1.56 亿元；其中在定点六县引进企业 15 家，扶持龙头企业和农村合作社 12 家，带动贫困人口脱贫 2601 人（见图 4-6）。

（6）就业扶贫。中国移动在扶贫过程中因地制宜，发展当地特色产业，给当地村民创造就业岗位。2019 年，中国移动及合作伙伴在全国 441 个贫困县提供务工需求 1.4 万个，为 7000 余贫困人口培训就业技能，帮助 9000 余贫困人口实现转移就业，与西藏自治区协商确认就业扶贫援藏合作，承诺每年为西藏籍高校毕业生提供至少 100 个区内外就业岗位。在新疆疏勒县投资 300 万元建设库木西力克乡电子产品产业园、巴仁乡一村服装和农产品合作社园区，全部建成后可创造 600 个就业岗位，带动当地 200 余名贫困人口脱贫。

（7）民生扶贫。中国移动牢牢抓住"两不愁、三保障"的基本目标，先后在改则、玛沁、白沙县实施安居工程项目，在玛沁、桦南、汤原、洛浦县实施人畜饮水工程项目，在桦南、玛沁、白沙县实施乡村公路项目，帮助改善当地生产生活条件，解决贫困群众实际生活困难。例如，针对青海玛沁县自然水质不达标、群众饮水困难的难题，投入 1000 多万元开展"玛沁县雪山乡扶贫供水工程"，新建饮水口、集水廊道、村级管网等设施，解决当地 1300 名居民饮水安全问题。

四、新基建扶贫兴农工作展望

打赢脱贫攻坚战，是全面建成小康社会，实现第一个百年奋斗目标的底线工程。党的十八大以来，我国脱贫攻坚事业取得伟大成就，脱贫目标基本完成，这是人类发展历史上的伟大壮举；但同时我们也要看到，当前脱贫工作还存在一些问题和薄弱环节，还需要进一步转变思想，持续加大资源投入有效性，发挥新基建的引领和促进作用，巩固筑牢脱贫基础，持续推进乡村振兴，并最终实现共同富裕，为实现第二个百年奋斗目标打下坚实基础。

（一）推进农村地区新基建，要坚持精准，突出成效

以网络连接平台为核心所形成的新基建，在推动农村地区数字化发展方面发展前景广阔，但切忌全面铺开。我国幅员辽阔，农村地区情况复杂多样，要考虑到不同农村地区的特点，如人口密度、自然环境、区位优势、产业特点等，分类指导，因地制宜。积极开展远程教育、远程医疗、电商销售等，实现足不出户即可享受优质教育资源、医疗资源、产品销售，实现农村地区的持续提升和发展。

（二）充分发挥新基建引领和促进作用，优化扶贫模式路径，推动农村地区脱贫致富

充分发挥5G、人工智能、大数据等新基建的倍增、促进和放大作用，为农村地区传统各行业赋能，特别是在教育、健康、消费、产业、就业、社会治理等方面的特色创新扶贫实践，激发贫困地区群众的内生动力和积极性，推动精准扶贫由"授鱼式"向"授渔式"转变，由"输血式"向"造血式"转变，具有较好的综合价值创造成效。尤其是在产业方面，通过新基建实现传统农业生产、乡镇企业加工的转型升级，提升生产效率，生产更多优质、具有竞争力的特色农副产品，吸纳农村就业，助力农村地区、乡镇等传统产业转型升级，

提升产品附加值和竞争力，通过数字化设施使得偏远地区贫困群众能够共享互联网发展的红利。

（三）转变思想，完善人才、机制等配套保障，社会各界共同参与合力攻坚

新基建要有新思想，要有相应的完善的配套设施和环境。首先要转变思想，在整个脱贫攻坚事业中，新基建等设施作用巨大；但贫困群众自身才是能否脱贫、最终实现富裕的根本。扶贫不是养懒汉，要继续遵循开发式扶贫基本原则，要斩断穷根，从思想、从意识上扭转观念，发挥中华民族勤劳的精神，主动劳动、主动创造，依靠双手去追求幸福美好生活。其次要加大人才培养力度，通过内部培训和外部引入等方式，在农村地区培育一批新基建配套人才，充分发挥新基建在脱贫和致富中的力量作用。最后要加大投资，通过政府、社会、企业等多种方式引入新基建投资，尽快补齐短板，形成良好的市场发展环境。

（四）统筹经济社会环境，助力乡村振兴发展

中央农村工作会议提出，实施乡村振兴战略，要按照产业兴旺、生态宜居、乡风文明、治理有效、生活富裕的总要求，让农业成为有奔头的产业，让农民成为有吸引力的职业，让农村成为安居乐业的美丽家园。2020 年是脱贫攻坚收官之年，但这不是终点，而是幸福生活的起点。新基建相关产业应继续提高政治站位，精准施策，不断提升脱贫质量和效果，贡献信息化脱贫方案、脱贫智慧，统筹经济、社会、环境协调发展，践行"绿水青山就是金山银山"理念，将扶贫与

生态环境保护有机结合，提前布局乡村振兴战略，巩固扶贫成果，有效衔接"脱贫攻坚"和"乡村振兴"两大战略，实现从扶贫到共富的转变。

新基建　　**安筱鹏** ▼　　　　　　扶贫兴农 · 专家点评

　　新基建的核心是新型数字基础设施。新型数字基础设施不仅是通信网络，而且是一场多种技术的"核聚变"，是以5G、物联网、云计算、边缘计算、人工智能、数字孪生等为代表的智能技术群落，在不断融合、叠加和迭代升级中，为未来经济发展提供高经济性、高可用性、高可靠性的技术底座，构建起一个数据驱动的平台化、生态型的基础设施。数字基础设施功能的发挥在很大程度上取决于多种技术的集成交互，技术迭代的频率更快、相互依赖性更强、整体功能演进的速度更快。

　　全球数字经济最重要的主题之一是数字基础设施的重构、切换与迁徙，以及基于新型数字基础设施的商业生态再造。今天数字基础设施的功能不仅在于连接，更重要的价值是赋能。中国移动通过构建"1+3+X"体系，即"1"以网络扶贫为主线，"3"做好组织、资金和人才保障，"X"在贫困地区教育、文化、语言、健康、消费、产业、就业、民生等领域，探索建立起特色化、立体化的扶贫新模式。体现了数字基础设施核心价值——通过降低创业创新门槛激发每一个人的积极性、主动性和创造性，实现从"输血"到"造血"的转换。这是数字经济时代脱贫的必由之路。

——安筱鹏，阿里研究院副院长

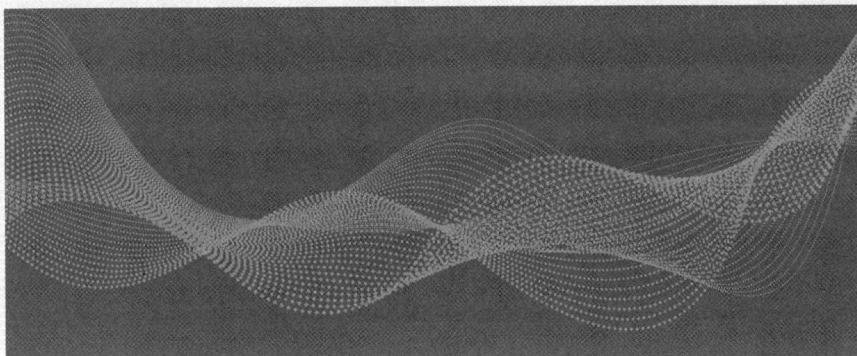

第二部分
应 用 精 准

应用精准，离不开大数据的应用。本部分（第5—7章）讲述了数字科技，特别是基于大数据技术的应用，如何助力实现：扶贫工作的精准，包括扶贫产品在内的农村产品在市场对接和价值实现上的精准；物流的精准，即精准解决贫困地区物流痛点，助力当地农产品融入现代数字化智能物流体系。

05

大数据：扶贫兴农新农资

钟婷婷①　朱祝何②　卢道俊③

　　"社会主义道路上一个也不能少，全面小康大家一起走！"④党的十八大以来，以习近平同志为核心的党中央把脱贫攻坚摆到治国理政突出位置，区域性整体贫困基本得到解决，脱贫攻坚取得决定性成就。

　　2020年是脱贫攻坚的关键之年，打赢脱贫攻坚战，精准是要义。数字经济时代，数字科技在精准扶贫中，释放着越来越大的能量。其中，大数据技术通过汇聚数据，变革传统的粗放发展模式，提高供给质量，促进经济高质量发展，真正让扶贫更精准、脱贫更彻底。

一、大数据是高质量发展的新动力

　　关于大数据的定义有很多，这里引用国务院印发的《促进大数据

---

①　钟婷婷，浪潮集团爱城市网市场部。

②　朱祝何，浪潮集团爱城市网市场部。

③　卢道俊，浪潮集团爱城市网市场部。

④　习近平：《全面小康大家一起走》，《人民日报（海外版）》2020年5月24日。

发展行动纲要》（国发〔2015〕50 号）中的概念：大数据是以容量大、类型多、存取速度快、应用价值高为主要特征的数据集合，正快速发展为对数量巨大、来源分散、格式多样的数据进行采集、存储和关联分析，从中发现新知识、创造新价值、提升新能力的新一代信息技术和服务业态。

数据，与土地、劳动力、资本、技术并列为五大要素，已成为新型生产资料。以数据流引领技术流、物质流、资金流、人才流，将深刻影响社会分工协作的组织模式，促进生产组织方式的集约和创新。

经历了农业社会、工业社会后，人类社会进入数字经济时代。大数据、云计算、区块链、人工智能等新一代信息技术竞相迸发，推动着数字经济高速发展，这一点从数字经济在 GDP 中的比重可见一斑。

党的十九大报告提出，我国经济已由高速增长阶段转向高质量发展阶段，要深化供给侧结构性改革，把提高供给体系质量作为主攻方向。[①]

从信息科技时代进入智能科技时代，数据成为驱动经济社会发展的关键生产要素。大数据通过与传统产业深度融合，贯穿于传统行业的生产、流通、销售、服务等各个环节，为实现高质量发展注入新动能，成为推动经济转型发展的新动力。

二、大数据事关经济运行与国际竞争

2014 年 3 月，大数据被首次写入《政府工作报告》。2015 年 8 月国务院印发的《促进大数据发展行动纲要》作出论断：信息技术与

---

① 习近平：《决胜全面建成小康社会　夺取新时代中国特色社会主义伟大胜利——在中国共产党第十九次全国代表大会上的报告》，人民出版社 2017 年版，第 30 页。

经济社会的交汇融合引发了数据迅猛增长，数据已成为国家基础性战略资源，大数据正日益对全球生产、流通、分配、消费活动以及经济运行机制、社会生活方式和国家治理能力产生重要影响。2015 年 10 月，党的十八届五中全会正式提出"实施国家大数据战略，推进数据资源开放共享"。2018 年 5 月，习近平总书记在向中国国际大数据产业博览会的致辞中指出，我们秉持创新、协调、绿色、开放、共享的发展理念，围绕建设网络强国、数字中国、智慧社会，全面实施国家大数据战略，助力中国经济从高速增长转向高质量发展。①

鉴于大数据潜在的巨大影响，很多国家或国际组织都将大数据视作战略资源，并将大数据提升为国家战略。

2012 年 3 月，美国奥巴马政府宣布了"大数据研发计划"，并设立 2 亿美元的启动资金，希望增强海量数据收集、分析萃取能力，认为这事关美国的国家安全和未来竞争力。迄今为止，美国在大数据方面实施了三轮政策，开放了 50 多个门类的政府数据确保商业创新。欧盟正在力推《数据价值链战略计划》，为 320 万人增加就业机会。日本积极谋划利用大数据改造国家治理体系，对冲经济下行风险。联合国推出的"全球脉动"项目，希望利用"大数据"预测某些地区的失业率或疾病暴发等现象，以提前指导援助项目。

三、大数据助力扶贫更精准

2019 年 1 月，《中共中央　国务院关于坚持农业农村优先发展做

---

① 《习近平向 2018 中国国际大数据产业博览会致贺信》，新华网，见 www.xinhuanet.com/politics/leaders/2018-05/26/c_1122891772.htm。

好"三农"工作的若干意见》要求，推进重要农产品全产业链大数据建设，加强国家数字农业农村系统建设。习近平总书记主持中共中央政治局第二次集体学习时提出："要加强精准扶贫、生态环境领域的大数据运用，为打赢脱贫攻坚战助力，为加快改善生态环境助力。"①

目前，业界已经形成共识：移动互联网的主战场，正从上半场的消费互联网，转至下半场的产业互联网。企业乃至产业数字化转型，通过汇聚全产业链数据，推动产业数字化、数字产业化，逐渐构建起以数据为关键要素的数字经济新模式。

在经济提质增效的背景下，农产品大数据成为产业扶贫的重要突破口。

当前，大数据已经成为推动经济社会发展的重要力量，同时也为精准扶贫提供了新的理念和技术支撑。大数据助力精准扶贫，主要体现在扶贫目标的精确设定、扶贫对象的准确定位以及扶贫成果评估的具体化三个方面。具体作用主要表现为：

（一）大数据助力扶贫靶向更精准

近几年，精准扶贫被越来越多的地方政府所实践，路径也是百花齐放，包括科技扶贫、金融扶贫、生态扶贫等。精准扶贫成效显著，但实施门槛也更高，尤其是对扶贫工作数据化、数据支撑能力，提出了高要求。

精准扶贫主要体现在"对象精准化、目标精准化、措施精准化"，而大数据技术在管理贫困人口信息、监控扶贫项目实施、监管扶贫资

---

① 《习近平主持中共中央政治局第二次集体学习并讲话》，中华人民共和国中央人民政府网，见 http://www.gov.cn/xinwen/2017-12/09/content_5245520.htm。

金使用、评估扶贫工作绩效等方面，可以大展身手。为此，不少地方在探索建立统一的脱贫攻坚大数据管理平台，对脱贫相关信息进行数字化处理，做到直观可视、心中有数。

例如，脱贫攻坚大数据平台，通过大数据技术，扩大信息采集的渠道，提高数据加工能力和效率，深度挖掘数据的价值，为扶贫工作提供真实可靠、及时全面的决策数据，实现因户施策、一户一策、一户一台账的精准扶贫，最终达到按户销号、精确到人的精准脱贫。

（二）大数据助力产业扶贫更有质量

我国信息化扶贫工作始于 1994 年，经过 20 多年的探索与实践，成效显著。而信息化扶贫的最大载体是产业，产业信息化与数字化转型，逐渐成为脱贫的主流路径。

当下，国家积极布局新基建，培育数据要素，以"上云用数赋智"等举措，助力数字经济新业态、新模式发展，给数字经济注入了强劲的发展势能，推动数字经济迈向一个以新基建为战略基石、以数据为关键要素、以产业互联网为高级阶段的高质量发展新阶段。

可以肯定的是，数字时代正汹涌而来，数字化正在从消费端走向产业端，几乎所有领域都在发生"数字蝶变"。农业也不例外。推动大数据、区块链等信息科技在农业农村的深度应用，可以构建一条科技扶贫、质量扶贫、产业扶贫的新通道，科学助力打赢脱贫攻坚战。

"电商在助扶贫的过程中，要帮助贫困主体对接广域大市场，以此促进贫困地区经济发展、产业转型升级和帮助贫困群众增收脱贫，就离不开一定的产业基础。"[①]电商扶贫不是单兵推进的，需要与其他

---

① 　汪向东：《关于电商助力精准扶贫的几个观点》，《农业电子商务》2016 年第 11 期。

扶贫手段配合使用，尤其要与产业扶贫相结合。

2020年7月，农业农村部印发的《全国乡村产业发展规划（2020—2025年)》指出，贫困地区发展特色产业，是脱贫攻坚的根本出路。要促进脱贫攻坚与乡村振兴有机衔接，发展特色产业，促进农民增收致富，巩固脱贫攻坚成果。

数据显示，党的十八大以来，乡村特色产业蓬勃发展。建设了一批产值超10亿元的特色产业镇（乡）和超1亿元的特色产业村，发掘了一批乡土特色工艺，创响了10万多个"乡字号""土字号"乡土特色品牌。①

近年来，贵州把大数据与产业扶贫紧密结合起来，大力推动各类数据互联互通、共享共用，积极运用大数据精准掌握每个产业、每个企业、每个产品、每个农户的实际情况，及时发现和解决存在的困难和问题，精准推动产业结构调整、企业发展壮大、贫困群众脱贫致富，走出了一条"大数据＋产业扶贫"的新路子。②

其中，用数据组织生产，解决"怎么种"。为守护人民群众"舌尖上的安全"，真正种出绿色、生态、优质的特色农产品，贵州部分农业龙头企业利用大数据，建设了可视农业系统和全程溯源系统，倒逼生产环节的组织化、规模化、标准化，发展诚信农业，提高产品品质，收到较好效果。

2015年8月国务院印发的《促进大数据发展行动纲要》要求，实施现代农业大数据工程，提升农产品质量安全信息服务。建立农产

---

① 《农业农村部关于印发〈全国乡村产业发展规划（2020—2025年)〉的通知》，农业农村部官方网站，见 http://www.moa.gov.cn/govpublic/XZQYJ/202007/t20200716_6348795.htm。

② 《把大数据与产业扶贫紧密结合起来》，人民网，见 http://gz.people.com.cn/n2/2019/0516/c391493-32944229.html。

品生产的生态环境、生产资料、生产过程、市场流通、加工储藏、检验检测等数据共享机制，推进数据实现自动化采集、网络化传输、标准化处理和可视化运用，提高数据的真实性、准确性、及时性和关联性，与农产品电子商务等交易平台互联共享，实现各环节信息可查询、来源可追溯、去向可跟踪、责任可追究，推进实现种子、农药、化肥等重要生产资料信息可追溯，为生产者、消费者、监管者提供农产品质量安全信息服务，促进农产品消费安全。

业界认为，我国在大数据发展和应用方面已经具备一定基础，拥有市场优势和发展潜力，但也存在政府数据开放共享不足、产业基础薄弱、缺乏顶层设计和统筹规划、法律法规建设滞后、创新应用领域不广等亟待解决的问题。具体到产业扶贫，就存在企业数据开放意愿不强，消费者通过数据识别质量的意识待提升等问题，需要在大数据赋能产业扶贫的实践中，不断探索解决。

四、大数据扶贫案例

在农产品扶贫领域，浪潮融合大数据、区块链等新技术，基于云洲工业互联网平台，打造了 QID 质量码服务体系，实现产品质量数据透明可视。消费者只要拿起手机扫码，就能查询产品质量信息，有效提升了市场对乡村扶贫产品质量的认可度和农产品附加值，打造了一批"土字号""乡字号"特色产品品牌，助力农民脱贫。

（一）助力四川茂县增收脱贫

每年夏天，在青藏高原的东南边缘，海拔 2000 米以上的岷江河谷地带，盛产一种当地的著名特产——茂县李。高原性季风和干湿分明的气候，使这里出产的李子质地脆嫩，汁多肉甜。这一颗颗色泽诱人的果实，既是防暑消夏的佳品，也是大山中的农民摆脱贫困、走向富裕的希望。

在过去，茂县李还不叫茂县李，而是根据其颜色分为青脆李和红脆李。在四川农业大学的帮助下，才有了茂县李这张名片。

2003 年，四川省阿坝藏族羌族自治州茂县人民政府与四川农业大学开展校地合作。至此，茂县李从优良苗木繁育、生产技术规程、产品质量标准到采后商品化处理，都建立起了严格的标准体系。果品质量均达到 NY/T 844—2017《绿色食品　温带水果》行业标准。品牌有了、标准有了，但是怎么把茂县李推广出去，用户端怎样识别正品茂县李，特别是现在众多渠道经过层层中间环节，怎样保证茂县李不被冒名顶替，都成了具体运营中的难题。

在众多农户为此苦恼的同时，远在千里之外的山东济南，有一群年轻人正在为解决这件事而忙碌着。他们所要打造的质量码平台，就是要解决茂县李运营中这些必须要面对的难题。

浪潮联合生态合作伙伴为茂县李建立质量标准，并出具权威检测报告，基于一物一码的质量码，实现羌脆李的质量数据可视化，树立了品牌形象。同时基于质量码打造茂县李品牌识别和保护体系，消费者扫码了解产品品质，提升品牌价值，茂县李的价格从原来的 2 元 / 斤卖到 20 元 / 斤，帮助茂县成功脱贫摘帽。

简而言之，质量码平台与茂县李的合作，全面汇聚产品相关的关键质量数据，并通过二维码扫码展示，把市场主体的企业对于高质量的追求展示出去，让消费者感知到实在、真实的数据，并且愿意为高质量产品买单。

由于之前的信息不对称，消费者不知道这个产品来自哪里，标准是什么，流通过程是否可信。质量码系统则能使消费者明明白白地选择产品，打通了之前的信息不对称，形成更多企业去追逐质量，塑造品牌，建立更多的影响，以这个方式来推动产业的发展，就是所谓的"良币驱逐劣币"。

使用了这个平台，就不再担心产品被别人仿冒，就有更多的精力放在产品的生产、销售以及品牌的推广上，使企业、农民以及消费者的利益获得充分保障。

通过种植茂县李，当地种植户每户平均增加收益 10 万元以上。2018 年 8 月，四川茂县退出了国家级贫困县序列。

今天，在政府的支持下，茂县正在岷江边兴建占地四十余亩的电商产业园，包含茂县李这样的更多当地农产品将在这里完成品牌和产业运营。借助质量码，更多扶贫农产品走出大山、走向市场，农民对美好生活的憧憬和追求逐渐变成现实。

（二）联合第一书记，赋能乡村从脱贫走向振兴

通过 APP 等各种传播形式，展示并提升特色农产品品牌形象。在爱城市网 APP 设立第一书记专区，联合第三方媒体，宣传展示第一书记扶贫成果和特色产品；依托质量码平台，汇聚展示生产、流通、消费等全要素质量数据；通过知乎文章，展示第一书记扶贫产品高品质，塑造优质优价品牌形象。

通过质选商城，打通线上销售渠道，将第一书记驻村扶贫产品推介给全国消费者；联合第一书记、银座商城，举办"第一书记乡村振兴成果产销对接会"，成功把扶贫产品引入银座商城。其间，共有 7 位第一书记、18 家企业参与活动，扶贫产品有 40 多款；在浪潮内部，组织第一书记扶贫产品进浪潮、内购会等活动，让第一书记推荐的优

质农产品走进浪潮员工生活，助力产品销售。

济南市农业农村局派驻仲宫街道马家村的驻村第一书记带着"上水泉"小米，多次参加质量码营销活动，创新推出了南山山货品牌化、市场化、产业化、联盟化、网络电商化的产业振兴"五化"南山模式。并提出"将与质量码紧密合作，树立南山品牌，以品牌效应带动乡村旅游发展，用精准的产业致富项目确保精准脱贫，用乡村振兴巩固提升脱贫攻坚战果"。

质量码赋能第一书记，带动农民脱贫的实践，通过提升产品质量品牌、展示产品全要素质量数据、打通市场宣传与销售渠道，借助数据这一展现方式，全程数字化，让乡村品牌可知、可感、可买，真正让乡村品牌脱离"酒香也怕巷子深"的困境，这背后便是大数据的威力所在。

（三）帮助耿店蔬菜打入一、二线城市

耿店村地处山东省聊城市茌平县贾寨乡腹地，拥有 20 多年的大棚蔬菜种植历史，是当地有名的"大棚村"。而随着规模逐步扩大，耿店村蔬菜产量不断提高，产业发展面临产品同质化严重、丰产不增收、缺乏销售渠道、缺少品牌等问题，产业可持续发展受限。

在聊城市市场监督管理局支持下，质量码平台帮助耿店村梳理并提高产品标准；联合农业农村部食品质量监督检验测试中心（济南）、华测检测等第三方检测机构，对耿店蔬菜进行检测，用数据展示耿店蔬菜的绿色、无公害；依托质量码，实现质量信用、质量标准、质量检测、质量认证等全要素质量数据可视化，传递消费信任；依托第三方权威机构，开展质量品牌评价，全方位评价企业生产经营、质量管理能力，以评价促品牌提升。

策划拍摄耿店村宣传视频，从群众视角展示耿店村发展成果和蔬菜高品质形象；通过传统媒体、新媒体等渠道宣传耿店蔬菜，提升品牌影响力；联合品牌促进会等合作伙伴打造耿店蔬菜优质品牌形象。

质量码积极帮助耿店村开拓市场，对接首农集团，推动将耿店蔬菜纳入首农集团市场体系建设，对接首农标准，通过权威检测机构检测，帮助耿店蔬菜顺利进入北京市场。据不完全统计，耿店蔬菜通过首农集团挺进一、二线城市高端市场后，上链蔬菜销售价格提升70%、销量提升110%，由蔬菜带来的整体收入超过原来的3倍，稳定的销量和有保障的价格，让农民尝到了实实在在的好处；通过质量码连接农产品博览会、展销会等渠道；通过质量码质选商城等渠道对接第三方电商平台，拓宽销售渠道，促进农民增收。

聊城市茌平县耿店村信息化运营中心总经理坦言：和质量码合作前，耿店蔬菜遇到一些问题，一是市场价格竞争力低，丰产不增收；二是销路窄，品牌化较低。合作后，生产初期就建立一系列追溯体系，包括土壤营养值、温湿度测控、技术管理。在进行品牌推广时，因为拿了质量码认证证书，品质有了保证，消费者食用比较放心。

耿店村依托质量码提升质量，建立品牌，增加蔬菜附加值，蔬菜产业逐年壮大，农民收入不断提高，吸引了越来越多的在外青年回乡创业，人居环境不断提升，助力耿店村稳固脱贫成果，打造了乡村振兴的齐鲁样板。

（四）助力盐津乌骨鸡品牌效益双提升

盐津乌骨鸡起源并主产于云南省盐津县，距今已有1700多年历史。盐津地貌复杂、山峦叠嶂，乌骨鸡在高热高湿的天气条件下，经长期的自然选育和精心培育而成，具有眼、冠、脸、趾、皮肤、肉及内脏皆乌的特征，目前已获地理标志、有机认证、无公害、云南六大名鸡、昭通十宝等荣誉。

多年来，盐津想把高品质的乌骨鸡卖出去，却不知道去哪卖、卖给谁，卖不出高价钱。盐津乌骨鸡遇到了"酒香也怕巷子深"的难题。一方面，企业没有好的渠道向消费者展现高品质，递出盐津乌骨鸡这张地方名片；另一方面，消费者也面临高价、无从了解产品品质等难题。导致的结果是，真正高品质的产品收获不了好的品牌溢价。

盐津绿源生态农业综合开发公司负责人回忆称，两年前他路过"五道并行"的盐津豆沙关，在餐馆老板的热情推介下，点了一份乌骨鸡。当时心里直犯嘀咕，会不会被店主欺骗？当骨肉俱黑的乌骨鸡端上桌时，一股清香飘来，夹一块品尝，味道极为鲜美，食欲陡然大增，并新点一份打包带走。至此，他与盐津乌骨鸡结缘，并将自己的公司开到盐津专营乌骨鸡。

不少人无法辨识正宗盐津乌骨鸡，初次购买时自然不信任。这在一定程度上导致"名鸡"养在深山飞不出去，高品质难以转化为实实在在的效益。

面对困局，盐津县委、政府高度重视，加大招商力度，全力推进产业扶贫。2018年11月，盐津县委经过在昆流动党员管理工委等协调，成功与浪潮畅通联络渠道，商讨盐津乌骨鸡与质量码的合作。

其间，质量码云南区负责人多次在济南和盐津间奔波，深入一线了解需求，提出解决方案。2019年6月，行业专家一行实地考察盐津，走访原种保种选育场、专家工作站、生态养殖示范园，指导盐津乌骨鸡产业质量提升。

　　高品质要靠数据说话。在盐津乌骨鸡牵手质量码后，浪潮联合生态伙伴，专门为其出具了权威检测报告。结果显示，与中国著名的江西泰和乌骨鸡相比，盐津乌骨鸡蛋白质高 2.02%、脂肪低 0.62%，锌含量 0.76ppm、铁含量 162.13ppm、硒含量 0.45ppm，具有高蛋白、低脂肪、富含矿物元素等特点。

　　在质量码平台，盐津乌骨鸡的标准、检测报告公开展示，养殖、加工、流通、消费等供应链的全要素质量数据，透明可视，一扫质量码便知，实现质量保障与品牌培育，有力提升了品牌价值。同时，结合电商平台，质量码为盐津乌骨鸡拓宽了销售渠道。

　　从盐津县农业农村局获悉，盐津乌骨鸡正在推进全产业链建设，包括建设质量溯源体系，制作地理标志和商标的标识——脚环。通过扫码能看到饲养环境、生长周期、检测报告等信息，确保消费者买到纯正的盐津乌骨鸡。

　　通过区块链进行数据存证，以及和质量码越来越深的合作，盐津乌骨鸡逐步建立完整的质量数据链条，融入产业供应链，形成价值链，收获了实实在在的品牌溢价。一是价格溢价，由 88 元／只卖到 168 元／只；二是增加就业，带动 5000 户贫困户加入养殖基地；三是农民增收，户均增收 3500 元以上；四是产业发展，建成 5 个标准化生态示范园……盐津乌骨鸡牵手质量码的价值，正获得越来越多的释放。用盐津当地政府的话说，就是"凤凰展翅新活力、扶贫路上促丰收"。①

　　有了盐津乌骨鸡的成功合作示范，质量码正深度融入云南"一县一业"发展，通过大数据赋能，帮助更多的乡村脱贫乃至振兴。

---

①　因鸡体内外及羽毛均乌黑，盐津乌骨鸡又被称为"黑凤凰"。

五、抓住数据链接这个根本

（一）传统互联网向新型互联网转型

在传统互联网向新型互联网转型的关键期，大数据的支撑作用显得愈发重要。发展新型互联网的根本在于数据链接。

智能新时代，单纯提供信息化产品或解决方案，已无法满足当前城市、政府、企业的智能化转型需求。社会需要传统 IT 企业向运营服务商转型升级，为实体经济构建智能化"升维"路径，推动数字产业在中国经济转型中发挥价值。而构建数字经济新链接、新生态、新运营商的"三新"，是实现经济社会转型"升维"的关键，也是新型互联网企业的主要特征。

新型互联网是对传统互联网的扩容和发展。过去，传统互联网企业从事面向个人消费者 C2C 的业务，也逐渐从事面向企业 B2B 的业务。而新型互联网在 C2C、B2B 的基础上，进一步解决了面向政府 G2G 的问题，实现 C2C、B2B、G2G 三维对象全覆盖的链接。

除了对象的链接，发展新型互联网的根本，在于数据链接。新型互联网企业通过政府、社会、个人三维数据的互动，推动优政、惠民、兴业，真正释放数据的政用、民用和商用价值。

（二）数字科技融合助力精准扶贫

云数智一体化是趋势，密不可分。很多数据是基于云端产生的，而没有数据喂养，就没有人工智能。同时，有了人工智能，才能更好地挖掘数据的价值。所以，云是新型生产力，数据是新型生产资料，人工智能是新型生产工具。

在数字科技中，大数据是基础的基础。没有数据的汇聚与链接，数字化转型就像"无源之水、无本之木"，无从谈起。

但是，政府乃至企业的数字化转型，单靠大数据，也难以实现。大数据与云计算、区块链等新一代信息技术，融合贯穿，才能真正发挥作用。比如，大数据的底层平台，靠的是云计算；大数据的可信传递，离不开区块链。

具体到脱贫攻坚实践，当数据通过融合的新技术，真正实现链接，扶贫就真正织成了一张网，纵横贯通、透明可信。在此基础上，政府、企业、个人充分参与，真正实现共建、共治、共享的脱贫新格局，大数据赋能精准扶贫，也就有了更好的精准度与更高质量。

大数据　　**吕本富** ▼　　　　　扶贫兴农·专家点评

"劣币驱逐良币"是生活中常见的现象，经济学理论给出的各种解决方案，都会产生另外的附加成本，有时候得不偿失。在数字经济时代，这个现象可能会自然解决，从而形成"良币驱逐劣币"。其背后就是大数据、区块链等技术的普及。

贫困地区的农产品往往是纯天然、原生态的，非常符合现代人的消费理念；但是往往存在鱼龙混杂、"劣币驱逐良币"的情况。这就需要数字科技在精准扶贫中释放出巨大能量，其中，在大数据技术赋能产业扶贫方面，浪潮集团的质量码提供了一个典型案例。

农产品大数据和产业扶贫深度融合诞生了质量码，这是一条创新之路。消费者只要拿起手机扫码，就能查询产品质量信息。

质量码系统能使消费者明明白白地选择产品，打通了之前的信息不对称壁垒。这就有效提升了市场对乡村扶贫产品质量的认可度和农产品附加值，打造了一批"土字号""乡字号"特色产品品牌，助力农民脱贫。

基于大数据的质量码不仅是扶贫利器，这种正向反馈也推动更多企业去追逐质量，塑造品牌，形成影响，从而促进产业走向高质量发展之路。

——吕本富，国家创新与发展战略研究会副理事长，中国科学院大学教授

06

区块链：重构精准扶贫信任体系

岳晓兰[①]   滕莉琼[②]   俞 元[③]

2016 年，为大力推进"区域公用品牌＋企业品牌"的母子品牌联动模式创建，推动横山羊产业高质量健康发展。在中国华能集团的大力支持下，横山区人民政府邀请浙江甲骨文超级码科技股份有限公司开展以陕北横山羊肉为主导的"区块链品控溯源＋精准扶贫"模块体系建设，坚持"政府引导、企业主办、市场驱动"的原则，保障横山羊肉品质，以品牌化引领，助推产业优化升级。在该精准扶贫项目建设当中，浙江甲骨文超级码自主研发的满天星区块链技术起到了至关重要的作用（见图 6-1）。

---

① 岳晓兰，浙江大学物联网研究院产品追溯技术研究所副所长。
② 滕莉琼，浙江甲骨文超级码科技股份有限公司资深副总裁。
③ 俞元，浙江甲骨文超级码科技股份有限公司法务部。

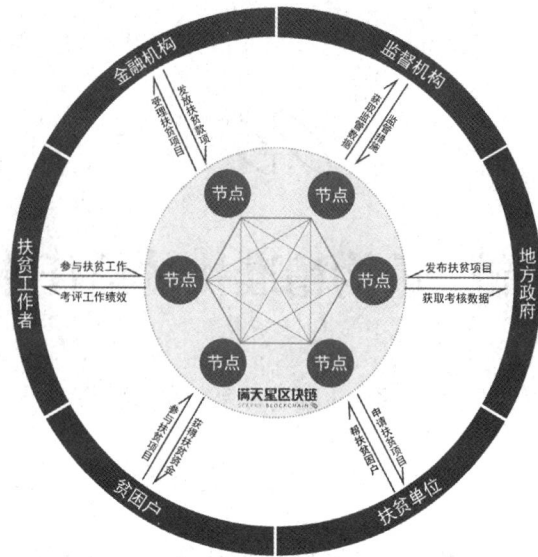

图 6-1　满天星区块链技术扶贫项目建设模式

一、区块链技术的起源及发展

（一）区块链技术起源

区块链通常被定义为去中心化的分布式记账系统，该系统中的节点无须互相信任，通过同一的共识机制共同维护一份账本。比特币可以说是第一个区块链应用。2008 年 11 月 1 日，一名自称中本聪（Satoshi Nakamoto）的人发表了一篇名为《比特币：一种点对点的电子现金系统》的论文，提出了一种去中心化的点对点电子现金系统。2019 年 1 月 3 日，中本聪在位于芬兰赫尔辛基的一个小型服务器上创造了比特币网络上的第一个区块。

在早期，大家会关注比特币而不会单独谈论区块链这个技术。直到 2015 年，区块链这一概念才被单独提出，为更多人所了解，且向着更广泛的应用场景发展。

（二）区块链核心技术

区块链是共识机制、P2P 网络、密码学技术、智能合约等计算机技术的新型应用模式。

1. 共识机制

区块链区别于传统的中心化系统，是由众多平等的区块链节点组成，共识机制是区块链各节点数据一致性与正确性的重要保障（见图 6-2）。区块链的共识算法是基于经济学的博弈算法，区别于经典分布式一致性算法思路，它的整体思路是让攻击者的攻击成本远远大于收益。主流的共识算法有以下几类：工作量证明 PoW、权益证明 PoS、委托权益证明 DPoS。

图 6-2　区块链共识机制

2. 工作量证明（Proof of Work，PoW）

可简单理解为一份证明，证明你做过一定量的工作。通过查看工作结果，就能知道你完成了指定量的工作。区块链共识算法用的最多的就是 PoW。

比特币在区块的生成过程中使用的就是 PoW 机制，简单理解就是大家共同争夺记账权利，谁先抢到并正确完成记账工作，谁就得到系统的奖励，奖励为比特币，也就是所谓的"挖矿"。矿工（参与挖矿的人）通过计算机的算力去完成这个记账工作，这个拥有计算能力的专业计算机就是所谓的"矿机"。

3. 权益证明（Proof of Stake，PoS）

通过持有代币（Token）的数量和时长来决定获得记账的几率，类似于股票的分红制度，持有股权越多的人就能够获得更多的分红。代币相当于区块链系统的权益。

4. 委托权益证明（Delegated Proof of Stake，DPoS）

委托权益证明 DPoS 是基于 PoS 衍生出的更专业的解决方案，类似于董事会投票，指拥有代币的人投票给固定的节点，选举若干代理人，由代理人负责验证和记账。不同于 PoW 和 PoS 的全网都可以参与记账竞争，DPoS 的记账节点在一定时间段内是确定的。为了激励更多人参与竞选，系统会生成少量代币作为奖励。比特股就采用该方式。

5. P2P 网络

P2P 是 Peer-to-Peer 的简称，又称为点对点技术，是没有中心服务器、依靠用户群节点进行信息交换的对等式网络。区别于传统的 C/S 中央服务器结构，P2P 网络中每一个用户节点既是客户端又是服务端，能同时作为服务器给其他节点提供服务。

在传统的 C/S 模式网络系统中，客户端之间的交互需要依赖中心化的服务器进行。当网络规模变得庞大时，这些中心服务器的负担就会越来越重，很容易成为网络瓶颈。而且一旦服务器崩溃，就会造成整个网络瘫痪（单点故障的风险）。而 P2P 网络由于没有中心服务器，不存在单点性能上的瓶颈，每个节点在充当客户端的同时，也可以作为服务端给其他相邻节点提供服务，极大地提高了资源的利用率。

P2P 网络主要解决了两个问题，一是资源定位，二是资源获取。P2P 网络模块作为区块链的最底层模块，直接决定了区块链网络的稳定性。

6. 密码学技术

区块链中运用到的密码学技术主要有两类，第一类是哈希算法，第二类是非对称加密算法。

哈希算法是区块链中用的最多的一种算法，它被广泛地使用在构建区块和确认交易的完整性上。哈希算法有很多，比特币主要使用的哈希算法是 SHA-256 算法。

非对称加密法是相对于对称算法而言的，这两者组成了密码学的核心内容。这两者的使用区别体现在密钥是否可以公开，对称密钥要求加解密过程均使用相同的密钥，而非对称加密可以提供一对钥匙，私钥自己保管，公钥可以公开。常见的对称加密算法有 DES、AES，常见的非对称加密算法有 RSA、ECC 等。在比特币等众多数字货币的项目中，在账户层面主要使用的是非对称加密算法。

在区块链上，一个比特币交易的产生由两部分组成，第一部分是签名加锁，对应到的是交易的输出；第二部分是解锁花费，对应到的是交易的输入，当我们构造一笔交易的时候必然会用到私钥。

7. 智能合约

智能合约这个概念是美国知名计算机科学家尼克·萨博（Nick Szabo）在 1994 年提出的。他定义的智能合约是一种自动执行协议，买方和卖方之间的条约被写入分布式区块链网络的代码行中。因此，智能合约能在无中心授权的情况下允许匿名用户进行交易和协议。

智能合约是一种只有通过区块链才能实现的新技术。普通、标准的合同涵盖了当事人之间协议的条款，且常通过法律来强制执行；智能合约是数字化的，存储在区块链中，并使用加密代码强制执行协议。智能合约只是软件程序，与所有程序一样，它们完全按照程序员的意图执行。基本上通过数学计算，智能合约可以协商协议中的条款，自动验证履行，甚至执行约定的条款，所有这些都不需要通过中央组织来批准。智能合约使公证人、代理人和律师等中间人几乎毫无意义。

智能合约与区块链的关系，简单总结来说智能合约早期提出时缺乏支持可编程的数字系统技术，区块链的出现解决了该问题，不仅可以支持可编程合约而且其去中心化、开放性、防篡改性、匿名性、自治性、可追溯性的优点天然适合智能合约。

（三）区块链技术特点

区块链技术具备去中心化、开放性、防篡改性、匿名性、自治性、可追溯性等几大特性。

1. 去中心化

所谓去中心化，是指由于区块链使用分布式核算和存储，不存在中心化的硬件或管理机构，任意节点的权利和义务都是均等的，系统中的数据块由整个系统中具有维护功能的节点来共同维护。

2. 开放性

所谓开放性，是指区块链系统是开放的，除了对交易各方的私有信息进行加密，区块链数据对所有人公开，任何人都能通过公开的接口，对区块链数据进行查询，并能开发相关应用，整个系统的信息高度透明。

3. 防篡改性

所谓防篡改性，是基于"区块＋链"（block+chain）的独特账本而形成的：存有交易的区块按照时间顺序持续加到链的尾部。要修改一个区块中的数据，就需要重新生成它之后的所有区块。

共识机制的重要作用之一是使得修改大量区块的成本极高，从而几乎是不可能的。以采用工作量证明的区块链网络（比如比特币、以太坊）为例，只有拥有51%的算力才可能重新生成所有区块以篡改数据。但是，破坏数据并不符合拥有大算力者的自身利益，这种实用设计增强了区块链上的数据可靠性。

通常，在区块链账本中的交易数据可以视为不能被"修改"，它只能通过被认可的新交易来"修正"。修正的过程会留下痕迹，这也是为什么说区块链是不可篡改的，篡改是指用作伪的手段改动或曲解。

4. 匿名性

所谓匿名性，是指在区块链上每个人的身份均是以地址来表示。通过区块链，我们可以查询到每一笔交易的数据信息，却无法得知交易者。就好比我们知道小明向小丽支付了八枚比特币，但是双方名字只是代号，所以无法知道他们的真实身份。区块链的匿名性特点，在一定程度上很好地保护了用户的隐私。

5. 自治性

所谓自治性，是建立在规范和协议的基础上。区块链采用基于协商一致的规范和协议（如公开透明的算法），使系统中的所有节点都能在"去信任"的环境中自由安全地交换数据，让对"人"的信任改成对机器的信任，任何人为的干预都无法发挥作用。

6. 可追溯性

所谓可追溯性，是指区块链通过区块数据结构存储了创世区块后的所有历史数据，区块链上的任意一条数据皆可通过链式结构追溯其本源。

（四）区块链发展历程

1.区块链 1.0

指以比特币为代表的可编程货币，表现为数字货币领域的创新；区块链以比特币的底层技术出现在大众视野里，构建了一种全新的、去中心化的数字支付系统，完成无时间无国界交易，并降低了中心化体系的成本。但该阶段很少有人关注数字货币的应用和区块链技术，更多人的关注点在数字货币的投资上。

2.区块链 2.0

指以以太坊等为代表的可编程金融，表现为智能合约、交易方面的创新。基于区块链技术的基础，加入了智能合约，有了合约系统的支撑，实现了可编程化区块链，人们逐渐将区块链技术的应用范围扩展到其他金融领域。

3.区块链 3.0

基于区块链的可编程社会，即区块链在其他行业的应用。区块链技术的进一步发展，其去中心化、数据防伪、可追溯等特点在其他领域逐步受到重视。区块链的应用不再局限于金融领域，人们尝试扩展到物联网、金融服务、AI、数据存储、溯源、防伪等多个领域，未来可能在可扩展性、区块链应用上有更大的突破。

（五）区块链网络分类

根据区块链网络中心化程度的不同，分化出 3 种不同应用场景下的区块链：公有链、联盟链和私有链。联盟链和私有链被统称为许可链，公有链被称为非许可链。

1.公有链

公有链是世界上任何人都可以访问读取的、任何人都可以发送交易并且如果交易有效的话可以将之打包到区块中的，以及任何人都能够参与其共识过程的区块链。以比特币、以太坊为代表。

2.联盟链

联盟链即其共识过程被放到一些预选节点分别控制的区块链。多个由不同实体（如企业、政府、银行等）分别控制的节点组成一个联盟，区块链上面的读写、记账权限都由联盟规则制定，这些节点共同组成一个授权网络。网络中的区块链和节点状态的改写更新由联盟中的各节点达成共识所决定。以超级账本为代表。

3.私有链

私有链是指写入权限仅在某一个组织控制下的区块链，而读取权限可能公开或者任意程度地加以限制。完全私有的区块链则是更接近于中心化的数据库。

二、精准扶贫与信息技术

2013 年，习近平总书记在湘西调研时提出了"精准扶贫"的概念，其内涵是指针对不同贫困区域和不同贫困户的状况运用科学有效的程序对扶贫地区、扶贫对象实施精准识别、精准帮扶、精准管理的治贫方式。这是解决"扶助谁""谁来扶""怎么扶""扶到什么程度"的关键问题。2017 年年底，中央经济工作会议指出，防范化解重大风险、精准扶贫、污染防治是今后三年要重点抓好的三大攻坚战。如何解决 3046 万农村贫困人口的脱贫问题、实现全面建成小康社会的目标，是摆在政府和人们面前的重要任务。当前精准扶贫在我国广泛开展，其力度和成果有目共睹。

2015年，党中央、国务院提出实现2020年中国现行标准下的农村贫困人口全面脱贫目标后，全国各级政府将脱贫任务作为工作重点，贵州、西藏、甘肃、安徽等部分贫困地区、市县都不约而同地将当前热门的信息技术引入扶贫工作当中。例如甘肃省建成了全国首个精准扶贫大数据管理平台，并通过大数据、物联网、云计算等技术实现了信息共享，加强精准扶贫业务合作，实行对数据的专业化处理，制定并落实精准扶贫政策，为各级政府的决策管理和帮扶工作提供科学依据。

如今，政府部门已建立了完整的扶贫信息平台，整合了前端业务运营数据和后台管理数据，并建立了扶贫管理分析应用。然而，扶贫信息平台中上报的数据往往仍存在乱报、漏报的情况，在各地扶贫措施落地的过程中也存在贫困人口胡乱认定、扶贫资金落实不到位、扶贫管理混乱、扶贫成效无法评价等问题。信息化技术助力精准扶贫固然是行之有效的方案，但是如果监管机构无法确保数据的安全、无法掌握正确的数据、无法避免数据被篡改，那信息化技术对于不法分子来说同样提供了巨大的便利。正因如此，我国利用信息化技术带动精准扶贫的项目很多仍处于试点阶段，还无法做到在全国范围内有效复制。

精准扶贫强调扶贫过程中做到"六个精准"，即扶贫对象精准、项目安排精准、资金使用精准、措施到户精准、驻村派人精准、脱贫成效精准。但是，即便引入了信息化技术，在精准扶贫的实际操作中，"脱靶"现象仍然非常突出，存在许多不精准的问题。比如，全国贫困人口建档失准问题比较普遍，扶贫数据掌握不准确、不及时，对扶贫数据缺乏动态监管和分析，无法及时追踪帮扶效果等，这些不仅仅是技术上的问题，更多的是扶贫工作人员的问题以及管理问题。区块链以其去中心化、开放性、防篡改性、匿名性、自治性、可追溯性等特性，可以有效提高复杂环境下的精准度，提高精准扶贫工作的"靶向性"，从理念和技术上为"六个精准"提供坚实支撑。

三、区块链助力精准扶贫

（一）助力扶贫对象的精准识别

精准扶贫的首要任务是扶贫对象的精准识别，把真正的贫困人口识别出来，精准掌握贫困人口的贫困程度、致贫原因，解决好"扶持谁"的问题。识别扶贫对象按照"县为单位，规模控制、分级负责、精准识别、动态管理"的原则，以民主评议、建档立卡为主要方式，经过群众评议、入户调查、公示公告、抽查检验、信息入库等工作程序。但是这种识别方式存在两方面问题：一方面是基层按照民主评议方式识别出的贫困人口与国家统计部门按收入和消费支出评估的贫困人口有脱节；另一方面是部分地区在建档立卡过程中存在明显的造假行为。所以需要进一步优化民主评议方式，运用严格的监督管理机制排除不合格的贫困人口，使贫困人口的评估和识别符合当地的实际情况。

区块链与大数据的结合可以有效防范、解决扶贫对象不精准的问题，通过多方参与提高监管透明度，降低人为操控评估的可能性。通过大数据建模分析贫困户多维度的行为数据，精准筛选贫困户，将分析结果上链。通过区块链不可篡改特性保证了贫困户数据的真实可靠；通过区块链的透明公开特性，保证群众可以参与到贫困户的认证与监督中，将贫困户的识别权交给群众，贫困户的认定做到透明公开与相对公平；通过区块链分布式存储及数据一致性等特性，保证了区块链节点可以实时地进行数据共享，当贫困户数据发生变动时，扶贫机构和扶贫单位可以及时获取，从而进行相应的政策调整。通过区块链技术，扶贫机构和扶贫单位可精准识别扶贫对象。

（二）助力帮扶项目的精准安排

精准扶贫的切入点是项目安排精准。根据贫困户和贫困人口的实际情况和需求，在找准致贫原因的基础上进行有针对性的项目安排，精准实施"公司—合作社—贫困户"模式工程，解决好"怎么扶"的问题。根据全国建档立卡数据分析，42.1%的贫困农户因病致贫，35.5%的贫困农户因缺资金致贫，22.4%的贫困农户因缺技术致贫，16.8%的贫困农户因缺劳力致贫，患疾病、缺资金、缺技术、缺劳力是当前主要的致贫原因，并且多数贫困户的致贫原因是几个致贫因素综合作用的结果。因此，帮扶项目在实施过程中需要对贫困数据进行关联分析，深入总结贫困户的致贫原因，准确了解贫困户扶贫需求，制定相应的帮扶手段，引导资源有效配置。

区块链通过智能合约对扶贫项目进行扶贫对象的限定，保证扶贫项目有较强的针对性。贫困户将自己的需求上链，记录到智能合约，并由智能合约匹配合适的扶贫项目，保证贫困户匹配到适合的帮扶项目，避免了暗箱操作，做到了贫困户与帮扶项目的精确匹配。

区块链的可追溯机制可以实时记录扶贫数据，从而在整个精准扶贫链条上形成完整的信息流，确保精准扶贫中相关工作人员能够及时做好针对性的防范工作，减少返贫率，提高项目帮扶的精准性。

（三）助力扶贫资金的精准使用

精准扶贫的关键点是资金使用精准。资金使用精准就是要保证到户项目有资金支持，资金跟着精准扶贫项目走。地方政府在扶贫资金的使用上拥有一定的自主权，但由于缺乏全程监管技术手段，在扶贫资金使用过程中可能出现优亲厚友，甚至套取、侵占和挪用扶贫资金等违法违规的行为。对扶贫资金的使用亟须引入监督管理机制，全面进行检查、评估和考核，保证财政专项扶贫资金在阳光下进行运用。

扶贫过程中，将实体资产转化为数字资产上链，由区块链智能合约控制资产的所有权转移，同时将资产所有权转移时涉及的资金流转信息同步记录到区块链。政府部门、扶贫单位、贫困村社、监管机构、金融机构均作为区块链上的节点，参与到智能合约的执行流程中。监管机构可以实时监管实体资产以及扶贫资金的流转过程，降低了监管难度；金融机构可以实时获取资金流向，降低了对账难度。

区块链的共识监管机制、可追溯机制能有效实现扶贫资金使用的公开化和透明化，匹配帮扶项目和帮扶资金，实现扶贫资金流动的全程追踪管理。精准扶贫的相关参与方可通过分布式的数据网络查看扶贫资金的使用明细，在高度透明的账本中，一切行为操作都将被置于多方的监管之下，让贪腐行为无处匿藏，提高资金使用的精准性。

（四）助力扶贫措施的精准落实

精准扶贫的着眼点是措施到户精准。措施到户精准是解决扶贫项目到不了户或到户效率差的问题。以往的扶贫项目不能到户的主要原因是扶贫项目和投资缺乏有效的到户机制。比如，贫困户负担不起养殖成本而出现"养富不养穷"的问题，到户项目因为贫困户无法承担配套资金而不能按期开展，金融扶贫中贫困户由于没有抵押和担保被排除在外。这些都直接影响到减贫效果，不能使贫困户和贫困人口真正受益。因此，为促进扶贫措施的有效落实，需要对建档立卡的贫困户采取差异化补贴、降低搬迁成本、增加信用贷款等措施。

区块链可以通过扶贫单位和政府部门为贫困户背书，构建贫困户与金融机构的信任关系，降低贫困户获取金融信贷的复杂度，使贫困户即使不具备抵押资产也可以获取到起始资金。

区块链具备去中心化、构建信任关系的特性，能改善以往金融资源配置效率低下、扶贫进度滞后的状况，提高贫困户获取金融服务的能力，实现与贫困户的扶贫需求有效对接，进一步细化措施到户机制。

（五）助力驻村干部的精准选派

精准扶贫的支撑点是驻村派人精准。选派驻村干部主要是为了在较短时间内提高贫困村的管理水平，增强村级开展精准扶贫的能力。由于贫困村的致贫因素和精准帮扶机制存在差异性，同时上下级政府之间缺少长期有效的沟通机制，扶贫信息以及经验成果无法转化为脱贫资源，以致无法向贫困村精准选派合适的驻村干部。另外，扶贫工作者缺少对贫困人口的致贫原因、帮扶项目、实施流程以及成效反馈的动态归纳，难以全面地从整体上分析考察致贫原因与脱贫需求之间的普遍规律和特殊矛盾。

将驻村干部的工作经历、专业特长等记录在区块链上，结合贫困村的实际情况和记录在链的贫困数据，细化选派驻村干部的帮扶机制，提高驻村派人的精准性，区块链的可追溯机制、防篡改机制能保障数据的完整性且不能被篡改，确保驻村干部与贫困村的数据真实性。扶贫对象可对驻村干部进行评价，并记录上链，区块链的公开透明特性可使驻村干部受到群众监督。

（六）助力脱贫成效的精准评定

精准扶贫的根本点是脱贫成效精准。精准扶贫就是为了精准脱贫，脱贫成效精准就是使扶贫成果真实可靠、有效且长效，做到脱贫到人，实现贫困人口有序退出，并降低返贫率。扶贫对象精准、项目安排精准、资金使用精准、措施到户精准、驻村派人精准都是实现脱贫成效精准的基础条件，脱贫效果需要科学评估、考核和监管，防止"被脱贫""假脱贫"现象发生。在实际工作中，缺少对扶贫信息科学有效的动态管理，无法对扶贫工作进行全面、全过程的监测分析，往往是一次核定多年使用，导致扶贫信息时效性不强，影响脱贫成效的精准性。

区块链的防篡改、共识监管机制能有效防止造数字、占指标等问题的产生，形成一组真实可靠的扶贫数据，区块链的分布式存储特性确保了贫困户数据的实时更新，再根据监测、评估数据，及时提供相应的扶持措施，降低贫困地区农户返贫率，同时可完善贫困户的退出机制，做到脱贫即摘帽。

四、区块链助力全面监管

对于贫困户，通过大数据分析其多维度的行为数据，对其贫困情况进行评估，将评估结果上链，借助区块链的透明公开特性，使贫困户受到群众监督；通过区块链不可篡改特性，增强贫困户信息的可信度；通过区块链的分布式存储特性，区块链节点可共享贫困户数据，从而进行协同工作。

对于驻村干部，将工作经历、专业特长等信息上链，通过区块链的透明公开特性，接受群众的监督，增强群众对于驻村干部的认可度；通过区块链的不可篡改特性，约束其行为的同时也可增强其公信力。

对于金融机构，通过区块链获取贫困户的数据，因区块链具备不可篡改特性，可无须担心贫困户数据的真实性；通过区块链共识机制，贫困户的贷款请求需经过扶贫企业和政府机构背书，可降低贫困户的信用风险；通过智能合约对资金使用进行限制，使资金使用更加精准，降低人为造成的资金滥用风险；通过区块链的分布式存储特性，可实时监控实体资产和扶贫资金流向，预防金融风险，降低对账成本。

对于政府部门，通过区块链发布扶贫项目，智能合约自动匹配扶贫对象，通过区块链的透明公开特性做到了政务公开，接受群众监督，增强公信力；通过区块链分布式存储特性，政府部门可实时获取到贫困户、驻村干部、金融机构等节点多维度的信息，整合处理之后可以有针对性地进行政策调整，更加实时、高效地进行扶贫工作。

对于监管部门，通过区块链的分布式存储特性，可实时获取各节点数据，促使监管措施的落实更加及时；通过区块链的不可篡改特性，使数据的真实性得到极大程度的提高；通过区块链的可追溯特性，可使追责制度更加完善。

对于人民群众，可以通过区块链反馈自己的需求和监督扶贫工作的开展，一切都是透明公开、不可篡改的，可极大程度增强人民群众对于攻克脱贫攻坚壁垒的信心。

同时区块链与加密技术结合，对于一些敏感数据，使用加密技术进行保护，保证数据真实性、协作效率的同时也保障了数据安全。

五、区块链扶贫案例

（一）横山羊肉区块链扶贫案例

在陕西横山，当地政府就打算利用区块链和追溯技术打造一种全新的精准扶贫模式。当地政府利用大数据精准识别贫困人口后，通过农业合作社的形式将贫困人口进行组织和统一分配任务。而作为著名的羊肉产出地，羊只的养殖正好适合作为横山扶贫计划推进，当地政府利用这个优势，引入区块链和追溯技术开展"羊肉扶贫"行动，鼓励贫困户通过养殖羔羊的方式，进行勤劳致富。

但是如同前文提到的困难一样，该项目需要聚集一系列区块链专家和农业专家，共同探讨如何克服智能合约设计的问题，这其中包括扶贫整体措施设计、资金管理、贫困人口数据管理、羔羊养殖的追溯节点设计、帮扶干部的精准选派管理、扶贫成效的精准评估等模块；而区块链智能合约在整个扶贫项目中是贯穿全部环节的，从扶贫整体措施到溯源节点设计再到扶贫成效评估，每一个环节都需要由对应的专家去设计具体的方案，然后将方案详细清楚地向区块链专家进行说明和解释，最后由区块链专家与相关技术人员进行智能合约的设计与开发，整个过程费时费力，需要动用大量的资源去实现。

在这个过程中，政府机构的全力支持是必不可少的，但仅凭政府也很难做到快速有效的项目规划和落实。为此当地政府联合浙江甲骨文超级码科技股份有限公司一同来解决项目规划过程中的困境。浙江甲骨文超级码科技股份有限公司拥有十余年研发经验和农业项目实施经验，其同时具备区块链的研发能力、农业项目的落地经验，以及金融保险的项目经验，有着大量的相关人才储备，多类人才的长期合作也正好克服了协同磨合的问题，因此在整个项目的推进过程中解决了最重要的人才聚集与合作的问题。此时再由当地政府牵头，政府与企业一同协作，进行当地产业扶贫模式的探索与评审，快速地构建出了项目解决方案。

1."羊肉扶贫"的主要推进模式

经过不断地探索与评审后，当地政府总结出了一套因地制宜的"羊肉扶贫"推进模式。首先根据当地的贫困人口情况，制订脱贫计划，确定每一名贫困人口负责的羔羊养殖数量，整体的羔羊购买数量，农业合作社的建立计划与羔羊的分配计划、养殖计划以及激励计划等，由当地的帮扶国企根据脱贫计划统一购买羔羊。同时由政府组织贫困人口建立农业合作社，落实羔羊的领取计划和养殖计划，合作社按需领取羔羊后统一给各个贫困人口分配羔羊养殖管理的任务，并指派相应的帮扶干部进行技术指导，确保在养殖的过程当中每一只羊都有对应的追溯成长信息。

当羔羊成长为成熟的羊只后，由当地屠宰场或者具备销售渠道的企业以高于当地收购价10%的金额进行收购，合作社获得羊只销售资金后将这笔钱精准分发给贫困人口，实现贫困人口的脱贫致富。不仅如此，当地政府可以通过资金量、分发流向、人均收入来精准地评估扶贫效果。

而横山羊肉作为国家地理标志产品，羊肉的品质要高于市面上的一般羊肉，当地政府每年也会大力打造横山羊肉的品牌形象，所以会有更高的产品溢价，由于从合作社收购来的羊只都能够保证其产出地的正宗，所以购买这批羊只的机构都能以横山羊肉的品牌去对外销售，从而能通过这块金字招牌获得更多的利润，可谓是一举多得。

具体的横山羊产业扶贫模式流程如图6-3所示。

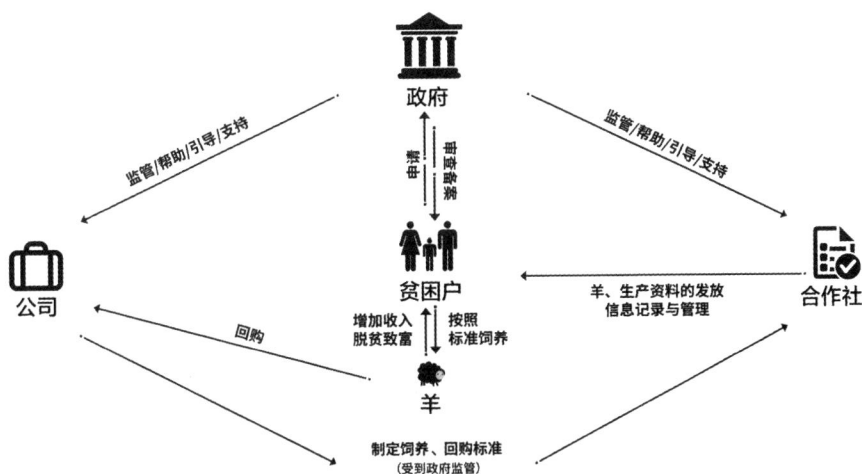

图6-3 横山羊产业扶贫模式流程

2. 区块链在"羊肉扶贫"中的作用

为了成功实现上述的扶贫模式，"区块链+追溯"技术在其中有着穿针引线的作用。首先在确定贫困人口环节，追溯技术能帮助政府追溯到每一个人的个人信息，在这当中的每一条数据都由区块链作为信任背书，因此政府可以通过收入、年龄、资产等客观信息条件判断识别贫困人口，实现贫困人口的精准识别。同时，政府还可以进一步利用追溯数据和区块链为每一位贫困人口量身打造脱贫计划，例如在上述的横山羊肉脱贫案例中，每一名贫困人口所负责养殖的羔羊数量都是根据个人的实际贫困情况精准匹配。政府在区块链技术和追溯技术的加持下，可以更好地为贫困人口提供信用担保，帮扶单位也可以更加放心地去落实扶贫计划。

为了更好地帮助贫困人口完成羔羊的养殖任务，当地政府委托浙江甲骨文超级码科技股份有限公司打造横山羊肉区块链溯源监管系统，由羔羊养殖的专家进行专门规划，筛选出羔羊养殖过程中的关键追溯节点，并根据关键追溯节点引入智能物联网设备，使得很多数据不需要人工录入，仅靠智能设备就能实现自动录入。这样不仅减少了无用数据的采集，也确保了追溯数据的准确性，在节约数据存储成本的同时也减轻了贫困人口的工作压力。

在实际养殖过程中，为每一只羔羊配备一个耳标，为每一名贫困人口配备专门的数据录入设备，贫困人口需要根据养殖计划，通过"耳标"每天录入羔羊的养殖和生长数据，并且每一次数据录入都能为贫困人口带来报酬奖励。为了当地贫困人口都能够妥善地运用该溯源系统，当地政府首先通过区块链和追溯技术筛选合适的帮扶干部，安排区块链技术专家对帮扶干部进行深度培训，首先让帮扶干部清楚地了解什么是区块链技术以及什么是追溯技术。再由经过培训的帮扶干部去指导贫困人口如何利用设备录入羔羊的养殖和生产数据，从而确保每一名贫困人口都能够正常使用设备。其次在后续的项目过程中，也会有专门的工作人员进行问题的搜集和处理。而为了尽可能地避免追溯数据录入出错，系统数据和数据的录入行为都进行区块链"上链"，在确保能获得羔羊追溯数据的基础上也杜绝了在追溯数据录入过程中的弄虚作假，实现相互监督、责任可追、按劳分配。由于追溯数据的存在，合作社内的每一头羔羊的成长状况都能被精准识别，由此建立大数据模型来判断羊只出栏日期和数量，为后续的羊只收购计划提供数据来源。

当地政府获得合作社提供的追溯数据后，根据羊只的追溯数据制订收购计划，包括收购日期、收购数量以及收购价格等，将该数据共享给当地屠宰场等经营机构，便于完成对羊只的收购。此时，收购的羊只数量、收购的价格也全都会录入追溯系统并由区块链保证其不可篡改性。合作社在收到款项后，可以根据系统中的追溯数据和当初制订的扶贫计划，向贫困人口发放扶贫资金，这当中每一笔发放的扶贫资金也都会由区块链进行记录，当地政府就能根据该资金数据精准评估扶贫成效。

在以上环节中，扶贫领域的专家经常会关心每一笔扶贫物资、资金是否落实到位的问题，而区块链技术对于该问题正好是一剂"特效药"，之前我们已经阐述过区块链在金融领域的应用，而该应用场景正好适用于区块链的落地实施。扶贫项目中的每一笔物资和资金都会由区块链进行记录，交易额度、交易时间、资金来源、资金流向都在区块链上有清楚的记录并实时更新，这一系列数据在区块链的技术支持下任何人都无法篡改，从而完全杜绝了扶贫物资、资金落实不到位的问题。

3."羊肉扶贫"的如今现状

目前在陕西横山，约90%的羊只信息被纳入横山羊肉区块链溯源监管系统，为横山区产品质量追溯体系建设打下了坚实的基础，为羊肉产品质量安全监管部门提供了及时有效的信息支撑和科学有力的决策依据。

该系统通过产品赋码、生产作业全过程监管、质量检测信息记录与发布，用科学严谨的监管措施为产品提供质量保障，用区块链和物联网技术手段进行养殖溯源信息存证的行为，提升了消费者对产品的购买信心，对进一步提升横山区产品的销量、提高区域经济增长水平，起到了不可替代的作用。

而区块链的应用一直贯穿于整个追溯环节中，防疫员用手机小程序扫描羊耳标，通过扫描跳转界面，所有羊只信息都经过区块链存证不可篡改，这些信息包括：羊只出生日期、畜主、性别、草料、防疫信息等，屠宰场通过先进的数据采集设备，将屠宰环节信息与耳标关联，实现养殖、屠宰加工、物流配送、消费终端等全产业链的无缝监管，做到来源可追溯、去向可查证、责任可追究的全程追溯体系管理。

现在消费者只要扫一下横山羊肉产品外包装上的二维码，就能看到羊肉制品的唯一身份证号、养殖单位、屠宰单位、屠宰日期等相关信息，每一个生产加工环节都一目了然（见图6-4）。真正实现全程跟踪、信息准确、追溯便捷。让消费者吃得安心，吃得放心。从而提高企业的核心竞争力，提升品牌价值，并从源头牧户开始，带动整个羊肉产业链的价值提升。

截至2020年6月底，横山区纳入溯源系统中的羊只总数量为569764头，已占全区每年出栏数量的90%。目前，横山羊肉的包装价格在80元/斤以上，当地散装羊肉也在60元/斤以上，比原先40元/斤的价格提升了50%以上。

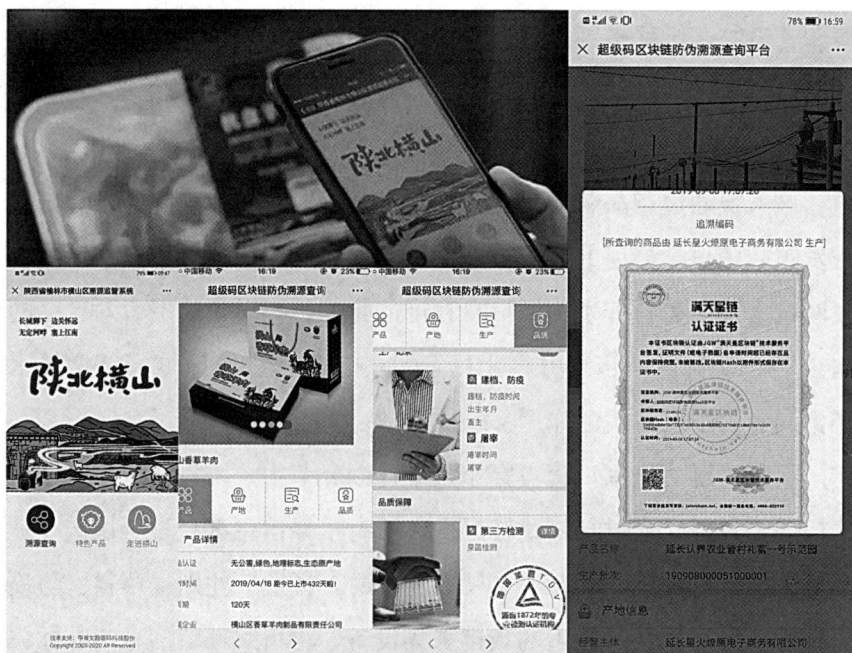

图6-4 终端消费者的扫码查询结果呈现

（二）三江区块链扶贫案例——三江县农产品质量安全追溯监管平台

在广西三江电商公共服务中心，三江县通过一户一码、一村一码，建立了三江县农特产品区块链防伪追溯监管平台、扶贫大数据和溯源大数据分析平台、溯源二维码查询系统、贫困户二维码系统等，实现了三江县产品区块链追溯与扶贫相结合；三江县电子商务服务中心下的溯源检测实验室也为当地电商农产品提供免费的快速检测服务和第三方权威精检服务。

截至 2020 年 6 月底，三江县全县累计溯源入网企业共 51 家，首批赋码量为 10 万个，溯源产品涉及茶叶、茶油等 100 余种不同品牌包装规格的产品。全县发展农村电商 230 多家，从业人员达 700 多人，覆盖全县 98 个贫困村，贫困户种植的农产品经过区块链追溯不愁卖，在村里就直接通过合作社售卖。

近年来，三江以脱贫攻坚为契机，通过农村人才培训、特色产品品牌培育、产品区块链追溯，建设县域电子商务公共服务中心、乡镇电子商务服务站和村级电子商务服务点，通过合作社收购农民优质特色的农副产品，实现了农副产品从"赶集交易"向"站内交易"的转变，拓宽了交易渠道，降低了交易成本，直接带动贫困户在家门口进行农副产品销售。

"三江县农产品质量安全追溯监管平台"基于"满天星区块链技术"种植销售农产品，在农村建立信任经济体系，重塑农村金融的界限和内涵，实现农村扶贫和致富的精准性。当农民生产农作物时，选种育苗、施肥防虫和质检仓储这些过程中产生的大量数据指标可以从不同节点记录在链上，建立一个完全公开的数据库；在工厂对农作物进行加工过程中，每一个部分的数据都可以存储在链上，防止再次被篡改；物流运输与产品销售环节，利用"满天星区块链"技术分布式系统和非对称加密算法的特点，将其产生的信息存储下来，并形成追踪体系。

1. 贫困户的精准识别

为了更好地识别贫困户信息，将贫困户信息上链。基层干部需要核对信息真实性，并把贫困户的相关数据录入区块链系统，比如家庭成员基本信息、种／养殖面积、饮水困难、文化程度、健康状况、劳动技能、务工情况、致贫原因等。贫困户上链成功后，输出独一无二的一户一码，每个贫困户都可以拥有一个账户，能够通过手机查询自己的每一笔补助资金以及补助事项；用区块链方式实现对民生资金点对点使用过程的监管、追溯、结算等，实现民生资金的点对点发放和精确使用。

2. 基于区块链的农产品溯源机制

为了保证农产品质量安全，建立农产品溯源机制势在必行，而农产品溯源机制的关键在于溯源数据的完整性、真实性和不可篡改性，三江县农产品质量安全追溯监管平台可以满足农产品溯源机制的上述要求。用户将农产品生产、加工、储藏和销售等过程的全部数据上链，区块链通过智能合约保证数据完整性。区块链数据层通过将数据输入哈希函数得到每个数据的哈希值，由于哈希函数具有不可逆性和输入输出一一对应的特性，这样就可以保证溯源相关数据的不可篡改性。此外，区块链在数据的传输存储过程中，通过数字签名确保溯源数据不可否认，通过对称加密保证数据安全。

3. 基于区块链的农村金融

目前，贷款难是农村金融面临的一个大问题，抵押认证是造成上述局面的主要原因，区块链能够很好地解决上述问题。三江县农产品质量安全追溯监管平台对所有委托人的信息都进行记录，通过区块链技术确保了相关数据的完整、公开、透明和不可篡改，申请贷款时不再依赖金融的信用证明，而是通过调取区块链中的相关数据就可实现抵押认证，减少认证流程，提高认证效率，从而解决贷款难的问题。

4.基于区块链的农业保险

中国是农业自然灾害多发国家，主要包括病虫灾害和自然灾害，这些灾害主要特征是频率高、范围广、损失大。为了减少农业生产经营者的损失和抗灾害能力，农业保险的发展势在必行。但目前中国农业保险的主要问题是定损难、履约难等，区块链可以记录农产品生产全过程数据，确保数据的真实、可靠，便于形成对灾情的正确评估和判断，实现保险定损、认证、理赔的客观、公正和透明；区块链智能合约能够在不需要第三方担保的情况下，根据设定的条件、时间和地点，自动获取相关信息，从而为保险履约提供了保障。

"三江县农产品质量安全追溯监管平台"可以解决农产品流通主体融资征信难题（见图6-5）。在这种模式下，需要融资的流通主体将其企业资质、现有订单规模、现有设施设备等信息上链，这些

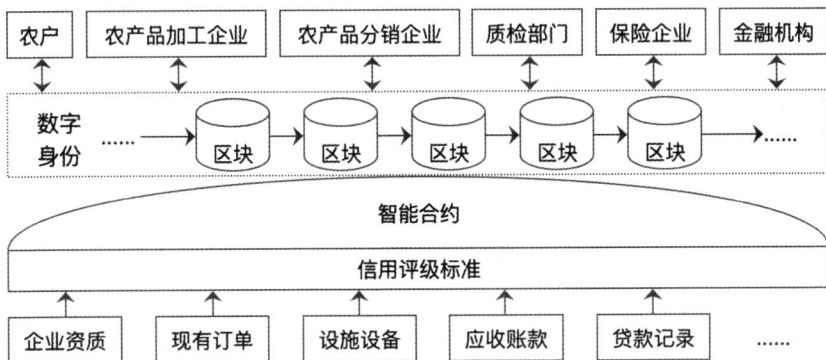

图6-5 农产品流通主体融资征信区块链

信息将通过智能合约自动完成信用评级。上链信息越多，意味着借款方的"画像"越精确，越有利于减少贷款后履约难等现象的处理。金融机构作为区块链节点，可通过借款方的授权查询借款方信息，根据借款方的可抵押物、企业资质、往期借款还款按时履约情况等，决定是否批复贷款申请和确定授信额度。同时监管机构作为节点加入区块链，实时监控区块数据，无须再次重复收集、存储、协调、汇总数据，从而提高监管审核流程的速度和质量，更好地发挥监管的作用。

在自动履约方面，智能合约发挥着非常重要的作用（见图6-6）。农业融资活动既可依托有形的物资所有权，如物权（设施设备的所有权）、货权（可长期存储的农产品的所有权），也可依托农产品应收账款等流动资产。在区块链内部，农产品流通主体、金融机构、保险企业、质检部门等利益相关方对拟抵押设备、货物、订单、应收账款等的权属状态达成共识，形成不可篡改的共享账本信息，为各方创造可相互信任的环境。智能合约能够根据借款协议自动锁定质权（被抵押物的物权），在业务系统进行物权转移后完成物权变更；金融机构通过智能合约实时查看企业征信信息，进行动态信用

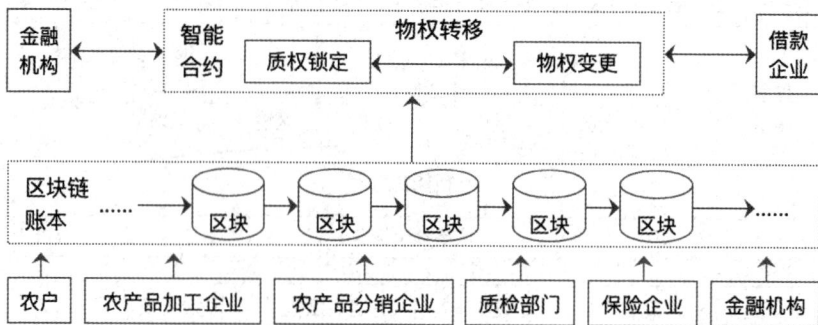

图6-6 基于智能合约的自动履约区块链

评估，减少借款方清算延迟现象。同时，金融机构通过智能合约还可实时获取借款方已用的授信额度，调整剩余可用的授信额度，加强风险管理。

六、区块链助力精准扶贫未来展望

区块链下的精准扶贫是以区块链为理念支撑、技术支撑，促进扶贫政策的有效落实和扶贫工作的有序开展，真正解决精准扶贫、精准脱贫的相关问题，探索出符合精准扶贫需求的新路径。如何推动输血式、粗放式、被动式扶贫向造血式、精准式、参与式扶贫转变，是精准扶贫的关键所在。引入区块链的目的，就是在现有精准扶贫措施基础上，融入区块链技术，全方位跟进精准扶贫进程，综合分析致贫原因，提供精准扶贫新思路、新方法。区块链可以为精准扶贫的全生命周期管理提供技术支撑和决策参考，促进构建精准扶贫的诚信体系，提高精准扶贫的高透明度，建立健全一套严明的问责机制。这些创新路径在保障"六个精准"取得成效的同时，激发了精准扶贫的内生动力，为精准扶贫提供科学实践新范式。

目前，"区块链＋精准扶贫"的新模式还在不断探索中，但也已经取得了一些成效。从产业扶贫的案例中我们也可以看见区块链渗透到了扶贫链条中的各个节点，无论是对企业还是对政府来说，区块链技术都能发挥出重要的作用，应用效果已经得到了证明。如今区块链的应用价值已经不言而喻，如何利用区块链技术解决现有信息化技术中的若干痛点是现今的研究方向之一。

区块链将重新构建精准扶贫领域的信任体系，对扶贫对象实施精准识别、精准帮扶、精准管理。目前看来，区块链技术在精准扶贫方面的应用，也正好是我国乡村振兴战略的需要。

因此，区块链技术在实施乡村振兴战略中也能发挥推动作用。区块链的工作机理在于各个节点间的相互联系以及纵向发展，各主体的互动与协作是区块链技术的关键点。以乡村旅游为例，区块链技术可以使游客与乡村直接联系，而无须旅行社这样的第三方平台。不仅建立了旅游者与乡村之间的相互信任，还节约了乡村旅游发展中的巨大成本，促进乡村第三产业的发展。当然，这种技术也同样可以适用于乡村人才振兴、组织振兴、文化振兴等乡村振兴的各个方面。区块链类似于建立了一本公开的公共账本，利用机器信任，实现社会信任。借助这一技术，乡村社会可以改变基于熟人建立的合作模式，转而形成一个透明公平的开放式合作模式，进而缩小甚至消除空间距离所形成的经济行为差距。这不仅可以推动我国乡村振兴战略的实施，甚至有可能让乡村社会经济发展大放异彩。

区块链 **李道亮** ▼ 扶贫兴农·专家点评

区块链是最近几年发展起来的去中心化的分布式记账系统技术，精准扶贫是国家脱贫攻坚的总要求，利用区块链技术推进精准扶贫是利用信息技术推进扶贫工作"6个精准"不断深入和实现脱贫的有效手段。文中列举了横山羊肉和三江县农产品质量安全追溯的案例，这些探索对精准扶贫的实施有借鉴价值。

本文从区块链的定义出发，详细讲述了区块链的技术、优势和特点，发展历程，并从6个方面讲了如何使用区块链等信息技术实现精准扶贫的基本原理，最后列举了区块链应用2个例子，这些内容可以为区块链扶贫工作的开展带来一定的启发意义。

未来希望有关部门将更多案例的具体做法和经验进行归纳提

升，把区块链精准扶贫的挑战和困难、政策建议进行凝练，为构建精准扶贫信任体系、助力农村地区走向振兴提供理论参考。

　　——李道亮，中国农业大学教育部长江学者特聘教授，农业农村部农业农村信息化专家咨询委员会副主任委员

07

数字化智能物流：农村经济发展强力引擎

    物流是指物品从供应地向接收地的实体流动过程，它根据实际需要将运输、储存、装卸、搬运、包装、流通加工、配送、信息处理等基本功能实施有机结合。物流业一头连着生产，一头连着消费，是现代经济社会中不可缺少的中间链条，已经成为国民经济发展的基础性、战略性产业。有句话叫"要想富，先修路"，生动地描述了交通运输等物流业对经济发展的重要性。

    相对于城市来说，我国农村地区物流相对落后，交通条件较差、运输难度较大、站点过于分散、运营效率低。物流不通，所需的生产资料运不进来，生产的农产品运不出去，严重制约了农村经济的发展；在一些偏远农村地区，物流问题更是成为其贫困的根源。据国家统计局《2019年国民经济和社会发展统计公报》显示，按照现行农村贫困标准计算，2019年年末农村贫困人口551万人。打赢脱贫攻坚战、巩固脱贫攻坚成果，加快乡村振兴、实现农民增收致富是一项重要的历史任务。而要激发农村经济活力，就要解决物流问题。实现

---

① 张志统，京东集团大数据研究院资深研究员。

农村脱贫致富，物流先行。

但我们看到，因为农村物流基础薄弱，有很多需要克服的短板，体现为单位产品物流成本高、生鲜农产品损耗比重高、农村居民的生产生活需求不能得到更为充分和及时的满足、农村物流在社会总物流中所占比率极低，这进一步导致了农业生产的小型化和分散化，阻碍了农村地区的专业化分工和农业生产效率的提升，最终影响到农民收入和消费水平的提高，阻碍了农民脱贫奔小康。

要搬掉阻碍农民脱贫致富的拦路石，科技的进步为我们提供了工具。当前，依靠大数据、物联网、移动互联网、云计算、人工智能等技术，发展数字化智能物流，重构农村物流生态，成为解决农村物流规模经济不足和物流效率低下的有效手段。2019 年，国家发展改革委等部门发布《关于推动物流高质量发展促进形成强大国内市场的意见》，其中指出要实施物流智能化改造行动，特别提到鼓励和引导有条件的乡村建设智慧物流配送中心。推动智能物流新基建下沉农村，可以带动更多的农产品快速流通，减少储存的时间，减少搬运的次数，减少搬运的里程，降低物流的成本，可以充分发挥物流业在助力精准扶贫中的动能。特别是对于贫困农村地区来说，智能物流建设将形成脱贫致富的强大牵引力。

一、数字化智能物流新基建助力脱贫攻坚

农产品具有时效性强、季节性强、存储难度大等特点，而农村物流基础设施建设滞后，产地仓等模式应用难度大，这些问题严重制约了农产品流通，进而影响了精准扶贫的成效。加快农村物流仓储体系建设，有利于推动农产品在更广的范围快速流动，为农民脱

贫致富提供有效保障。以数字化技术为支撑的智能仓储建设，可以有效解决农村供应链环节真正急迫的痛点，为贫困地区脱贫致富助力。

近十年来，我国电商的飞速发展，客观上对供应链效率提出了更高的要求，仓库作为供应链变革的核心节点，承载了供应链数字化、柔性化、扁平化的关键使命。建设智能仓储，是构建现代化物流业的重要一环。智能仓储有两个维度，第一个维度是物流节点的智慧化，即单个仓库的自动化与智能化，从而提升单仓的运营效率；第二个维度是物流网络的智慧化，即仓储物流网络的数字化与共享化，从而提升物流网络的运营效率。

"亚洲一号"智能物流园区正是京东物流"新基建"的代表，具备高度智能化处理能力，集商品暂存、订单处理、分拣配送功能等于一体的"亚洲一号"，不仅组成了亚洲电商物流规模最大的智能仓群，而且已经成为多地的地标性建筑和物流覆盖能力的象征。此前，京东物流投用的20余座"亚洲一号"大都分布在一、二线城市，主要是围绕北京、上海、武汉、西安等全国八大物流枢纽落地，2020年拟投用的12座"亚洲一号"智能物流园区将瞄准新基建下沉，推动智能物流向二线到五线城市快速渗透，城市分布既包括哈尔滨、沈阳、长春、太原、郑州等省会城市，也包含廊坊、广汉、滁州等物流枢纽城市，这也是京东物流未来新基建布局的重要方向。

而在重点聚焦提升本地商品满足率的城市仓和转运仓方面，2020年京东物流累计新建扩建仓储数量将达到13座，包含大同、阜阳、揭阳、衡阳、银川、西宁、阿克苏、厦门、福州等不同城市，与"亚洲一号"物流园区互相配合，提升各区域物流辐射能力，更快更好地服务县、镇、村三级地址消费者的购物需求。根据介绍，这些城市仓和转运仓的4—6线城市订单占比最高能达到90%，在完成扩建后，无论是本地商品满足率还是 24 小时达覆盖率，都将大大提升。

此外，云仓也是智能仓储的代表。云仓是云计算"服务特性"在仓储行业的深度应用，是数字化仓储系统与运营管理体系，结合仓库共享资源，构建的具备弹性服务能力的虚拟化、无边界的仓储网络服务平台。云仓作为一种新业态，在充分利用现有资源情况下，可以降低仓储成本、提高仓储效率。京东物流的云仓建设，从免费的仓库搜索服务，到仓库大数据与咨询服务，再到数字仓网科技、仓配一体运营、物资供应链服务、供应链金融等，基本实现了仓网能力的全覆盖。近年来，京东云仓不断扩大在贫困农村地区的布局，作为助力精准扶贫的桥头堡。

山东平邑县物产丰富，是我国最大的金银花生产、加工和集散基地，同时也是中国花岗石之乡、中国石材之乡，但因其位于沂蒙山区西南部，交通、物流不便，长期顶着"贫困县"的帽子。2020 年 7 月，为疏通供应链条，推动金银花等特殊产业发展，助力平邑县脱贫奔小康，京东物流与平邑县人民政府签署战略协议，双方将在智能仓建设、信息化管理、供应链打造、智能设备采购、物流发展等方面开展全方位合作。一系列合作将推动平邑县域物流快速升级，为经济发展加装更加强力的引擎。

根据协议，京东物流将与平邑县人民政府联合建设超大型的京东云仓鲁南仓，整体规划面积超过 4.2 万平方米。同时，京东物流还将结合平邑当地的电商规模和整体物流需求，因地制宜地规划实施自动化立体仓库、箱式多层穿梭车立体库、货到人搬运机器人、分拣 AGV 机器人等，这些都是京东物流智能化的尖端设施。整个项目建成后，京东云仓鲁南仓将成为集仓储、分拣、办公于一体的智能仓配中心，实现鲁南地区县域智能物流体系的快速升级。

除此之外，京东云仓还将为平邑县进行品牌赋能和系统支持，帮助京东云仓鲁南仓提升仓运配业务的数字化和智能化，提供全渠道解决方案，将所有线上电商平台与传统渠道进行连接，使平邑县鲁南仓实现订单、库存、渠道、运配的线上线下融合。可以想象，通过京东物流的全链赋能，将为平邑县的金银花等特色产品打通"走出去，引进来"的双向物流通道，平邑特产将更加便捷地走向全国市场，平邑品牌将在全国叫得更加响亮，平邑县乡亲们的钱袋子也将越来越鼓。另外，双方还将在大数据中心、物流职业教育培训等方面开展深度合作。京东物流与平邑县的战略合作，为推动智能物流等新基建下沉，助力农村精准扶贫作出了示范，物流的升级，将带动平邑特色的"金银花"等产业走出去，让更多农民的钱袋子鼓起来。

当前，京东物流的新基建下沉还在提速。自 2014 年"快递下乡"工程启动以来，全国快递服务网络不断健全，目前几乎所有的县级以上城市都有快递网点，26 个省份实现了乡镇快递网点全覆盖。《快递进村三年行动方案（2020—2022 年)》明确，到 2022 年年底，我国县、乡、村快递物流体系逐步建立，城乡之间流通渠道基本畅通，符合条件的建制村基本实现"村村通快递"，这些政策将大大加快农民致富的步伐。在此背景下，京东物流在 2020 年将升级"千县万镇 24 小时达"时效提升计划，面向低线城市及重点县镇继续布局物流新基建，创新仓储模式，提升县、镇、村三级物流触达能力和服务时效，推动城乡物流普惠，再塑中国消费者物流体验。同时，京东物流将加快供应链、快递、冷链等业务下沉，服务产业带、农产品上行，助力当地脱贫攻坚，促进区域经济发展。

二、数字化智能物流深入产地打通 "最先一公里"

　　垮坡村，一个位于四川省有名的贫困县——汶川县的高半山小村落。在这座海拔 2200 多米的山上，生长着很多茂密的樱桃树，这是村里 121 户人家最主要的收入来源。

　　"现在我们村里人看到京东小哥都觉得很亲切，你们来得太好了！以前每年都会有十几万吨樱桃烂在地里，但今年你们帮我们把樱桃卖出去、运出去了，让大家收入提高了。" 2020 年 6 月，垮坡村第一场樱桃带货直播刚结束，垮坡村余主任有些激动地给京东物流发来了感谢短信。

　　近几年，越来越多的产地农产品被端上全国消费者的餐桌，比如烟台的樱桃、岭南的荔枝、盘锦的河蟹、内蒙古的牛羊肉……但地域产品从区域走向全国市场背后的助力，除了消费的需求，更离不开电商、快递物流的密切联动。2020 年 "两会" 上，"快递" 第七次被写入《政府工作报告》，明确表示 "支持电商、快递进农村，拓展农村消费"[1]。

　　近年来，京东物流一直在探索农产品上行方式，2020 年更是在 "千县万镇 24 小时达" 时效提升计划的基础上，深入产地打通 "最先一公里"，重点布局全国 530 多个农产品产地项目，为其提供标准服务网络之外的定制化供应链解决方案，打造专门服务最 "鲜" 一公里

---

[1] 李克强：《政府工作报告——2020 年 5 月 22 日在第十三届全国人民代表大会第三次会议上》，人民出版社 2020 年版，第 15 页。

的物流"新基建"，进一步加速优质农产品走出产地。

以樱桃项目为例。2020 年，京东物流不仅安排专人将揽收战线前置到像垮坡村这样的村落田间，在全国设立近千个揽收点，投入揽收人员近万人；并在烟台、潍坊、大连、西安、天水等全国樱桃核心产地建设预处理中心或产地仓，将供应链前置到距离产地最近的地方，就地完成拣选、分级和打包。

同时，为了进一步提升农特产品物流时效，京东物流 2020 年继续对运力调配进行全面升级。在陆运方面，依托遍布全国的冷链仓网干支线路，集中货量做产地直发。此外，重点投入航空、高铁资源，开通上百条专用航空线路和高铁动车线路，加速把农产品送出去。

不仅有快速、专业的物流服务，2020 年，京东物流还联动政府、协会、媒体、商家等各方力量，整合内外部资源，充分发挥"物流 +商流"的一体化服务优势，带来销量的增长，助力农特产品走出产地，走向全国。

在平台方面，联动京东零售、京喜平台以及社交电商平台等内外部渠道，给各类农特商家提供一系列快速审核、入驻、运营、推广等政策流量倾斜；在模式创新方面，依托京鲜坊旗舰店，实现产地直采与一件代发的运营模式，为众多小农商家提供了京东销售平台。此外，京东物流还发挥全渠道推广的优势，全面发力直播带货，打造数千场直播助农活动，迅速带动合作商家、农户的订单爆发。

目前，这样的模式已在全国多个农特产地得到快速复制。仅烟台樱桃，京东物流的 4 场带货直播，共产出订单近 2 万单，交易额近100 万元。

此外，京东物流还探索"项目式"扶贫，在偏远地区生鲜产品集中上市时，调动人力、设备、资源到产地进行集中运输、销售。由于农产品、生鲜水果、肉类产品对温度、湿度等运输要求较高，京东物流冷链网络实现了优质农副产品从生产加工到摆上消费者餐桌的无缝对接，大家熟知的京东"跑步鸡""游水鸭"项目中，京东物流的冷链网络就发挥了重要作用。

三、数字技术赋能提升贫困地区的农业经营水平

为了加大对农村地区的精准扶贫力度，物流企业还向前端延伸，利用技术优势为农业生产赋能，京东物流旗下的京东农场，就是以技术驱动农业智能化发展的范例。

京东农场是以数字化、智能化农场，打造高品质农产品生产示范基地，按照京东农场管理标准进行科学种植，规范生产，同时依托物联网、人工智能、区块链等技术和相关设备，进行农产品全程信息的可视化追溯，并按照"一物一码"标准实现溯源信息的公开和透明，重塑农产品消费者信任和尊重，最终所产农产品按照"优质优价"的销售原则，通过京东农场线上专属平台"京品源"旗舰店进行销售，搭建从田间到餐桌的"京造"模式。

京东共建农场的好处主要体现在技术支持和销售支持两方面。技术支持方面，包括智能大棚的可视化监控、种植数据实时采集上传方便售后溯源、专家指导和土壤监测等。正是京东农场对农作物耕种管收全过程实施管控和数据管理，才确保了高品质农作物生产全链条信息的公开。销售方面，配合京东商城、京东线下超市全面拉动销售，帮助实现水果型番茄从田间到餐桌的品质输出和快速直达，为农场营销带来全环节赋能，真正实现了现代化、标准化、智能化农场。

事实上，京东农场采用了集建立信任、输出标准、输出技术、品牌赋能、销售拉动于一体的全流程业务模式，来解决当前农产品市场缺信任、缺标准、缺技术、缺品牌、缺销路的问题。

一是建立信任。通过智能化的监控和管理系统对农作物生产的温度、湿度、水肥、病虫害进行实时把控，并对人员、农机和市场行情进行综合管理；在仓储和加工环节，通过智能系统对温度、湿度等储存条件和生产、加工、检测、包装等一系列环节进行实时监控，并通过"一物一码"进行追溯。由此建立了深入农业生产种植和加工仓储环节的全程可视化溯源体系，把所有种植关键环节完全呈现给消费者。

二是输出标准。通过制定农场生产和管理标准，从农场环境、种子育苗、化肥农药使用、加工仓储包装等全流程进行规范化和标准化，从而保证农产品的安全和品质。

三是输出技术。京东农场通过集合人工智能、物联网、区块链、大数据分析等技术和相关设备，实现了精准施肥施药以及科学种植管理，降低农场生产成本，提升农场工作效率。例如，基于图像识别技术进行虫情预警和长势分析；整合种植、农服、商城、物流数据链，为农业发展综合决策提供依据等。

四是品牌赋能。通过京东在营销、金融、大数据以及京东农场自身品牌等方面的能力，为合作农场背书，扶持农场进行品牌包装、推广和营销提升。

五是销售拉动。京东打造了高品质农产品专属销售平台"京品源"，建立了农产品"定制＋限量消费"的营销模式，配合京东商城、京东线下超市，借力自身优势的渠道资源，全面拉动销售。

与京东农场的合作，也让很多农民尝到了甜头，得到了实惠。黑龙江五常市是中国产粮十强县之一、中国水稻第一县、黑龙江产粮第一县，与此形成鲜明对比的是，产粮大县的农民收入增长缓慢，长期顶着"贫困县"的帽子，被称为"贫穷的粮仓"。在以往，五常大米采用相对传统的方式种植，产品以量贩装，批发为主，综合价格8—10元/斤，利润极薄。而在接入京东农场之后，通过全流程可追溯以及智能化标准管理等科技手段，进一步提升了五常大米的品质。在京东商城的线上旗舰店"京品源"上线后，销售量持续攀升，相比合作前的销量，增长了近两倍，合作农场的利润也随着品质的提高而大幅增加。

2020年是全面建成小康社会的收官之年，全国上下齐心协力，立志打赢脱贫攻坚战。在精准扶贫背景下，发展数字化的智能物流，建设配套物流体系，助推农村市场发展，是推动农村经济建设更上一层楼的助力和引擎。构建农村物流服务体系，促进"农产品进城"，可以增加农产品销量，提高农民收入水平，帮助农民实现精准脱贫。从农产品生产、加工、流通，到终端销售各环节，京东物流等现代化的智能物流企业将自身物联网、人工智能、区块链等技术的积累向传统农业开放赋能，用数字化技术手段深刻变革农业产销模式，推动传统农业向数字化、智能化转变，也是以数字技术助农富农、助力精准扶贫的有益探索。

数字化智能物流 **陈 民 利** ▼ 扶贫兴农·专家点评

"由于运输条件差，山里的很多优质农产品出不了山、换不了钱"，这是中国大部分农村特别是贫困山村的现实。电子商务让贫困山区的好产品能够拓展外部的市场，而这一切美好愿望的实现需要物流的支撑。农产品出村的"最初一公里"和工业品下乡的"最后一公里"，是整个物流体系的末梢，也是最弱最难的一段。智慧物流不仅打通了这一公里，更是利用集成智能化技术，让配送货物自动化、信息化和网络化，更加高效、集约、精准，低成本。特别是以无人仓、无人机和无人车为三大支柱的京东智慧物流体系，更是跨越了千山万水，解决了贫困山区的农产品进城的问题，让大山深处的农产品"出得了山，换得了钱"。

京东云仓鲁南仓建设，使平邑县实现订单、库存、渠道、运配的线上线下融合，为金银花等特色产品打通"走出去，引进来"的双向物流通道，是打通农产品走向外埠市场的物流瓶颈、通过智慧物流建设反向赋能电商发展、助力农产品上行的有益尝试。

深入产地"最先一公里"，智慧物流供应链前置的探索，解决了大量贫困山区农产品因产地缺乏分选、预冷、包装等配套产业而被阻断进城步伐的难题，打通了"田间地头到城市餐桌"的道路，助力贫困地区农产品上行。

数字农场是智慧物流到全产业链数字化的升级，用数字化技术手段深刻变革农业产销模式，推动传统农业向数字化智能化转变，是以数字技术助力精准扶贫的有益探索。

从下游的物流支撑体系赋能向上游的产地直采延伸，再到全产业链数字化转型赋能农业高质量发展，数字化智能物流成为推动农村经济发展的新引擎。

——陈民利，半汤乡学院院长、义乌工商学院电子商务教授

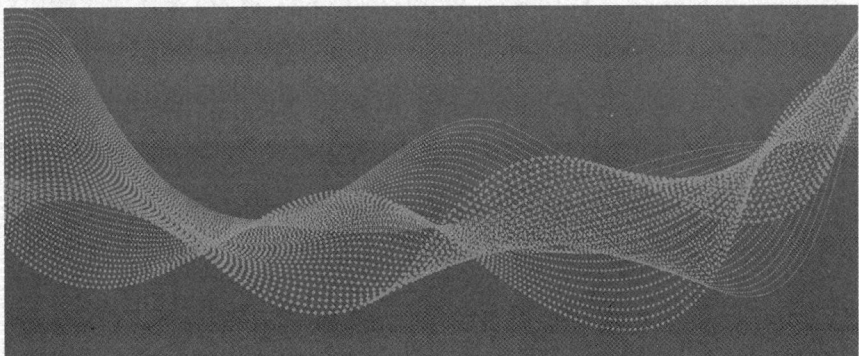

第三部分
智 能 高 效

　　智能高效，是人们应用数字科技所要追求的结果。本部分（第8—11章）的侧重点分别是：云计算、物联网、数字供应链、短视频和直播。核心是讨论数字科技新要素、新工具、新流程带来的产业转型升级，包括算力向智能高效化转型、农业向智能高效化转型、产销一体的供应链向智能高效化转型和传统平台电商营销方式向社交电商、场景电商、内容电商的智能高效化转型。

08

云计算：强大算力使扶贫更精准

李　敏[①]

消除贫困，是联合国 2030 年可持续发展目标的重要内容。我国从基本国情出发，把人民的生存权、发展权放在首位，致力于减贫脱贫，努力保障和改善民生。尤其是党的十八大以来，以习近平同志为核心的党中央，坚持以人民为中心的发展思想，实施精准扶贫、精准脱贫基本方略，扎实有效推进减贫行动，坚决打赢脱贫攻坚战。现行标准下的农村贫困人口，从 2012 年年底的 9899 万人减少到 2019 年年底的 551 万人，贫困县从 832 个减少到 52 个，接近完成脱贫攻坚的目标任务。

随着近年来新一代信息技术的飞速发展，以 2014 年电子商务扶贫被纳入国家精准扶贫十大工程为代表，在政府政策有效引导下，各大互联网公司与科技企业纷纷投入脱贫攻坚工作，充分发挥自身技术优势，将云计算、大数据、区块链等新兴技术与业务开展有机融合，助力精准扶贫与数字乡村建设。其中，云计算扶贫是近年来出现的一种创新扶贫方式，与大多数直接开展贫困工作的扶贫方式不同，它主

---

① 李敏，中国信息通信研究院政策与经济研究所工程师、博士。

要提供一种计算服务，提升相关新兴技术扶贫工作成效，从而间接地助力扶贫工作更好开展。

一、云计算技术概述

云计算作为目前主流的一种基于网络提供的计算服务供给方式，促进了 IT 资源的规模化与集约化，实现了 IT 资源的"按需分配"和"按实际使用量计费"，对广大的企业和组织机构在 IT 资源使用方式上，产生了巨大的变革和影响。云计算根据部署方式的不同可以分为私有云和公有云。其中，私有云是被某单一组织拥有或租用，可以坐落在本地或异地的云基础设施；公有云是被某个提供云计算服务的运营组织所拥有的云基础设施，该组织将云计算服务销售给一般大众或广大的中小企业群体。

（一）产业发展

1. 产业规模

我国云计算产业近年来持续保持快速增长势头，据国务院发展研究中心发布的《中国云计算产业发展白皮书》数据显示，2019 年我国云计算产业规模超过 1290 亿元，较 2018 年增长 34%，到 2021 年有望突破 2000 亿元。在细分领域，中国信息通信研究院《云计算发展白皮书（2019 年)》数据显示，2019 年我国公有云产业规模达到 668 亿元，较 2018 年增长 52.8%；私有云产业规模达到 644 亿元，较 2018 年增长 22.6%。公有云的产业规模略大于私有云。

2. 服务模式

根据服务模式的不同，云计算又可以分为 IaaS（基础设施即服务）、PaaS（平台即服务）与 SaaS（软件即服务）。IaaS 是以虚拟化、自动化和服务化为特征的云平台，通过互联网为用户提供基础资源服务和业务快速部署能力，2018 年 IaaS 市场规模达到 270 亿元，较 2017 年增长 81.8%。SaaS 是一种通过互联网提供软件的模式，用户无须购买软件，而是向提供商租用基于 Web 的软件，2018 年 SaaS 市场规模为 145 亿元，较 2017 年增长 38.9%。PaaS 是构建在基础设施之上的软件研发的平台，以 SaaS 的模式将软件研发平台作为一种服务提交给用户，2018 年 PaaS 市场规模为 22 亿元，较 2017 年增长 87.9%。

3. 市场份额

英国调研机构 Canalys 发布的 2019 年第四季度中国公有云服务市场报告显示，2019 年第四季度阿里云以 46.4% 的市场份额排名第一，相比于 2019 年第三季度份额进一步扩大；其次为腾讯云，市场份额为 18%；百度云排名第三，占据了 8.8% 的市场份额。在地域分布方面，云计算企业分布最多的地区是北京，有近 50 家；其次是广东，有 31 家；第三为上海，有 20 家；其余各省份也分布着数量不等的云计算企业。

（二）技术发展特点

1. 图形处理器（GPU）云化降低高性能计算成本

随着数据的爆炸式增长，大数据、人工智能、VR/AR 等技术对高性能计算产生了需求；而随着摩尔定律逐渐失效，中央处理器（CPU）性能增速放缓，由 CPU 和 GPU 构成的异构加速计算体系则成为计算领域的必然趋势。GPU 云主机可以实现小时级的快速交付及时响应用户需求，灵活的计费模式实现真正的按需计费，可以在满足高性能计算的同时大幅降低计算成本。

2. 无服务架构带动规模经济效益

无服务架构是一种特殊类型的软件体系结构，在无可见的进程、操作系统、服务器或者虚拟机的环境中执行应用逻辑。它是一种"代码碎片化"的软件架构范式，通过函数提供服务。由于无服务架构调用和释放代码的速度更快了，计费颗粒度能够细化至秒级，用户只需为自身需要的计算能力付费。服务器部署、存储和数据库相关的所有复杂性工作都交由服务商处理，当同时共用同一服务的用户达到一定量级将会带来较大的规模经济效益。

3. 云网融合推动网络结构变革

云计算业务的开展需要强大的网络能力，网络资源的优化同样需要云计算的框架，随着云计算业务的不断落地，网络基础设施需要更好地适应云计算应用的需求，更好地优化网络结构，以确保网络的智能型和可运维性。随着云计算产业的成熟和业务多元化，在云间互联场景下，云网融合的趋势逐渐由"互联"向"云 + 网 +ICT 服务"过渡，目的是达成云网和实际业务的高度融合。

4. 开源成为云计算主要发展方向

随着开源生态的不断建立，开源社区成为各个云计算公司的角力点，国内企业参与开源生态的热情度持续提升。2015 年 8 月，阿里巴巴成为开源项目 Xen 的顾问委员会成员。2017 年 10 月，华为成为第一个在 OCI 社区所有重要项目中获得 maintainer 席位的亚洲地区成员。2018 年，阿里云正式成为 Linux 基金会金牌成员，同时也是 Cloud Foundry 基金会的黄金成员。在开源技术成为共识背景下，中国信息通信研究院成立了云计算开源产业联盟，培育中国云计算开源产业生态。[①]

（三）行业应用

当前，我国云计算的用户主要集中在互联网、交通物流、金融、电信、政府等领域，其中互联网行业占比高达60.3%，交通物流占比为7.08%，金融占比为6.2%。[②] 近年来，各行业的数据量猛增，利用云计算进行数据挖掘在更多行业应用。虽然互联网行业仍是主导，但是随着智慧交通、金融科技等行业兴起，云计算在交通、金融等行业的应用规模也占有较大比重。

1.轨道交通领域

轨道交通服务具有对象广泛、领域分散、信息量巨大等行业特点，传统信息化系统已难以满足其日益多样化及复杂多变的需求。云计算技术具有虚拟化、弹性可扩展的计算能力、可按需购买等特点，是解决轨道交通信息化瓶颈的有效方案。不过目前信号系统、UPS系统、环境与设备监控系统等均不具备上云条件，核心系统上云难度仍较大，上云率偏低。未来，待相关问题解决后，轨道交通行业上云将迎来爆发式增长。

2.金融科技领域

鼓励金融机构利用云计算、大数据、移动互联网等技术手段加快金融产品和服务创新，是"互联网＋普惠金融"的重点推进方向。主要推进方式有两种，一种是金融服务机构利用云计算改造传统业务，向互联网化转型；另一种是云计算企业凭借技术优势积极向金融行业

---

① 中国信息通信研究院：《云计算发展白皮书（2018年)》。
② 前瞻产业研究院：《2019年中国云计算行业研究报告》。

进行业务拓展。相关调查显示，近90%的金融机构已经或正计划应用云计算技术。微贷、P2P、消费金融等业务由于天然具有互联网特性，比较适用云计算相关技术。

（四）政策环境

为更好地发展云计算产业，培育云计算发展环境，我国政府部门先后出台多项支持云计算发展的文件规划。2015年1月，国务院发布《国务院关于促进云计算创新发展培育信息产业新业态的意见》，为云计算发展奠定了重要政策基础。2017年3月，工业和信息化部出台《云计算发展三年行动计划（2017—2019年)》，提出了我国云计算发展的指导思想、基本原则、发展目标，勾画了云计算产业发展蓝图。2018年8月，工业和信息化部出台《推动企业上云实施指南（2018—2020年)》，全面推动企业利用云计算加快数字化、网络化、智能化转型，到2020年力争实现云计算在企业生产、经营、管理中的应用广泛普及，全国新增上云企业100万家。

随着越来越多的企业进入云服务领域，规范发展成为云服务行业需要关注的重点。2017年，中国信息通信研究院牵头组织国内主流云服务商成立了国内首个云服务经营自律委员会，在政府和企业之间搭建桥梁和发挥助手作用，并制定出台《云服务企业信用评价办法》，组织开展云服务企业信用评级，在不良失信行为记录、自律工作开展和服务能力可信等方面，保障和推动云服务行业信用水平不断提升。

二、云计算助力精准扶贫

（一）精准扶贫

2013 年 11 月，习近平总书记在湖南省湘西州花垣县十八洞村考察时首次提出"精准扶贫"的理念，对扶贫对象实施精细化管理，对扶贫资源实行精确化配置，对扶贫对象实行精准化扶持，确保扶贫资源真正用在扶贫对象身上，真正用在贫困地区。云计算的特点之一就是依托强大算力做到更加精准，非常适合开展精准扶贫工作。

1. 识别精准

国家统计局数据显示，2015 年年底我国农村贫困人口数量为5575 万人，贫困发生率为 5.7%，相当于每 18 个人中间就有 1 名贫困户。实施精准扶贫，首先要做的就是将贫困人群从众多人口中准确地识别出来。例如，黔东南苗族侗族自治州天柱县研发"智慧扶贫云"，利用云计算、大数据等互联网技术，以贫困户身份证号码作为匹配关键字，自动关联扶贫、财政、民政、移民、教育、农业、住建、卫计、残联、合医、文化、公安等部门有关建档立卡贫困户的信息数据，将农村低保、易地扶贫搬迁、养老保险、特惠贷贴息、农机补贴、农业直补、医疗救助、教育扶贫、危改补助、生态补偿、文化补贴等数据互联互通，对每户贫困户所获的各项政策扶持资金以清单形式列出，自动比对户籍信息，有效提高精准扶贫建档立卡数据精准度，实现贫困户数据精准和共享。同时，将每户贫困户的具体情况、帮扶过程动态管理情况以表格、数据、图片等形式直观精准地体现出来。

2. 资金精准

利用云计算、大数据等先进技术建立扶贫资金在线监管系统，确保资金精准发送，实现对扶贫资金的流向、流量和流速进行全方位监督。其中，流向监督主要是运用工商登记、养老保险、医保、税收、车辆、住房等数据，对建档立卡贫困户、低保户进行精准识别。流量监督主要是将银行反馈到账数据与乡镇填报的应发数据比对，确保应发尽发，足额到位。流速监督主要是动态监控资金分配、审批、下达全过程运转时效，确保资金及时发放到位。为及时从系统中发现资金问题节点，按照"共性＋个性"思路和各类扶贫资金管理办法要求，通过设置预警规则、预警阈值，按预警级别对资金项目申报、审批、下达等环节进行实时动态查验。2018 年福建扶贫（惠民）资金在线监管系统对 21 项扶贫资金、2 项救灾资金实行全流程监管，涉及资金 40 亿元，惠及 118 万户帮扶对象；2019 年系统增加对 14 项惠民资金监管，涉及资金 70 亿元以上，惠及 614 万户帮扶对象。①

3. 帮扶精准

通过云计算、大数据技术核查建档立卡贫困户信息和资金发放信息是否准确无误。对于在城市务工获取社保、购买房屋、拥有车辆或成立公司等可能已经脱贫人员，经核对查实后，将从建档立卡贫困户名单中移出并做相应处理；对于未准确发放或者核实为冒领、骗领的，纪委将根据程序移送司法机关。福建省扶贫云系统上线 2 年来，发现低保对象异常信息 10176 条，由省民政厅分类核实身份信息，确定继续保障对象 4337 人，延保渐退 2147 人，取消退保 3692 人。以每位低保户每月 300 元计算，每年将节省财政资金 2000 多万元，大

---

① 胡波：《"大数据＋云计算＋微服务"在福建省精准扶贫中的应用》，《计算机应用系统》2020 年第 5 期。

大提高了政府公信力和群众满意度。[①]

（二）产业扶贫

授人以鱼不如授人以渔。贫困地区要想脱贫致富，既要扶持本地产业实现可持续发展，又要善用新兴技术创新扶贫方式。得益于云计算等新兴技术的快速发展，直播带货已成为电子商务扶贫的新模式。在云计算优化网络服务的基础上，直播带货解决了传统网络购物直观体验较差的问题，并借力购物娱乐属性的线上化而实现互动，消费者不仅可以主动选择商品，还可以选择由谁来向自己推销和陪伴购买过程，购物体验得到了极大提升。网络直播因消费者的主动选择而具有明显的流量聚集效应和互动的正反馈机制，使消费者切身感受到其他众多买家的购物意愿，从而营造出集体购物的热烈场景。相关数据显示，2019 年"双十一"淘宝直播成交额近 200 亿元，其中有 40 位县长、2 万名村播通过直播方式使当地农产品走向市场。2020 年 4 月 20 日，习近平总书记在陕西省柞水县小玲镇考察时，通过直播平台为当地特产柞水木耳点赞，成为"最强带货员"。

新冠肺炎疫情期间，以直播带货为代表的农村电商精准营销作用凸显。2020 年 4 月 6 日，朱广权和李佳琦的公益直播——"谢谢你为湖北拼单"，累计卖出价值 4000 万元的湖北商品；武汉市政府党组成员李强在抖音直播间向广大网友推荐蔡林记、良品铺子等湖北产品，当日销售额达到 1793 万元。截至 2020 年 2 月 29 日，淘宝直播中，与农产品相关的直播达到 140 万场，覆盖全国 31 个省（自治区、

---

① 胡波：《"大数据 + 云计算 + 微服务"在福建省精准扶贫中的应用》，《计算机应用系统》2020 年第 5 期。

直辖市）、2000 多个县域，带动 6 万多新农人加入。目前我国农村网民数量已突破 2.5 亿，网购成为农民生活的常态，直播带货也吸引了越来越多的农民、青年、创业大学生选择扎根农村、扎根农业。2020 年 5 月 11 日，中国就业培训技术指导中心发布了《关于对拟发布新职业信息进行公示的公告》，拟增 10 个新职业，包括在互联网营销师职业下增设直播销售员工种，直播正式成为一种新的职业，也成为我国精准扶贫又一创新扶贫方式。

三、云计算扶贫典型案例

（一）电信天翼云扶贫

中国社会扶贫网作为国务院扶贫办主管的唯一的社会扶贫网络平台，拥有全国唯一接入建档立卡 9000 万的数据库系统，有 12.8 万驻村的第一书记和数百万扶贫干部参与日常管理与运营，承担着连接贫困人口、社会爱心人士和爱心企业的重任。随之而来的问题是维护庞大的数据库需要耗费大量运维成本，并且峰值时期的高并发访问也对原有系统的扩展能力提出了挑战。

天翼云秉持着国家级云服务商的责任，将业务着重布局在扶贫、政务、教育、医疗、金融等关乎国计民生的重点行业，为建设数字中国的主战场增添了浓墨重彩的一笔。天翼云为扶贫网系统提供了大批量服务器以及不限量的带宽服务，并通过多种数据库的应用，有效保证了扶贫网网络系统的可靠性。为此，天翼云提供了 50 台网站服务器配合 500M 出口带宽的服务，同时还提供了 OracleRAC、Redis 等多种数据库对平台进行支持，既节约了成本，还提高了平台的安全性。数据显示，自 2017 年 7 月正式上线到 2018 年 6 月，中国社会扶贫网已覆盖 31 个省（自治区、直辖市）的 380 个市州、2900 个县市区、27 万个行政村，并发能力超过 1 万，充分发挥了"互联网＋社会扶贫"的效能。[①]

除了搭建云平台，天翼云还利用 AI 技术帮助贫困农村农业经济实现更准确的产业预测、生产指导、精准营销等活动。在位于海拔 818 米秦巴山区腹地的双杨村高山地带千家排，深藏着一个"云端农场"。2020 年，央视平台慢直播全程展示绿色无公害应季蔬菜的种植过程。通过这个"云端农场"，人们在手机上就可以观看到蔬菜生长的全过程，还能开启"云上点单、线下收菜"模式，足不出户就可以买到新鲜放心的蔬菜。借助中国电信云视频监控以及天翼云平台智能视频云搭建而成的这一"云端农场"，为当地政府有效开辟出了农产品"种产销一体化"新模式，帮助农民走上致富路。

（二）浪潮云扶贫

作为国内较早发展大数据的省份，贵州省与浪潮集团合作，充分依托云计算、大数据等技术，创新扶贫开发手段，通过打造全省"扶贫云"平台，以地理信息系统（GIS）为基础，以移动终端为载体，建成以建档立卡贫困户和项目资金为重点的扶贫工作移动巡检系统，探索"互联网＋扶贫"模式，提高了脱贫攻坚的精准性，增强了贫困地区、贫困群众发展的内生动力。

"扶贫云"最大的特点，就是将入户走访调查采集来的贫困户资

---

① 《中国社会扶贫网注册用户数量突破 3000 万》，新华社，见 https://www.xinhuanet.com/2018-06125/c_1123034393.htm。

料，以"四看法"①为基础形成了一套科学合理的贫困评估体系。这套"四看法"评估体系共84项指标，以饼状图的方式，展示了省、市（州）、县、镇、村的贫困人口（户）的贫困分值和分布，以及对贫困人口进一步定位采取相应的帮扶措施。点开系统，大到全省的贫困现状，小到一个村的地形地貌、产业分布，乃至每一户贫困家庭的住房、人口、收入等情况，图文并茂，一目了然。"扶贫云"通过大数据将各项指标整合起来形成一个脱贫指数，60分以下的是真正的贫困户，60—80分是达到脱贫标准但极易返贫的贫困户，80分以上是稳定脱贫的贫困户，以此作为辅助认定贫困户的标准。

通过对数据的分析，"扶贫云"还能展示贫困人口的致贫原因，进而为制定精准的扶贫措施提供参考。系统数据显示，缺资金、缺技术和因学致贫，在贵州省群众致贫原因中排名前三。掌握贫困人口信息、致贫原因后，针对省、市州、县、镇、村，分别监测结对帮扶计划、帮扶项目落实情况，识别出已落实、未落实的贫困人口分布，关联显示帮扶的人或单位等相关信息。通过帮扶情况分析，清晰了解贫困人口的实际帮扶情况，协助帮扶任务的落实。

"扶贫云"平台的运行有力提升了贵州扶贫开发工作的精准管理、动态管理和科学管理水平，提高了扶贫信息的透明度。目前，贵州"扶贫云"正以大扶贫、大数据两大战略行动为引领，按照"扶贫＋"的思路，以精准扶贫、精准脱贫为目标，积极建立"大扶贫"数据库，融合各方数据资源，形成部门互联、上下联动的数据平台，让"云端扶贫"更加精准透明。②

---

① 四看法，即一看房，二看粮，三看劳动力强不强，四看家中有没有读书郎。
② 郝迎灿：《贵州依托大数据，探索新路径 精准扶贫走上"云端"》，《人民日报》2016年8月18日。

（三）阿里云扶贫

2017 年 12 月 1 日，阿里巴巴宣布成立脱贫基金，计划未来 5 年投入 100 亿元，在教育、健康、女性、电商、生态五大领域开展脱贫工作。2018 年 9 月，阿里云技术脱贫联盟正式成立。首批联盟合作代表包括中民社会救助研究院、中国扶贫基金会、深圳市慈善基金会、南都公益基金会、恩派基金户、ABC 美好社会咨询、NGO2.0、社创之星等。技术脱贫联盟为正在或计划加入脱贫攻坚战的公益组织、政府机构及企事业单位提供"码上公益"平台获得 UX 设计、软件开发、项目管理、云计算、大数据、人工智能等多项技术支持，共同打赢脱贫攻坚战。此外，联盟成员优秀脱贫项目，或将获得阿里巴巴集团的电商、金融等多资源对接及脱贫基金支持。

依靠科技创新助力精准脱贫，让脱贫项目能够更加高效，让社会资源能够更为精准匹配。2017 年 10 月 11 日，由阿里云工程师建设的技术公益平台"码上公益"正式发布，在爱心极客与公益组织之间架起桥梁，通过阿里云平台，让有技术的爱心人士借助专业公益机构的力量，发挥所长、回报社会；让公益机构能够更好地运用技术，运行得更加高效、透明。阿里云将为参与脱贫攻坚的项目提供四大支持：一是免费的云计算初级工程师和大数据初级工程师培训，并提供考试认证及云上实验等资源；二是提供使用云产品、大数据和人工智能方面的技术支持；三是阿里云与生态合作伙伴、爱心极客、MVP 一起，为参与脱贫攻坚战的项目提供项目管理、系统开发、架构优化等方面的支持；四是依托阿里云的技术优势，整合阿里巴巴生态中的普惠金融、新零售等资源优势，为脱贫项目提供多方位的资源对接。

2018 年 9 月 17 日，阿里云与太原市脱贫办、山西青创天下互联科技有限公司（以下简称"青创天下"）共同签署"扶贫农场"项目合作协议。阿里云提供技术支持，结合青创天下本地化的运营能力，共同打造扶贫消费的创新农场模式。"扶贫农场"依托阿里云的 IoT PaaS 平台及其生态伙伴"农场经营管理"等方面优势，由青创天下来建设实施绿色农产品的监控管理体系，建立农业生产全过程的可信数据档案，以平价、绿色营养的扶贫农产品创新理念，改变人们对扶贫农产品价格和质量的认识，让扶贫消费变成一种更开心的消费，打造可持续发展的爱心扶贫业务模式。2018 年 9 月，"扶贫农场"项目在太原市阳曲县签约收购 3000 亩小米，受益贫困户达 159 户，后续将推进更多的农场签约。

阿里巴巴将继续秉承"公益心态＋商业手法"的公益理念，注重发挥集团在技术方面的优势，用科技的力量为脱贫赋能，让科技成就精准脱贫的"快车道"。利用互联网技术提升农业产能及产值，并将区块链、物联网等新技术成果引入脱贫工作中，用技术的力量为生产"加油"、为脱贫"提速"。[①]

（四）沂源精准扶贫云平台

为了让帮扶政策更精准，不让一名贫困群众掉队，山东沂源县扶贫办实施精准扶贫云平台工程，打造信息化"智慧扶贫"，让扶贫工作更精准、更便捷、更高效。截至 2018 年 5 月，全县 9000 余名结对帮扶干部正在使用精准扶贫云平台手机终端 APP。

---

① 《技术助力脱贫攻坚，阿里云技术脱贫联盟成立》，搜狐网，见 https://www.sohu.com/a/255181006_118792。

精准扶贫云平台绘制了9张"扶贫地图"，全县贫困群众的基本信息、帮扶情况、收入变化等被更精准、更直观地呈现出来：（1）扶贫危房改造地图，统计显示危房改造的任务量、完成量以及扶贫周转房任务量、就地改造量，可直观查看和展示危房改造情况。（2）孝善养老工作地图，实现孝善养老理事会工作记录和孝善养老人数统计。（3）精准施策地图，逐户分析，精准施策，在云平台上随点随看。（4）扶贫项目地图，显示扶贫项目的数量、分布、投资额等，实现扶贫项目年度信息的直观呈现。（5）公益性岗位地图，直观地显示贫困户通过公益性岗位获得报酬的数额以及时间。（6）第一书记地图，显示第一书记所在村的地图，推动第一书记工作取得实效。（7）教育扶贫地图，实现贫困学生的信息录入及学习跟踪、就业情况跟踪等。（8）医疗扶贫地图，显示建档立卡贫困户特惠保情况、因病施策及救助情况。（9）五大困难片区地图，显示五大困难片区中60个村的基础设施建设、产业扶贫项目、特困人员兜底等数据的统计和分析。

云平台设置了精准扶贫云平台移动端、精准扶贫云平台电脑管理端。干部通过扫描二维码即可下载移动端，根据权限设置进行信息统计查询、信息采集录入、填写结对帮扶工作纪实等，查询贫困户的姓名、住址、身份证、帮扶人员信息、脱贫措施等，其中，手机定位功能能真实了解结对帮扶干部的定期走访情况。电脑端，可登录系统网址，根据不同权限进行信息录入、核查和维护，实现信息统计及数据查询、帮扶工作管理、扶贫项目管理、行业社会帮扶管理、金融扶贫管理、资金分配管理等功能。

沂源县建成扶贫开发领导小组指挥中心大厅。云平台以大数据信息为核心，以指挥大厅为平台，集中统一进行扶贫项目、扶贫资金来源、扶贫资金统计、扶贫资金用途、扶贫资金流向、帮扶人管理、驻村工作组、帮扶走访纪实、扶贫成效、扶贫工作日志等数据信息的数字化、图像化展现。最终，通过大数据开展预警、决策和分析，便于县扶贫开发领导小组对全县扶贫工作进行临场调度、指挥，为扶贫工作提供决策参考等。①

四、云计算扶贫未来展望

2020 年之后，我国扶贫工作重点将从消除绝对贫困转向解决相对贫困。贫困问题在一定时期内仍将存在，依然面临许多挑战，这就要求我们要不断地将新的技术融合应用到扶贫工作中，持续地探索新的扶贫模式。政府非常重视包括云计算在内的新一代信息技术在脱贫攻坚和促进农业农村快速发展中的能动和带动作用，在《数字乡村发展战略纲要》等一系列重要政策文件中均对如何利用云计算进行了重点阐述，如在《数字农业农村发展规划（2019—2025 年)》中明确提出要构建覆盖中央、省、市县农业农村部门的国家农业农村云，有利于更好实现农业农村数据共享、提升政务系统计算存储能力。同时也应看到，无论是建设云平台还是大数据中心，更多的作用在于建设新型数字基础设施，最终的成效如何，主要还是取决于应用这些新型数字基础设施的能力。

提高利用云计算扶贫的成效，除了云计算技术本身的迭代发展外，还可以从两个方面进行推动。一是寻找适用的应用场景。例如，可以建设"云端农场"。将现实中的农场"上云"，按照规格把农场

---

① 《沂源县依托精准扶贫云平台打造"智慧扶贫"》，搜狐网，见 https://www.sohu. com/a/347242110_100271691。

分成若干份，供消费者认领，使消费者能够通过摄像头在家中实时观看到农田的生长情况，待瓜果蔬菜成熟再快递到消费者手中。随着云计算技术的不断发展，技术的成本不断降低，为寻找合适的扶贫应用场景创造了有利条件。二是提升应用数字技能水平。技术的不断发展对应用技术的人提出了更高的要求，这就尤其需要加强对基层人员的培训，通过集中培训、专家下乡、在线课堂等多种方式学习，不断提升基层人员的应用数字技能水平。云计算扶贫是我国在精准扶贫工作中创新出的一种扶贫方式，在实践中取得了良好的扶贫成效，积累了一定的成功经验，未来随着云技术的不断发展，应用场景将进一步拓展，应用技能也将持续提高，一定会涌现出更多的云计算扶贫模式和扶贫案例，从而更加有效地助力精准扶贫、实现乡村振兴。

云计算 **姜奇平** ▼ 扶贫兴农·专家点评

数字科技为我国扶贫事业指明了新方向，其中以云计算来助力精准扶贫，非常有代表性。云模式的本质是共享发展。其特点是，以数字形式将生产资料数字化，放在云上，分享给农民使用。这就有效减少了农民做事的成本，实现轻资产运作。农民脱贫致富，最缺的是资本，把资本以数据形式分享给农民，就为他们插上了起飞的翅膀。

要充分发挥云计算助力精准扶贫的作用，应把重点从技术扶贫变成资本扶贫。也就是说，先把资本加以数字化，然后把它放在云端，使数据资本能够分享给家家户户的农民。这种数据资产的作用在于通过云平台精准地找到农产品的城市用户，节省流通环节的交易费用，并且提高原产地农产品的附加值。

从云计算转化成云模式，要点在于使农产品生产从产品模式发展为服务模式，通过业态升级推动农民致富。

——姜奇平，中国社会科学院信息化研究中心主任、数量经济与技术经济研究所信息化与网络经济室主任

09

物联网：多方融合共发展

于 莹[①]　贾艳艳[②]

一、物联网概述

物联网（The Internet of Things，IoT），即"万物相连的互联网"，是新一代信息技术的重要组成部分，又被称为泛互联，意指物物相连，万物万联。由此，"物联网就是物物相连的互联网"。

这里有两层含义：第一，物联网的核心和基础仍然是互联网，是在互联网基础上的延伸和扩展的网络；第二，其用户端延伸和扩展到了任何物品与物品之间，进行信息交换和通信。

因此，物联网的定义是通过射频识别、红外感应器、全球定位系统、激光扫描器等信息传感设备，按约定的协议，把任何物品与互联网相连接，进行信息交换和通信，以实现对物品的智能化识别、定

---

① 于莹，北京农信互联科技集团有限公司副总裁、研究院院长。
② 贾艳艳，北京农信互联科技集团有限公司战略部经理。

位、跟踪、监控和管理的一种网络。[①]

二、物联网在农牧领域的应用

农牧物联网是利用感知技术与智能装置，对生产环境状况、个体身份认证、体征状况、生长指标、生产活动、能源消耗等进行感知识别，并通过网络传输，进行数据互联、计算、处理和知识挖掘，实现人、设备、动植物、环境之间的信息交互，以对种养殖实时控制、精确管理和科学决策。农牧物联网细分领域较多，主要有物联网平台、智能穿戴设备、智能饲喂设备、智能环控设备和智能监测设备等。

（一）物联网平台

物联网平台重点解决个体识别、情景感知、异构设备组网、多源异构数据处理、知识发现、决策支持等问题。物联网平台定位于"IaaS"层（Infrastructure as a Service，基础设施即服务）和"PaaS"层（Platform as a Service，平台即服务），是一个物联网信息服务的集合，主要包括以下三个方面：（1）连接服务。将各类通信资源接入并汇聚，以及进行网络接口之间协议的转换，包括大量的物联网软/硬件设备、各类相关信息应用系统、网络资源、各类数据接口、软件功能模块等资源。（2）技术服务。为用户提供大数据、云计算、边缘计算、人工智能的计算服务和数据库云存储的服务。（3）数据服

---

① 晨曦：《说说物联网那些事情》，《今日科苑》2011年第20期。

务。实现系统间数据交互，实时整合数据分析工具，对外输出大数据应用。

北京农信互联科技集团有限公司（以下简称"农信互联"）打造了"猪小智"，作为智能化养猪设备的超级连接器，连接市面上所有的猪场监控、饲喂、环控、检测等设备，实现设备一键接入，帮助猪场快速拓展设备连接能力，并提供设备管理、预警，使猪场管理

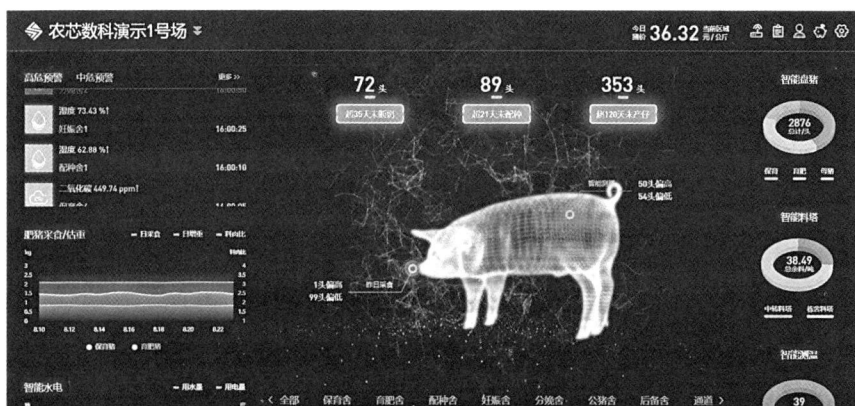

图 9-1 "猪小智"监管平台

图片来源：农信互联。

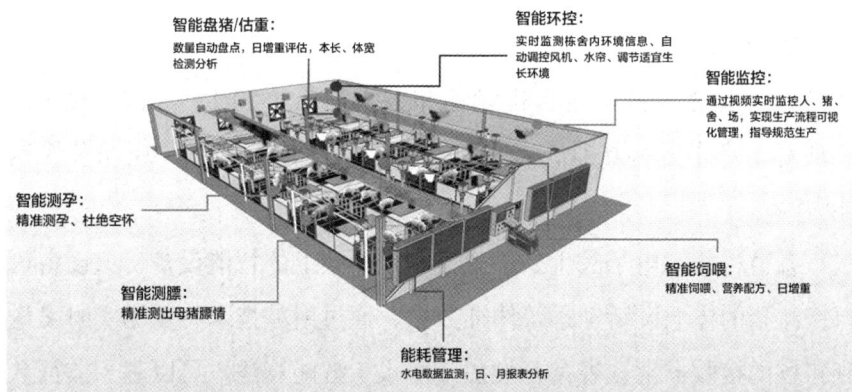

图 9-2 "猪小智"智能猪场功能概览图

图片来源：农信互联。

自动化、智能化；对系统采集的多维数据存储、数据智能分析，形成最佳决策，指导猪场生产。与细分领域的解决方案提供商（如单纯的软件、音视频解决方案、物联网设备等）相比，猪小智提供的是组合拳的解决方案，能够帮助用户实现整体效能的提升（见图9-1、图9-2）。

（二）智能穿戴设备

广义的畜禽智能穿戴设备包括电子耳标这种只作身份认证的设备和能够测量其他特征的穿戴设备（狭义的智能穿戴设备）。这里重点探讨后者，这类设备类似于人的智能手环、智能眼镜、智能手表等，一般佩戴在畜禽的耳朵、脖子、四肢或者尾巴上，这类设备除了能够认证畜禽的身份，还可以随时感知畜禽的体温、心率、活动量等生理信息和位置信息，实时上传到服务器。系统通过相关的算法对这些数据进行处理，得到畜禽的发情、疾病、采食量、活动量等信息。

畜禽智能设备及其管理系统的核心技术包括两方面，一是智能穿戴设备的集成度，即集成各种感知、传输、供电设备和技术的能力；二是人工智能算法，能否将设备和技术与具体的生产场景相结合，实现对生产中各种场景、各种事物的特征提取、描述、还原及控制能力。

睿畜科技的电子医生是一款戴在猪耳朵上的智能设备，该设备可以探测猪的体温和活动量等体征数据，通过射频技术将数据实时发送到猪场的接收器上。睿畜开发了一套人工智能算法，可以基于体征数据预测猪的排卵期和疾病，因此能够精准预测最佳的配种时间，减少母猪的空怀期，从而大幅度提高猪场的 PSY [①]。

（三）智能饲喂设备

随着现代科技的发展，养殖场的饲喂方式逐渐由传统的人工给料、自动化饲喂向智能化饲喂发展。智能化饲喂设备不仅可以减少劳动力，还可以提升管理水平、降低饲料成本。以母猪电子群养饲喂系统为例，通过无线射频识别技术对电子耳标进行识别，通过中央处理器识别母猪个体档案，进而制订饲喂计划，实现精确的个体饲喂，有利于妊娠母猪个体膘情的控制。与传统的饲喂方式相比，母猪电子饲喂站有节省劳动成本、减少饲料运输过程污染、减少饲料浪费、提高精准饲喂管理水平等优点。母猪电子饲喂站设备在国外较为成熟，由于我国起步较晚，国内研究机构较少。另外，这种设备适用于群养模式，而我国规模化猪场大多采用单体限位栏饲养母猪。因此，目前母猪电子饲喂站设备在我国规模化猪场应用较少，但正逐渐地被广大养殖户认可，普及范围将越来越广。

深圳慧农根据中国猪场生产管理实际现状研发了小型母猪电子饲喂站，采用 25 头小群饲养，实现母猪精准饲喂和膘情控制，群养模式下大量运动能够降低母猪难产的概率，减少肢体病，提高猪群健康。同时，与国外 50 头大群饲养相比，小群饲喂站具有安装、使用与维护更便捷，减少猪只追尾打架，批次化生产管理更简单，一次性投资成本低等优点，适用于基础母猪为 2000 头以下中小规模的猪场群养方案（见图 9-3）。

---

① PSY 是指每头母猪每年能提供的断奶仔猪头数，是衡量猪场效益和母猪繁殖成绩的重要指标，计算方法：PSY＝母猪年产胎次 × 母猪平均窝产活仔数 × 哺乳仔猪成活率。

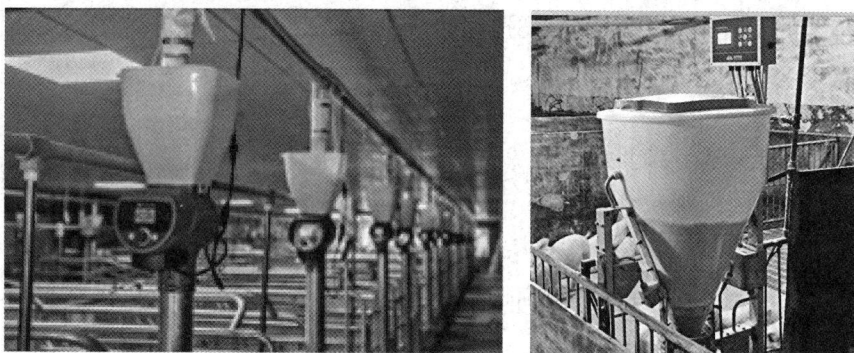

图 9-3 "猪小智"智能饲喂实例图

图片来源：农信互联。

"省饲儿"养猪机器人采用粥料饲喂，饲料适口性好，降低了保育猪断奶应激，提高了育肥猪的采食效率，减少了饲料浪费。其另一个特点是全球首款没有按键、无须操作的智能饲喂设备，只要将设备固定好，水、电、料准备完成，不需要饲养员做其他操作即可以养猪。同时，饲喂器可内置环境指标传感器和猪只个体识别系统，感知猪只附近的环境状况和个体采食状况。

（四）智能环控设备

在过去，管理者要获取环境数据，或者先由生产者进行统计，再将统计结果上传到网络；或者定期将设备取出，再导入电脑。但通过物联网，只需要将每个猪舍进行联网，就能够实现舍内环境数据的即时上传，实现人与物的直接对话，进而实现联网后的自主决策，可谓是给动植物装上了"智能家居"。

一般来说，通过各种传感器采集养殖场或农田内与动植物生长密切相关的环境参数，与预设值进行自动比较，当超过预设值上下限或断电时，系统会自动报警，并通过短信或电话通知管理员；系统也可自动采集各类设备的性能和运转数据，便于管理人员进行维护与保养。同时，配套开发的 PC 端和手机端 APP，让用户可以远程查看即时数据。调研中发现，大多数国外企业提供的设备不对用户开放后台数据，而国内企业则抓住了种植养殖户对数据的需求，纷纷开始向无线传输、云端存储转型。

普立兹的 SGC 农场微管家系统基于移动互联网、物联网、云计算技术，对猪舍环境进行实时监测，采集舍内的温湿度、光照、风速、二氧化碳、氨气、气压等环境参数，通过智能控制器把采集到的数据实时传输到物联网平台上，对环境异常和断电情况立即报警，对异常环境进行自动调控，对历史环境进行查询分析。手机软件搭建在微信平台上，无须下载，使用便捷（见图 9-4）。

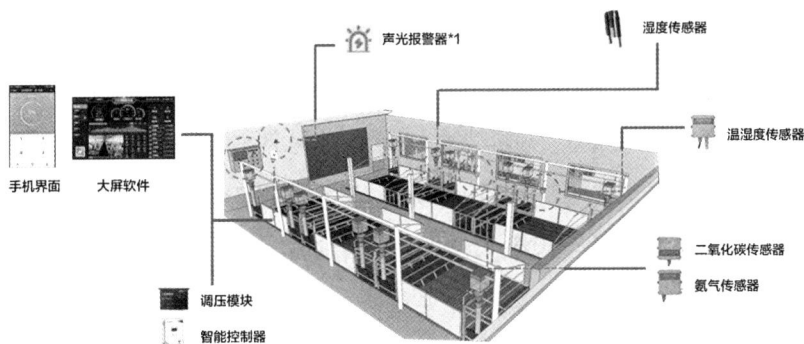

图 9-4 "猪小智"智能环控示例

图片来源：农信互联。

（五）智能监测设备

农牧智能监测设备主要包括智能巡检机器人、便携式智能监测设备等。

智能巡检机器人比较常见的方案是铺设轨道，轨道上安装巡检机器人，机器人装有摄像头、传感器、生物雷达等，定时沿轨道滑动，巡视的过程中将数据实时上传到云端，发现异常情况会向管理员发出预警。智能巡检机器人能够代替工作人员对环境进行 24 小时不间断的巡查，能够大幅减少工作人员工作量，并提高对异常情况的排查效率，也有利于畜禽养殖提高生物安全水平。

便携式智能监测设备主要用于动物发情识别、怀孕识别、疾病诊断、精子检测、个体素质辅助检测等，主要包括电子耳标和阅读器、智能 B 超仪、发情监测仪、智能背膘及眼肌测定仪、精子分析仪、智能体温计、呼吸心跳侦测仪等设备。这类设备大多携带轻便、操作便捷、结果自动传输到终端或云端，极大地提高了养殖场的生产效率。未来这类小型设备的发展趋势是设备设计轻量化，提高操作便捷性、维护简便性、网络传输稳定性和识别结果准确率，同时兼顾与其他各类设备的集成、协同以及与各类软件、云平台的连接、整合。

海康威视基于其视频技术，将业务延伸到智慧农业，与农信互联联合打造猪场的智能监控体系。通过布置于猪场出入口、进猪通道、出猪通道、栋舍内部、出猪台、消毒点、消毒通道、饲料加工间等位置的摄像头，可实现对外来车辆、外来入侵动物、运猪车、工作人员、病死猪、活猪等物体的监测、识别、行为预警、事件报警等功能，并将区域内的消毒过程、车辆路线、人员行为、猪只动态等综合分析，事件相互关联，可追溯事件起因，出具风险评估报告（见图9-5）。

通过区域内的视频监控，对异常事件主动预警：（1）人，智能识别人在猪场内的行走路线，规范员工行为；（2）猪，智能识别猪群的流动路线，如转群、出栏、死亡等；（3）车辆，智能识别车辆信息，获取车辆是否洗消、转运、装猪台等信息；（4）场区，智能识别侵入

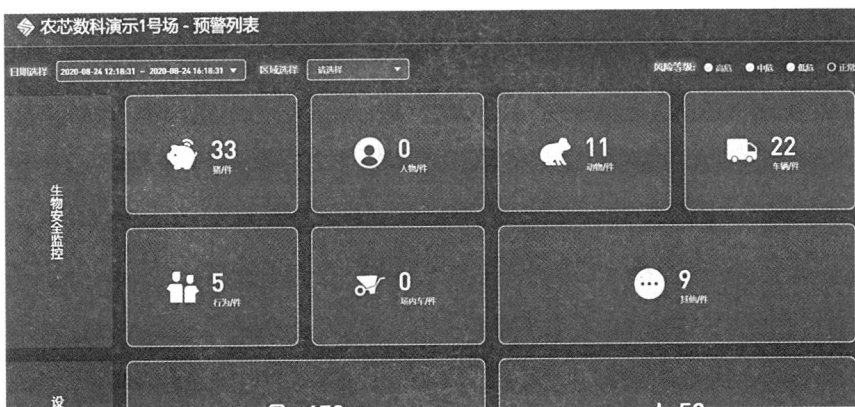

图 9-5 "猪小智"智能监控事件监测示例

图片来源：农信互联。

猪场的外来动物，如猫、狗等中间宿主。

北京索诺普科技有限公司开发的智能背膘仪、智能 B 超仪等手持设备，致力于为用户提供更加宽广、清晰、精确的成像与测量解决方案。背膘厚度是母猪繁殖性能的重要指标。智能背膘测定仪可通过蓝牙接口实现对母猪背膘数据的准确采集；结合电子耳标读取功能，可实现背膘数据绑定，通过将这些数据上传到手机、平板电脑等终端，降低背膘数据记录、统计的错误率，提高工作效率（见图9-6）。

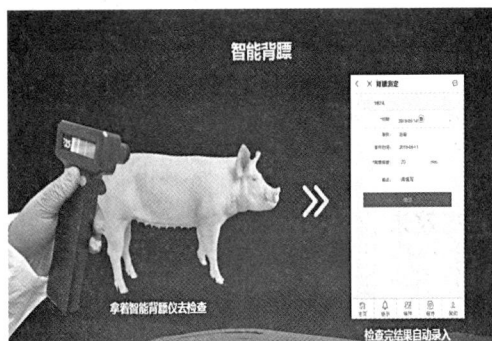

图 9-6 "猪小智"背膘仪使用示意图

图片来源：农信互联。

智能测孕功能通过智能 B 超测孕仪通过 Wi-Fi 连接，检测母猪是否妊娠，及时检出未孕母猪，减少母猪"非生产日"，提高经济效益（见图9-7）。

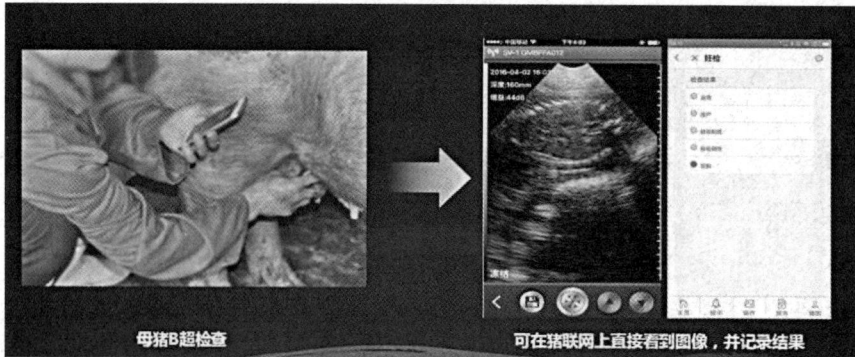

图 9-7 "猪小智" B 超操作与诊断示意图

图片来源：农信互联。

三、物联网助力科技扶贫

物联网扶贫与农业产业相结合，可以有效发挥各方优势，助力精通传统农业作业的小而散的农户融入农业产业生态中，且不需要对农户的能力和投入做超范围的要求，从而使农户轻松享受到农业社会化服务，既可以得到生产效率提升的实惠，也可以享受到产业发展的红利，进而实现贫困农户收入的可持续增长，达到科技扶贫"造血"式扶贫效果。

（一）扶贫模式

以物联网的方式开展的科技扶贫，往往需要联合多方力量参与，最终不仅可达到科技扶贫效果，实现"造血"式扶贫，还可以促进当地产业发展和数字化升级（见图 9-8）。

这种扶贫方式往往应用于当地已有产业，当地政府提供产业发展

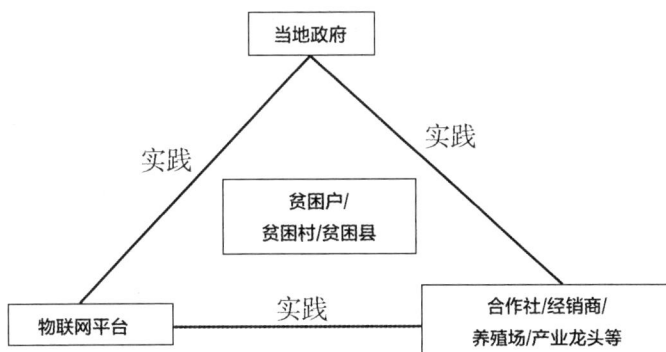

图 9-8 以物联网的方式开展科技扶贫示意图

政策，扶贫资金、担保或贴息贷款等；物联网平台提供从买到卖的产业链服务，包括生产过程管理工具，形成数据分析，进而指导生产与当地产业发展，同时提供扶贫过程数据记录与监测等；当地第三方组织，如合作社、畜牧产品经销商、养殖场或者畜牧龙头企业等，可组织小而散的农户，提供生产管理、养殖技术服务等。

贫困户可以以多种方式参与产业。如由政府或者其他部门向农户提供的扶贫资金，则可折算为股份投入养殖场，贫困户享受分红；也可以集中购买生产投入品，农户负责养殖过程，直接获取养殖收益；还可以到已有养殖场打工，获取劳动收入。

（二）扶贫案例——"猪联网"扶贫

农信互联已初步建成以"数据＋电商＋金融"为底层的农业数字生态平台。"农信数据"利用互联网、物联网、云计算、大数据、人工智能以及现代先进的管理理念，为涉农企业及农户打造农业智慧管理平台。"农信商城"建立产业闭环交易平台，解决交易链条过长、产品品质无法保证、交易成本居高不下、交易体验差等问题。"农信金服"以农信数据、农信商城积累的大数据为基础，依托自主开发的资信模型，形成普惠制的、可持续的产融结合及金融科技新体系，涵盖征信、贷款、保险、理财、保理、融资租赁等多种金融服务。

在企业数字化升级的核心引擎"企联网"基础上，立足生猪产业，打造生猪产业数字生态平台"猪联网"，包括猪管理（猪场SaaS）、猪小智（猪场AIoT）、猪交易（投入品采购＋生猪销售＋网络货运）、猪金融（产业金融）、猪服务（在线问诊、行情资讯、猪场大脑）五大核心体系，为生猪产业提供全方位的智能化服务。同时，打通生猪产业链上下游，提供面向上游饲料企业的"饲联网""药联网"，面向中间商和零售商的"企店"，面向屠宰食品企业的"食联网"，开创数字经济时代的智慧养猪新生态。在成功打造"猪联网"的基础上，持续发力"田联网""渔联网""蛋联网"，将产业互联网的触角不断延伸到涉农各产业。截至目前，公司已与重庆忠县政府合作成立"柑橘联网"，为杞县政府开发"大蒜联网"，为东阿阿胶开发"驴联网"，为北大荒垦丰种业开发"玉米联网"，此外还开发了内蒙古"土豆联网"、东北"狐狸联网"等项目。

截至2020年4月，"猪联网"平台已聚集了超过5万个专业化养猪场，服务287万专业涉猪人群，覆盖生猪超过5900万头，是国内服务养猪户较多、覆盖猪头数规模较大的智能养猪服务平台。农信商城上生猪及投入品的产业闭环交易超过1500亿元。农信金服为农业产业链上下游用户提供征信、贷款、保险、融资租赁、保理、理财、结算支付等金融服务累计超过3000亿元。

农信互联利用自身核心产品"猪联网"构筑的生猪产业生态优势，以持续增加农民收入为核心，以发展高效、优质、安全和外向型现代畜牧业为目标，联合地方政府及企业，以"猪联网"为抓手，开展产业精准扶贫工作，既可帮当地完成脱贫攻坚任务，又可带动当地

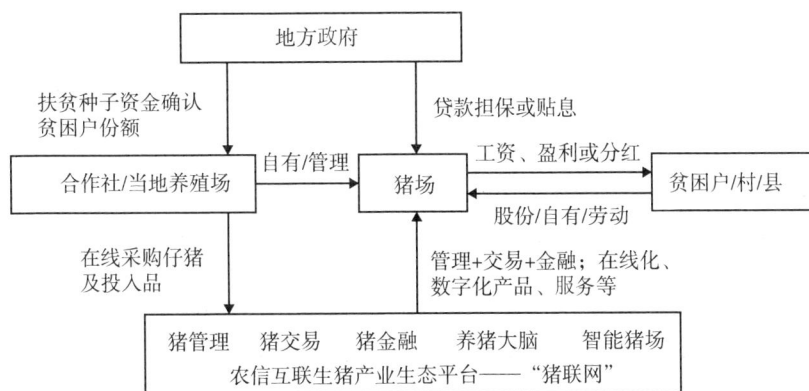

图 9-9　农信互联"猪联网"扶贫示意图

畜牧产业的持续发展（见图 9-9）。

　　首先，由"猪联网"平台引进优质种苗、统一种苗采购、统一喂养管理、统一药品监管、统一产品管理、统一产品收购，建立符合当地特色的统购统销方案，农户按照第三方操作规程，用物联网平台管理生产过程，提高养殖成绩；同时通过猪联网记录生产过程数据，如喂料、配种、防疫等，"猪联网"大数据平台通过 AI 大脑的决策分析，为养殖户提供实时、精准的生产过程指导、操作预警提醒，降低了过程管理成本，提高了生产效率。

　　其次，基于生产管理的大数据，"猪联网"平台为每个农户个体提供精准的产业金融服务。利用养殖户在"猪联网"平台上积累的养殖过程数据，后台大数据风控形成征信报告，开展产业金融信用贷款、融资租赁、保理、保险等金融服务，帮助贫困户解决购种苗、购饲料等资金短缺难题。当然，当地政府也可通过猪联网平台为养猪户提供持续的金融支持，不仅可监管扶贫资金使用情况，还可保障资金安全。与此同时，猪联网平台通过数据优势，联合保险公司推出重大疫病险、生猪价格险等，用保险帮助养猪户规避养殖风险。

　　最后，猪联网的线上交易平台可以提供实时生猪交易数据，结合农户自身情况，指导农户在合适时机出栏，获取更佳的养殖利润。同时在屠宰、加工环节，"猪联网"平台利用全产业管理优势，全程数据记录、追溯，为菜篮子工程、学校、宾馆等消费端提供安全、放心的猪肉。

贫困户通过猪联网平台的生产管理、交易、服务和供应链金融等，实现养殖、交易、流通全过程的在线化、数据化，最终形成产业链大数据体系，实现全程可追溯、可监控，确保食品安全，实现扶贫、生态、安全、可追溯等全方位、一体化产业链。

2017年，农信互联联合四川天王牧业先后在四川省达州市达川区双庙镇、石桥镇、金垭镇、渡市镇等地方开展以"猪联网"和养猪场为依托的精准扶贫。直接帮扶建卡立档贫困户1.2万户，辐射带动11.2万农户养殖生猪脱贫增收1000万余元。天王牧业2018年主营产品饲料、生猪、冷鲜肉实现销售收入43561.31万元，带动农户31210户，其中贫困户16596户，户均增收11300元，辐射带动农户11.20万户，新增务工就业岗位12万余个；天王牧业2019年主营产品饲料、生猪、冷鲜肉实现销售收入31959.00万元，带动农户27960户，其中贫困户16250户，户均增收14500元，辐射带动农户13.30万户，新增务工就业岗位13万余个。

2018年，农信互联与雷州市助农养猪专业合作社达成合作，利用农信互联"猪联网"的猪管理、猪交易、猪金融和猪服务等优势开展生猪助养，带动当地生猪养殖业的持续、健康发展，同时提高农户收入、帮助贫困户脱贫。当地贫困户脱贫增收总额232134元，于2019年全部脱贫。此外，已经脱贫的贫困户按猪场生产需要安排有劳动能力的人到猪场务短工，增收总额184134元，增收比例10%。

2019年，农信互联联合贵州科普园科技有限公司在贵州省福泉市开展以"猪联网"和科普园为抓手的精准扶贫项目。在项目所在地——陆坪镇带动贫困户总户数 98 户、贫困人口 253 人脱贫。贫困户脱贫增收总额 101.2 万元，已脱贫贫困户增收总额 303.6 万元，实现已脱贫贫困户人均可支配收入 1.2 万元，并为 87 位贫困户提供就业岗位。

四、物联网扶贫存在的问题

从农信互联"猪联网"扶贫案例可以看出，物联网扶贫既能有效完成脱贫攻坚任务，又有助于贫困地区产业升级。但目前物联网扶贫也面临着一些问题。

（一）投入成本高

物联网与农牧产业结合的扶贫模式，是需要高投入的。首先，农牧产业本身是一个重投入的产业，除资金投入外，还包括人员投入，比如生猪产业，在中国几千年的养猪文化中，主要以人工参与养猪的全流程为主，即使是生猪产业在饲喂和粪污处理等一些环节完成了工业化，但是更多生产环节还是以人工为主。而物联网设备和系统则需要一次性投入。

初始资金投入大，资金回本周期长，是一些贫困地区对投入物联网技术开展扶贫工作的接受程度并不高的主要原因。

（二）人才缺乏

农牧产业，是人类生存的基础产业，但是长期以来，我国农牧产业从业人员受教育程度并不高，尤其在贫困地区，从业人员主要做传统的生产工作，物联网使用学习较慢，用物联网新技术替代人工经验来指导生产的意识较弱，导致即使接受了物联网技术在生产中的应用，但有效利用率仍然较低的情况，如智能饲喂系统可以根据大数据形成的饲喂曲线达到精准饲喂，但总有养殖户不放心，根据经验进入猪舍观察猪只进食情况。

（三）设备对于恶劣环境的耐受能力亟待提升

我国的智能农业设备传感器实用化程度起步晚，与国际先进的物联网传感器相比，还存在着设备体积大、功耗高、感知数据精度低等问题。设备对于恶劣环境的耐受能力也是一个重要因素，养殖设备智能化升级远远落后于工业智能化进程，除了工业信息化条件优于养殖业的原因之外，最大的限制因素就是相关智能化设备无法在较为恶劣的现场条件下稳定运行，如猪场内粉尘大、腐蚀性大、湿度大、蚊虫多、通信条件差，这些不利因素都可能影响设备元器件的性能。

目前，应用物联网技术的一般是终端产品附加值较高的农业产业，市场及客户定位要精准。

五、物联网扶贫兴农发展建议

（一）加大政策扶持力度

支持物联网扶贫项目，实施一批有重大影响的物联网扶贫或助农项目，建设一批国家级智能农业示范基地，强化示范项目的带动作用；加大对农牧业购置物联网设备的补贴力度，将部分农牧物联网设备纳入农机购置补贴目录；对助农领域进行关键技术研发的重点企业或机构，按照设备购置、研发投入等实际费用支出的一定比例给以补贴。

（二）强化企业融资支持

针对物联网扶贫中产业一次性投入大、回本周期长的情况，地方政府可为物联网扶贫参与方提供贷款、贴息、担保、保险等支持。

鼓励商业银行等金融机构加大对物联网农牧产业扶贫相关企业融资的支持力度，开发符合这类企业特征的信贷产品，进一步优化风控管理流程和服务模式，加快审批速度，增加信贷额度；支持企业运用知识产权质押贷款、股权贷款、应收账款质押贷款、债券融资等多种形式的融资手段开展融资，支持研发能力强的企业上市融资；发展物联网扶贫专项基金，整合社会资本、资源，培育优质项目，发掘新技术、新产品、新模式。

（三）加强复合型人才培养

鼓励企业与高校加强开展人才定向培养、联合培养等多种形式的合作；支持部分高水平农科院校开设物联网研究与培训中心，加大博士、硕士等高水平人才和职业技能型人才的培训；鼓励自动化、人工智能等学科加强与种植、养殖等农学专业的融合互动，通过辅修学位、双学位、联合培养等方式鼓励学生自我拓展；支持高校和科研机构搭建综合性平台，鼓励研究人员进行交叉学科研究和应用交流。

（四）制定行业标准体系

加快农业物联网、智能化相关标准体系的研究与编制，围绕当前阶段的技术发展、融合创新和应用推广的需求，率先开展关键技术和领域的标准规范研究制定工作，统一农业物联网、智能化技术和接口标准。打通供应链，实现生产到供销一条龙，提升供应链效率，更有效控制成本，提高市场接受度。

物联网 吴秀媛 ▼ 扶贫兴农·专家点评

上文对近年来物联网在扶贫助农领域的应用成果、模式和经验进行了总结，剖析了问题，提出了建议。

该物联网扶贫新模式是用科技＋产业双赋能的方式来进行精准扶贫，具有以下特点：（1）促进多方参与、多方受益，具有可持续性。（2）促进地方产业升级，短期可扶贫，长期可助力地方经济。当然，该模式广泛推广也存在着挑战。首先，当地需有一定的农牧产业基础，也就是说物联网平台不能凭空而至，需要与当地产业结合；其次，物联网扶贫因需使用软、硬件，一次性投入成本较高，需要在此模式基础上进一步探索分摊初始成本以及金融支持等方式。

总体上看，我国农业物联网应用仍处在市场化的"前夜"，当前和未来仍离不开各级政府的政策支持。在资金投入、人力资源、软硬条件、配套服务等允许的地区，探索"物联网＋"扶贫助农有一定的意义，对于克服贫困户、弱质户投入能力、管理能力、技术能力、市场营销能力等方面的不足，实现持续、稳定增收是有助力作用的。

　　现代农业和智慧物联网都是大有前途的朝阳产业，二者如何有机融合、相互促进，业界一直在探索。

　　——吴秀媛，农业农村部原信息中心副主任，现为农业农村部信息进村入户工作推进组专家委委员

10

电商"拼模式"：小农户对接大市场

韩东原①

近年来，随着互联网进村入户，智能手机、网络支付及交通物流的飞速发展，我国已经成为电子商务领域用户最多的国家。中国互联网络信息中心（CNNIC）发布的第 45 次《中国互联网络发展状况统计报告》显示，到 2020 年 3 月，中国网民规模为 9.04 亿人，其中农村网民规模为 2.55 亿人，占比为 28.2%。中国农村地区互联网普及率为 46.2%，较 2018 年年底提升了 7.8 个百分点，城乡地区互联网普及率差异缩小 5.9 个百分点。

自 2015 年以来，中共中央、国务院连续发布了 30 多个文件，国家有关部门、各地方政府纷纷出台相关政策措施，推动农村电商发展。2017 年的中央一号文件，从电商标准、物流配送、平台建设、品牌培育等方面勾勒出了农村电商行业的发展方向，出台了较为完整的政策体系。2020 年中央一号文件提出，有效开发农村市场，扩大电子商务进农村覆盖面，支持供销合作社、邮政快递企业等延伸乡村物流服务网络，加强村级电商服务站点建设，推动农产品进城、工业

---

① 韩东原，拼多多新农业农村研究院常务副院长。

品下乡双向流通。

在技术与政策双重推动下，涉农电商经历了各种模式的创新和迭代，在推动农副产品进城方面，发挥各自的特点和优势，在不同阶段作出了重要贡献。中国是典型的"大国小农"，2015 年以来，随着拼多多等平台的兴起，以拼单、社交裂变、社区或社群运营等各种互动模式为主要特点的新电商模式，对促进以"小农"为基础的中国农业的现代化，进而促进农民的收入增长，发挥了重要作用。

2020 年 1 月 7 日，商务部研究院发布《2019 中国电商兴农发展报告》，提出农货上行是农村电商发展的第二阶段。2017 年开始，随着以新电商拼多多和短视频平台抖音、快手为代表的新型移动互联网平台的出现，农村电商由淘宝村、京东村店的工业品下乡和消费品下乡，逐渐发展为以新电商为代表的农产品上行，电商模式由单一的网络零售向网络"批零兼营"转变，从"人找货"的传统搜索电商向"货找人"的新电商转变。

总体来看，我国涉农电商正由以传统中间商为主的"长链条"模式向"拼单聚量""产地直发"的"短链条"模式转变。通过互联网把贫困地区的产品卖出去，卖出好价钱，帮助贫困地区创收、增值，同时把消费端的需求直接带入产业链上游，推动种植端的标准化、品质化、产业化，这是电商扶贫和推动乡村振兴的主旨和途径所在，也是目前农村电商竞争的着力点。在中国农货上行体系中，新电商平台重塑农产品供应链模式，让小农户与大市场实现低成本对接，推动农业供给侧结构性改革，有效推动了中国农业农村现代化进程。

一、电商"拼模式"

（一）从"人找货"到"货找人"

传统的线下市场，或以搜索场景为主导的传统电商平台，其本质是"人找货"。比如，酱油没了去超市买瓶酱油，过节了去某品牌的网上店铺搜索是否有自己喜欢的衣服，这些都是"人找货"模式。在这种模式中，消费者要检索已经掌握的商品信息库，等于在考验消费者的商品知识储备量，需要自己去货架上查找。

"人找货"模式下，无论是实体店还是网店，哪种商品能获得比较好的位置，不是由消费者决定，而是由"摆货人"决定的。在线上，传统电商平台的广告位决定了店铺在搜索结果中的排序，出价高的店铺更容易被消费者看到。

以社交、拼团等为特点的新电商模式，创造了"货找人"的新模式。消费者发现一件好的农产品或消费品，然后分享给亲朋好友，往往会突破被分享者的信息边界。数据显示，25%以上的消费者，在拼多多平台上购买了从未见过的商品。除了这种市场深度和广度的拓展，新电商模式还可以将时间和空间上都极度分散的农产品聚集起来，把长周期的分散需求，变为短周期的批量需求。这有利于把自然生长的农产品，在短暂的成熟期内卖出去。

在这种新的理念下，新电商平台可以打造一个强大的农货智能处理系统。在供给端，持续不断地输入各大农产区的信息，包括地理位置、特色产品、成熟周期等，然后在"拼农货"体系的支持下，让优质农产品"主动"找到已汇集为"批量需求"的目标消费者，使中国极其分散的农产区和6亿多消费者实现"云端"对接，从而突破传统农产品体系需求侧和供给侧小规模、小市场的限制，让"小农户"真正对接"大市场"。

在这一创新模式推动下，中国农产品得以在保留区域多样性、个体差异化的基础上，实践出一种全新的、基于云端的规模化发展路径，为中国走出一条更符合自己国情的现代化农业道路提供了新的可能。

（二）分布式人工智能：数据和决策控制逻辑重构

新电商实现"货找人"的"拼模式"，依托于分布式人工智能技术。

分布式人工智能技术是相对于中心化的人工智能技术而言，它有几个特点：一是分布性，系统里的数据、知识、控制逻辑等信息都是分布存在的，系统中的节点和路径能并行求解；二是协作性，各个子系统不是孤立存在的，可以彼此协作、相互联系；等等。

如果把消费者个体的需求及其满足也看作一个子系统，在"拼模式"的早期，可以更多通过"拼"或游戏的方式来让子系统之间交换信息，把长周期的分散需求，归集为短周期的批量需求。同时，人工智能会努力去理解每一个"点击"背后的"温度"，在消费场景中创造更多的人际连接，从这个维度去增进消费者的福利。

这种裂变式的互动和增长，也可以极大降低平台运营成本，让平台和商家都有了更大的空间，同时提高了商品的性价比，让利给供需两端。在竞争激烈的行业，成本控制是一个可以决定企业生死的问题，对零售行业来说，突破"成本的诅咒"，这也很关键。

传统电商行业看重流量和转化率，这决定了成交总额（GMV）

的大小。在中心化的人工智能技术框架下，后台会给用户贴上各种"标签"，比如"价格敏感的年轻女性""讲究品牌的商务男性"等。在集中式人工智能的架构下，流量越大，对用户的了解越彻底，收集的数据就会越多，算法的复杂程度会越高、能力会越强，这也就意味着"中央大脑"对消费者个体的画像会越准确，推荐给消费者的商品，可能会更符合其需求，转化率也越高。

但是，这个逻辑可能会产生一些问题。比如：（1）商品数据很容易变成一串串纯数字。（2）在集中式人工智能模式下，消费者很难了解自己的需求是怎么被算出来的，算法对普通消费者来说是一个"黑箱"状态。（3）如何让个体不会受困于集中式人工智能的"茧房效应"，正成为一个全球性的话题。（4）个体是被动的。在集中式人工智能框架下，系统会尽力搜集你过往的生活轨迹、消费轨迹、出行轨迹，即衣食住行等全场景数据，甚至包括一些片段的、短暂的、无意识的数据，然后圈定模型，进行算法分析，绘制出一个深入你日常状态底层的"画像"，来为整个零售体系提供底层的数据支持。面对这个无所不能的AI，它可能有能力切中你的潜意识。在很多时候，消费者是被动地把自己的决策权交付出去的。

相对而言，分布式人工智能的好处在于：（1）有利于演化出更完善的互联网架构，在有效实现社会沉淀更丰富数据资源的同时，让公共数据和私有数据的边界更加清晰。通过分布式人工智能，能更尊重消费者的个体权利，而又不影响对供需两端的高效智能匹配。（2）在分布式人工智能的架构中，未来会有越来越多的算法是开源的，消费者可以去抓取一段开源的代码，利用现成的算法，拥有一个自己的"AI代理"。（3）在需要购买时，消费者可以把自己的数据跟公共数据集成到一个自己选择的个性化算法里，从而产生一个满足自己需求的结果，完成供需双方的高效智能匹配。

无疑，这不仅保护了消费者的决策主动权，也在增加消费者的决策能力。与集中式的人工智能相比，分布式人工智能框架下，整个数据和决策的控制逻辑，会有一个根本性的改变。消费者在"买买买"的时候，可以更多地支配场景数据，深度优化决策。

同时，每一个消费者节点都在不断优化，整个网络也会同步优化。只不过，这种优化更多的是从下而上的，更大的主动权和动力掌握在消费者个体手中。

总体而言，分布式人工智能更倾向于用技术来为消费者服务。从未来的趋势来看，人工智能的算法、框架将会是分布式的，将会是去赋能个体的。

在消费者端的具体产品表现上，分布式人工智能可以给每个人提供一个"AI代理"，让每个人的数据都可以被独立处理，而且可以推动消费者之间有更多的人际互动的温度和乐趣，通过不同"AI代理"之间的交互，来形成对用户消费的理解。

试想一下，当消费者A选择和好友一起拼单购买一件商品，A的"AI代理"和好友的"AI代理"就完成了一次交互，如此一来，好友间共同的消费兴趣和习惯就在数据端建立起了联系。于是，下次推送时，A看到的商品就会更加精准。随着这种匹配效率的提高，久而久之，客户与推送商品之间就会建立起一种信任。

所以，分布式AI还是能继续推动"人以群分"，保持人与人的连接，让用户更便利地交换信息，降低决策成本，提高交易的效率，更有效地推动农业和流通领域的效率提升。

在农产品上行领域，通过拼模式及正在探索落地的分布式人工智能，新电商希望提供能给农民带来更多收益，也更尊重农产品消费者的"智能基础设施"。

二、"拼模式"助力脱贫兴农

（一）从"产销对接"走向"产消对接"，把更多利益留在贫困地区

得益于应用操作的便捷化、创业的低门槛化，完全诞生于移动互联网时代的新电商，已成为广袤乡村摆脱贫困、走向振兴的重要手段。利用一部智能手机，创业者就能便捷地管理店铺，以很低的运营成本帮自己和村里的农户卖出农副产品。近年来，短视频和直播迅速发展，使得农产品上行发生了场景变革和价值重建，随时随地在线的智能手机，成为乡村内容数字化转化、传播、销售、增值的新工具。

拼模式的发展及对新农人的全面赋能，铺就了农产品上行的"新链路"。与工业品相比，农产品通常具有非标化、季节性强、易腐等特征，小农户对接大市场的矛盾，在传统电商时代衍生为农产品上行难的困境。仅仅将农产品从实体摊位挪到线上卖，只是农产品电商的初级阶段，难以克服上行难的问题，"拼单聚量＋产地直发"的"超短链"模式，是农产品上行有效解决方案。拼模式下，"万人团""限时秒杀""农货节""电商扶贫节"等各种拼的方式，可以在短时间内包销掉一片果园甚至产区的产品，也有利于及时处理线下市场分割造成的"滞销"难题。

从价值链的分配来说，传统的农产品上行通道，由于中间要经历多个流通环节，中间通道成本和终端销售成本占到极大比例，产消对接的"超短链"模式下，农产品价格往往只有超市价格的1/3甚至更低，但农民的"地头价"却往往要高于批发商的收购价。由于新电商

模式操作简便，更有大量贫困地区的新农人变身新农商，除了获得种植收益外，在整个价值链上均能获得丰厚的收益。

（二）孕育和培养农村电商人才

随着近年来农产品电商的跨越式发展，农村电商人才出现了巨大缺口。据中国农业大学智慧电商研究院发布的《2020中国农村电商人才现状与发展报告》测算，未来五年农产品电商人才缺口将上升至350万。

基于简便的操作界面和流程，拼多多等新电商平台成为孕育农村电商人才的沃土。分布全国主要农产区的"80后""90后"大学生、进城务工返乡新农人，伴随着新电商模式的扩散和新电商平台的指数级发展获得飞速成长。通过新市场机制下合理的利益分配，引导受过高等教育、了解互联网的新型职业人才返乡创业。目前，即便是在贫困地区的农村家庭，中青年群体使用微信、抖音、快手、拼多多等社交、短视频和购物应用已十分普遍。

在数字化的"应用性赋能"方面，拼多多依据"人才本地化、产业本地化、利益本地化"策略，通过创立"多多大学"，结合农村生产者知识结构，建立专业性的农产品上行与互联网运营课程，在农产品上行科普教育方面开展了有益尝试。2019年，"多多大学"的线下课程累计课时达到1400小时，线上专业课程累计触达49万农业经营者。这些实践对于农村地区培育出具有独立上行能力的新型农人、提升乡村特别是贫困地区的内生发展动力具有重要价值。

在2020年抗疫助农的过程中，新电商平台积极推动全国各地市县长进入助农直播间，在全国掀起了一股直播带货的风潮，吸引了大批"90后""00后"试水"直播卖货"，培养了一批新电商人才。

（三）定向采购，扶贫兴农

新电商模式下，平台通过不断创新农产品上行的具体方式，来推动对贫困地区的定向采购。2018年5月，拼多多正式上线创新产品"多多果园"，探索虚拟、现实相结合的扶贫助农模式。通过"多多果园"，用户可以在虚拟的果园中种下树苗，并以社交、互动的方式育果。果实成熟后，用户将免费收到一份由平台寄出的扶贫水果，很大一部分来自四川大凉山、新疆南疆等国家脱贫攻坚重点地区。多多果园用户规模持续创新高，截至2019年年底，多多果园的日活跃用户数已经突破6000万大关。目前，多多果园每天送出的水果超过200万斤。

在多多果园的基础上，拼多多相继推出多多牧场、多多农场等创新产品，在全互联网行业内掀起一股用户体验与农产品上行紧密结合的新浪潮，目前，类似的虚拟果园已成主流互联网企业的标配。通过此类创新产品，平台用户在收获快乐的同时，自动成为扶贫工作的参与者，消费者种下的每一株果树，都代表着贫困地区果农有望实现增收。产品上线至今，仅拼多多平台即已激发数亿人次消费者参与扶贫工作。带动数亿年轻人以"虚拟＋现实""物质＋精神"的方式，推动农产品精准上行。

（四）助力农民合作社，把利益和人才留在农村

为进一步重塑产业链条，帮助更多农户实现合理的收入分配，新电商依靠"拼模式"在需求端形成的市场优势，深入产业链前端助力农民合作社，致力于"将人才和利益留在农村"。

主要的实践，是通过在国家级贫困县及深度贫困地区，引入农产

品电商上行通路和现代企业管理模式，培养新型电商经营主体，精准帮扶建档立卡贫困户，实现农民—农人—农商的转变，从而让提供主要生产力和生产资料的农户，成为全产业链的利益主体。

（五）改造产业链前端：以"半计划消费"推动"有计划生产"

新电商拼多多平台的特征之一是"以人为先"，通过尊重每一个"点击"背后的"温度"，将长周期零散需求汇聚为短周期批量需求，从而提升供应链效率，达成更领先的性价比，推动包括吃水果在内的农副产品购买从"即时消费"变成了"半计划消费"。稳定的需求，再加上平抑周期波动的大量补贴和流量调节措施，使得"有计划生产"成为可能。

这种"计划性"的另一个表现，是需求端将产品品类、品质、口感等数据，直接传导至生产端，使得生产端可以及时调整，形成市场导向的供给侧改革。比如，在云南文山州，雪莲果在新电商平台销售火热后，平台联合当地农业科研机构，制定形成雪莲果新的种植标准。在全国各地农产区，为了保障产品的质量，"新农商"向产业链前端"兼容"变身新农人，承包基地进行品质和产量的全产业链把控。

三、"拼模式"应用于扶贫的作用、意义与挑战

（一）拼模式给脱贫攻坚带来了多重作用

基础作用是以海量需求的汇聚，推动作为"非标品"的农产品及

时上行，帮助贫困地区的农民"有产就有销，多劳能多得"；同时，由于培养了大量农村电商人才，尤其是企业家类型的电商人才，往往一个人带动一村人，几个人带动一县人，加入新电商的产业链，使得有产业基础的贫困地区形成了一定程度的人力资本比较优势，给脱贫攻坚带来了持续动力。

（二）拼模式对扶贫具有深层意义

其一，由于拼模式具有强利贫特征，推动具备相应产业基础的贫困地区，直接跳过传统线下生态的不完备阶段，形成"网销优先"的格局，向互联网生态跨越式发展。

其二，由于推动了产地直发，使得一批以前局限于本地小市场的优势产区获得直接对接全国大市场的机会，迅速形成产业规模效应。

其三，由于政府对贫困地区有更多的资源倾斜，包括市（县）长直播的资源倾斜等在内，与注重农产品上行的电商新模式同频共振，形成贫困地区农产品上行的"市场＋市（县）长"双动力机制，推动缩小了城乡"数字鸿沟"。

（三）存在的挑战

在各种电商新模式应用于扶贫的过程中，也遇到了如下挑战。

一是人才不足。尽管电商新模式极大降低了对农村电商的运营技术要求及资金门槛，但本地的电商人才还是较为缺乏。这种缺乏，不仅是领头人的缺乏，也包括运营、熟练的规模采摘、分拣、包装人才的缺乏。由于贫困地区的物质条件相对较差，愿意留在当地的人才往往不多。

二是农产品的网销标准有待建立，产品的分级意识、设备和熟练工人都较为缺乏，对线上产品和线下产品的规格、定价体系还处于较为随意的状态。

三是村村通工程和物流的发展，使得贫困地区具备了基本的农产品上行的物流条件，但与全国其他地区一样，冷库、冷链物流的条件还比较欠缺，一些对保险、运输和储藏要求高的"短保品"，还存在流通瓶颈。此外，有的贫困地区，电商起步较晚，整体单量还不多，导致物流成本较高，在一定程度上减弱了产品的市场竞争力。

这些挑战也说明了贫困地区农产品上行具备巨大的发展潜力，任何一个环节的改善，都将带来贫困地区农产品上行的加速发展。

四、应用案例与成效

（一）陕西平利县王女士通过多多农园带动合作社社员脱贫致富

2019 年，有经验、懂电商的王女士成为陕西平利县多多农园的带头人。平利县属于秦巴连片特困区，是全国 14 个集中连片特困地区之一，拼多多向合作社捐助了 52 万元的启动资金，并提供了业务培训和流量扶持。她带领 51 户种植绞股蓝的贫困户组成了寻梦农园绞股蓝合作社，对标现代企业管理制度，"资金变股金，农民变股民"，参与的 51 户贫困户全部成为合作社的股东，他们为合作社生产适合电商销售的绞股蓝产品，并共同分享合作社的商业收益。半年时间内，王女士和中国数万名新农人一样将脱贫变成了自己的创业起点：成立合作社激发农民积极性，由合作社定向收购和加工，并在拼多多上开启新品牌，利用直播带货，并将收益返还给农民。如今，王女士所在的多多农园合作社店铺，已经成为平台上养生茶类目的热销店铺。

目前，平利县在拼多多开设店铺近千家，除了当地特产绞股蓝、野菜、木耳、蜂蜜、苞谷花等农副产品以外，丝袜等工业品也都被搬上了网、带进了直播间。成立电商合作社，利用新电商资源开网店创品牌、上直播，已经成为平利电商脱贫的典型路径。

2020 年 4 月 20 日，习近平总书记在平利县考察脱贫攻坚情况，在平利县的一个社区工厂里，央视新闻的镜头记录下了这样一幕："直播是趋势，要好好珍惜"，在社区工厂里，习近平总书记对平利县电商协会秘书长王女士表示。[①]

（二）文山雪莲果：进入产业链前端，推动制定产业标准

2016 年年底，一支拼多多团队来到云南文山，看到了遗落在田间地头的雪莲果，并且判断出其中可能存在的市场价值。但在实践中，拼多多发现，雪莲果产业链存在产值低、缺乏品牌等多种问题，尤其是产业利益分配不均衡，导致了农民未能成为利益主体，相比之下，收购商分配占比反倒更高。

于是，拼多多团队开始培育当地新农人，并开拓雪莲果上行路线。一年后，从文山到会泽、从宣威到蒙自……云南的雪莲果大面积脱销。

---

① 《"电商＋扶贫"：大有可为的扶贫新模式》，中国网，见 http://sl.china.com.cn/2020/0427/84234.shtml。

让名不见经传的水果成为风靡一、二线城市的新晋"网红"，并没有用太多的时间。基于开拓性的交互方式和分布式 AI 支撑下的精准匹配，有效挖掘潜在需求，迅速聚集显性需求，从而推动上游农业、制造业实现改造升级。

拼多多将雪莲果主动呈现在系统判定的潜在消费人群面前，后者通过拼单的方式迅速扩大需求量，从而带动产业实现快速增长。"优质雪莲果供不应求，农民扩种的趋势非常明显"，云南省农科院经济作物研究所专家李文昌分析表示。

雪莲果在拼多多平台上年销 480 万单，成为最受欢迎的网红水果之一，巨大的增量市场吸引收购商蜂拥而至。

但村里懂电商的人很少，农业仍是受流通环节制约最严重的行业，贡献主要生产资料和劳动力的农民，始终处于价值链的底端。在引入雪莲果的李文昌看来，产业亟须解决的问题，不是利益分配，而是粗放式经营所致的亩产值下降。"雪莲果的需求增长太快，各项标准尚未确立。农户多采用原始的种植方法，导致雪莲果废果率高、抵御极端气候和病虫害能力不足，严重影响农民增收。"李文昌看到，收购商往往只分拣大且品相好看的雪莲果，更多的中小果只能低价出售。

2019 年 3 月，拼多多"多多农园"小组来到丘北，在上海、云南两地政府的指导下，探索当地产销一体化体系的构建。

较其他产业，雪莲果已经形成大规模的产地直供业态，具备良好的改造条件。拼多多团队的主要任务，是建立新的产业平衡机制，让农户成为产业链利益主体；并且通过推动新的标准化作业方式，提升雪莲果亩产值，打造丘北特色品牌。

将雪莲果系统性引入云南的李文昌，跟随拼多多一同抵达丘北，与云南省农业科学院经济作物研究所的另外 9 位专家一起，对雪莲果生产种植环节进行全面升级。

李文昌表示，"雪莲果作为近年来兴起的舶来品，缺乏相应的国家标准和地方标准。农户的栽培水平差异大，商品性和外观品质普遍不高"，"另一方面，雪莲果的食用价值已经得到现代药理学的实验证明，具备再加工的条件。团队将深入开展雪莲果加工技术研究，提升其产品附加值"。①

拼多多已联合云南农科院经济作物研究所，发起制定申报雪莲果种植地方 / 国家行业标准——这也是云南首个由电商平台联合发起的农产品标准。

（三）甘肃商家刘先生卖羊肉带动村民致富

一台电脑、一根网线连天下，在拼多多平台一年卖掉 1 万余只羊；借助新电商，环县羊肉走出大山，村民也跟着发了"羊"财。这是甘肃环县新农人刘先生的故事。在 2010 年 5 月 18 日召开的国新办新闻发布会上，商务部部长钟山对甘肃环县电商扶贫提出了表扬，刘先生通过新电商卖羊肉这一励志案例也跟着被"点名"。

钟山以甘肃环县电商为例，介绍了电商扶贫方面取得的成效："比如甘肃环县，有一家农户，父亲养了一辈子羊，过去只能卖给羊贩子，儿子大学毕业以后，回家创业，通过电商打开了销路。去年他把自己家的羊卖了，把周边村的羊也卖了。大概卖了 13000 只羊，销售收入超过了 2000 万元，这就是一个很好的例子。"②

2012 年，刘先生大学毕业后，回家创业，在几家电商平台试水

---

① 《知识产权助力　让雪莲果更甜》，人民网，见 http://ip.people.com.cn/n1/2019/0618/c179663-31165526.html。

② 《网红环县羊　爬过山沟进了城》，北京商报网，见 http://www.bbtnews.com.cn/2020/0603/355847.shtml。

开店均不理想。2016 年，刘先生的"陇上刘叔叔"入驻拼多多，当年销售 100 万元；2017 年销售 300 万元；2018 年预计销售 500 万元，实际销售达到 1000 万元；2019 年，销售超过 2100 万元；2020 年前 4 个月，已经卖出了 1538 万元，较 2019 年同期增长 238.8%，在拼多多羊肉类目中全国销量第一。

此外，刘先生带动了周边 45 户养殖户户均增收 2 万元以上。"由于环县地处偏僻，山大沟深，曾被一些传统电商不看好甚至放弃，但近年来，互联网和交通等方面的速迅发展，尤其是新电商的到来，让环县电商发展突飞猛进，找到了新模式新思路。目前环县仅在拼多多开店就达 50 家，环县电商的发展解决了以前农特产品'养在深闺无人识'、老百姓'守着金山银山没饭吃'的产业发展瓶颈，助推环县打赢脱贫攻坚战。"环县电商办公室主任张金勃说。[1]

甘肃环县地处陕甘宁三省区交界，是 1936 年解放的革命老区县和国扶贫困县。据张金勃介绍，截至 2019 年年底，环县已建成县、乡、村三级电商服务体系，培育初具规模的电商企业 48 户，发展网上销售企业 248 家、个体网店经营户（含微店）1240 家，带动就业 7200 人以上。其中 2019 年实现电子商务交易额 9.2 亿元，同比增长 30%；网络零售额 1.7 亿元，同比增长 34%。

截至 2019 年年底，拼多多平台国家级贫困县商户的年订单总额达 372.6 亿元，较 2018 年同比增长 130%。其中，注册地址为"三区三州"深度贫困地区的商家数量达 157152 家，较 2018 年同比增长 540%；年订单总额达 47.97 亿元，较 2018 年同比增长 413%。

2019 年，拼多多平台农（副）产品成交额达 1364 亿元，较 2018

---

[1] 《甘肃环县电商扶贫被商务部长点名！》，搜狐网，见 https://www.sohu.com/a/ 396539625_115588。

年同比增长 109%，进一步扩大全网农产品上行领先优势。

2019 年，拼多多平台农（副）产品活跃商家数量达 58.6 万，较 2018 年同比增长 142%，直连农业生产者超过 1200 万。拼多多全年额外投入 159 亿元营销资源以及 29 亿元现金补贴，帮助农户实现进一步增收。

五、未来展望及建议

农业是"压舱石"。家庭联产承包责任制改革以来，中国的农业取得了长足进步。同时，不少农产区"小、散、弱"的现状，成为中国农业现代化难以避免的前提，小农户与大市场怎么对接，新农业主体怎么形成，农业生产如何既保持多样性又能适度规模化，等等，需要各种模式进行探索实践。近年来，电商新模式探索出了一条适合中国国情的农产品上行路径，从消费侧到流通侧再到生产侧，全面推动农产品的产业链条和价值链发生明显变革。新冠肺炎疫情以来，这一过程还在持续加速。与此同时，中国的农产品上行还有系列难题需要继续突破。

比如，在消费端，怎么去更好地确定消费需求，深化"半计划消费"，从而进一步推动基于市场的"有计划的生产"，缓解农产品的周期波动；在供给端，如何从分级、包装、品种、规格等方面，建立和完善农产品的网销标准，建立更精准的溯源体系；在生产环节，如何以市场为导向，进行品种改良与技术提升，运用大数据技术，进行精准的智慧生产；在流通端，如何开发专用的电子面单，区分农产品与普通包裹，推动更多的农产品物流干线，继续精简和融合中间环节；在品牌打造上，如何利用拼多多打爆款的独特能力，打造网红农产品；等等。这些都是电商新模式要参与解决的重要内容。在发展电商新模式、推动农产品上行方面，我们具体提出如下两大建议。

第一，随着移动互联网、电商平台、支付、交通、5G 等条件的逐步完善，贫困地区的农特产品正在变为电商的"富矿区"。应急性的"消费扶贫"带来的点对点产销对接机制，迎来了转变为"富民产业"的重大机遇期。建议从以下几点重点投入，深化消费扶贫，建立"脱贫兴农"的富民产业新格局。

（1）以产业基础较好的贫困地区为重点，鼓励和推动各地政府以直播等方式，由当地有影响力、公信力的人员，通过电商平台向全国消费者推介本地特色农产品。深化"消费扶贫"产品的品牌能力。2020 年 2 月到 6 月 30 日，拼多多平台在全国落地了 150 多场市县长直播，超 200 位市、县、区等各级主要负责人帮助本地带货，把本地农产品直接对接上了平台上由 6 亿多消费者组成的大市场。据调研，拼多多目前已经在新疆南疆、陕西等地携手贫困县和脱贫巩固县的主要党政领导落地多场扶贫直播，效果非常好，目前平台已在全国落地系列消费扶贫市县长直播。市县长的影响力，撬动了全国从中央到地方的各级媒体，不仅为本地农产品做了价值巨大的品牌推介，也提升了本地党政干部、企业和农民的"触电"意识和水平，为加速农产品上行、实现可持续的"消费扶贫"打下了良好的基础。

（2）引导和推动电商平台与有产业基础的贫困地区建立合作关系，以市场需求和电商平台的专业能力为基础，通过线上优品馆、线上展销会、专场消费扶贫活动等各种方式，将当地特色农产品迅速加入全国消费者的"日常购买清单"，迅速消除市场壁垒，推动"小产业"升级为"国民消费产品"，深化"消费扶贫"产品的市场能力。

（3）政府主导推动，联合电商平台进行既懂农业也懂电商的系列人才培训，帮助一个贫困县养成 100 位、一个村养成一两位高素质的新农商人才，带动一村一品、一县一品的特色产业发展，深化"消费扶贫"产品的主体运营能力。

（4）以当地政府、龙头企业为主导，结合电商平台、产业协会、合作社、新农商，建设成"农业电商产业园"，发挥产业园物流、仓储、加工、交易一体化的综合优势，打造立足本地、面向周边、辐射区域的综合性农业电商产业中心基地，建设形成质控、物流仓储、研发新品、包装设计的服务链条，深化"消费扶贫"产品的供应链能力。

在深化消费扶贫的过程中，形成持续消费是关键词，打造"富民产业"是落脚点。在供给侧，要提升产业化水平；在消费侧，要有针对性地"扶上马，送一程"，最终形成完全基于市场的产销自动对接体系，打造出有活力的造血机制，把贫困地区彻底变为同时造福当地农民和全国消费者的电商"富矿区"。

第二，经过近年高速发展，电商农产品上行取得了突破性进展，但也存在一些突出瓶颈，电商人才不足是主要瓶颈之一。新冠肺炎疫情暴发后，城乡经济面临巨大复苏压力，从"铁公基"到"新基建"，新一轮积极财政政策正在路上。此前，中央提出"积极的财政政策要大力提质增效，更加注重结构调整"①，补上经济运行关键领域的人才短板，属于另一种意义上的"新基建"。基于对农产品电商行业的长期调研，建议设立国家农产品电商创业培训百亿基金，培养百万新农商，以激发更多农村能人、返乡务工人员、农村大学生接受电商创业培训，鼓励其自主创业，补齐农产品上行的关键短板。

---

① 刘昆：《积极的财政政策要大力提质增效》，人民网，见 http://theory.people.com.cn/n1/2020/0216/c40531-31589186.html。

（1）在"战疫情，振经济"的大环境下，建议由相关部门推动设立百亿规模的农产品电商培训创业国家基金，作为解决农村电商人才不足瓶颈的财政支持，成体系培养百万新农商人才，短期内，可疏解就业压力；长期看，可推动城乡经济持续增长。建议本基金向所有愿意从事农产品电商的新农人开放。

（2）对于"电子商务进农村综合示范县"，建议从前期的基础设施等硬件建设，逐步向人才培训与创业激励等内生动力和软性环境的建设倾斜。

（3）设立相应财政激励机制，鼓励县级财政配套相应资金，以公开、透明的方式，选拔培训农产品电商人才，并对创业达到一定门槛的青年创业团队，给予相应激励。

（4）支持电商平台与高等院校合作，共同开发符合地方实际的，能够通过线上、线下相结合的方式，在全国各地建立相关课程培训体系。

电商"拼模式"　　段永刚　▼　　扶贫兴农·专家点评

扶贫的意义毋庸赘言，但扶贫的瓶颈在于落地。我国的农户绝大多数是"散户"，生产与销售均具有随意性，而调节的唯一砝码是市场的供需；但自由交易的供需平衡，往往是被动的、滞后的，因而常见某款农产品头年短缺价高，而次年却因农户扎堆售卖导致供过于求价格暴跌的事例。

电商"拼模式"把"人找货"通过平台演进为"货找人"，把随波逐流的产需增减有效转化为自由交易平台通过技术支持实现的"计划生产"，最终使得散布全国各地的贫困农户拥有了自己的销售渠道，并能有效掌控品种与量需；而消费者也得到了高性价比或物美价廉的商品，双方的需求都得到了满足。对于善良的人而言，在购物的同时还能够帮助那些辛勤劳作的人生活得更好；对于贫困户而言，他们的生活乃至人生也许会因此发生巨变。

人民群众对美好生活的向往，在精神层面也得到了均衡的体现。从而在扶贫的意义之外，又附着了社会意义的增值。

——段永刚，中国质量协会副会长兼秘书长

11

短视频、直播：扶贫兴农"新农技"

宋婷婷①　何华峰②

中国在互联网领域的长期投入，促进了视频时代的到来。正如文字改变了社会的方方面面，视频也会改变社会的一切。其中，以短视频、直播为主的视频形式对贫困地区摆脱贫困、走向振兴更是起到了至关重要的作用。

贫困地区是有资源的，包括风景、土特产、民俗、年轻劳动力等，过去只有年轻劳动力能够走出大山、参与社会交易。但在视频时代，通过短视频、直播，这些地区的风景、土特产、民俗可以被全国乃至全世界人民看到，于是生活在这些地区的人们就有了交易和获得收入的机会。

一、视频是新时代的文本

1990 年，美国未来学家托夫勒提出"数字鸿沟"一词。他指出，

---

① 宋婷婷，快手科技副总裁、快手扶贫办公室主任。

② 何华峰，快手科技副总裁、快手研究院负责人。

拥有信息时代工具与未拥有信息时代工具的人之间存在鸿沟。中国积极推行的"宽带中国"、"互联网＋"、数字中国，乃至 5G 建设应用，都是消除数字鸿沟的重要战略举措。

"注意力鸿沟"是数字鸿沟的重要组成。在互联网上，注意力是非常宝贵的资源，其分配状况直接影响人们的获得感和幸福感。和很多资源一样，注意力资源有马太效应的自然倾向，即少数群体享受多数资源。

从经济学的角度来看，注意力资源的价格很贵，大部分人没有能力享用，无法自我表达和被社会关注，处于劣势。如果可以把注意力的鸿沟填平，让更多的普通人被关注，增加人与人之间的连接，发挥更多人的想象力和创造力，则社会会更繁荣，人们生活的幸福感也会更强。

互联网的核心是连接一切。随着视频时代的到来，以及人工智能技术的发展，原先没有得到关注的人得到了更多的关注，注意力的鸿沟正在被填平。

（一）互联网领域的长期投入催生视频时代

过去几年，因为中国在互联网领域的长期投入，视频领域的基础条件快速成熟，促进了视频时代的到来。

今天，我们可以在快手上看到很多有意思的视频，它们鲜活地呈现了普通人的生活。鸭绿江上的放排人，把高山上的木材顺着水流运出来，这种古老的水运方式以前鲜为人知，如今却被数百万人关注；卖水果的"罗拉快跑"，他在陕西富平的吊柿前直播，现场品尝吊柿，让几十万用户看到了这个美味的特产，还可以立刻下单购买。

我们之所以能关注到这些，主要得益于以下几个条件的实现。

一是智能手机的普及，现在买一部有内置摄像头、功能非常完备的智能手机只要几千元甚至几百元。

二是4G网络的普及，普通人都可以负担得起使用移动网络的费用。即使在很偏远的地区，国家都投入了大量的资金用于电信基础设施建设。

在上述两个条件实现之前，上网只能通过电脑连接网线，成本要高许多。而且一旦人员流动，就不便于迁移，而使用智能手机和4G网络没有迁移成本。

三是支付的便利。有了智能手机，买东西付钱，随时随地就可以实现。

四是物流网络的发达。

这四个条件同时具备，并且全民可以享受，为视频时代的到来奠定了基础。视频作为新时代的文本，相比于文字，有着自己的特点。一是视频比文字在表达上更真切、内容更丰富。有很多成语描写美女，如沉鱼落雁、闭月羞花，但一图胜千言。而视频鲜活生动的呈现方式，使其又比图片更有表现力。二是视频的拍摄和观看门槛更低，适合全民参与。人类对视频信息的接受是最天然的，一个两岁的小孩子可能不会说话，也可能听不懂你说什么，但是他能够看到、看懂视频的内容。人类学会写字需要经过长时间的训练，但学会用手机拍视频所需要的时间则短得多。

正如文字改变了社会的方方面面，视频也会改变社会的一切。这种改变不是简简单单的一个补充，也不是简简单单的一个增量，而是彻底的改变。

未来，如果我们的个人设备从手机进化到眼镜，进化到VR（虚拟现实）、AR（增强现实）以后，影像化的产品会更大地改变这个世界。所有的应用，都要重新设计一遍。

需要注意的是视频或者短视频并不是一个行业，只是一种新的信息载体。正如虽然文本是一种承载信息的方式，但没有人把文本当成一个行业一样。

（二）人工智能技术精准匹配人与内容

摄像头内置进手机，人人都可以方便地拍视频，视频数量暴增。因而，视频与人之间的精准匹配成了核心问题。

匹配机制最核心的有三件事：一是理解内容；二是理解人；三是将内容和人连接起来，完成匹配。门槛在于数据，要有人和内容之间交互的数据去做模型。

（1）理解内容。如果是文本化的内容，理解文本的技术在 10 年前就已经非常成熟了，可以分词，做词性标注，提取标题、关键词、实体，以及进行各种各样的文本分析。

最近 10 年，学术界又发展出一整套用于分析图像、分析文本、分析语音内容的工具。给出一张图像，可以分析出场景。这是在学校还是酒吧？里面有没有人或动物？他们高兴吗？不管是基于文本还是影像，都可以让计算机建立对内容的理解。

（2）理解人。首先需要理解一个人长期的静态属性，这叫用户画像，包括年龄、性别、身高、出生地等。其次是理解这个人的兴趣偏好，比如喜欢什么口味？爱打球还是爱跑步？最近是想旅行还是想宅在家里？最后是理解人的意图。一个人使用某个 APP，他当时脑子里在想什么？是在想要用苹果手机还是三星手机吗？是在想自己饿不饿吗？如果能够很丰富地在这三个层面建立起对一个用户的理解，就能在人和内容之间建立很好的匹配关系。

（3）将内容和人连接起来，完成匹配。这个匹配的关系不是靠规则来建立的，而是利用在软件中用户和内容之间数据的互动，用深度学习的方法建立一个模型。这个模型只需要干一件事情，即预测一个新内容和一个新用户之间匹配的概率。如果有这样的预测能力，内容和用户之间的匹配就会变成一个非常简单的问题。

以快手为例，AI 技术深入产品骨髓，贯穿于内容生产、内容审核、内容分发、内容消费的全业务流程。除了分发的环节，快手还在视频创作环节广泛应用 AI 技术。每个人都能成为自己生活的导演，用最普通的手机也可以去记录生活，生成相对较高质量的视频。

把 AR 技术应用在用户拍摄视频的环节，给现实生活的画面加入一些虚拟的元素，这属于增强现实，使虚拟世界和现实世界更好地互动，使人们在记录自己生活的时候有更多的新奇体验。快手之前上线的一款魔法表情叫"快手时光机"，用户可以在几十秒内看到自己容颜变老的过程，从中更加感受到时间的可贵。

这些功能的背后是对前沿 AI 技术的开发，涉及人体姿态估计、手势识别、背景分割等多个技术模块。

这里有一个挑战，上述技术都要在手机本地实时进行计算与渲染。而面对数亿用户千差万别的手机机型，算法必须在所有的机型上都能流畅运行，这对 AI 能力要求非常高，非常消耗计算资源。为了解决这个问题，快手自研了 YCNN 深度推理学习引擎，解决了 AI 技术运行受限于用户设备计算量的问题。

在音频方面，通过语音识别技术，帮助视频制作者自动添加、编辑字幕，还可以以各种各样的形式展示字幕，借助 AI 技术极大地降低了生成字幕的成本。

此外，音乐在短视频场景里也起了非常重要的作用。据统计，快手的视频中，有 60%—80% 的视频用背景音乐烘托气氛。如何选择恰当的音乐表达心情，其实不容易。让用户尽量贴合音乐的节奏创作动作，对于用户的要求也是非常高的，而乐感强的人其实非常少。

为了降低用户创作视频时选择音乐的门槛，快手开发了智能配乐及 AI 生成音乐技术。智能配乐可以根据视频画面及用户画像为用户推荐合适的且被用户喜欢的背景音乐，供用户选择。AI 生成音乐技术通过 AI 的分析算法，可以感知视频画面中人的动作，然后让生成的音乐节奏匹配人的动作，这样极大地降低了用户创作视频时选择音乐的门槛，让大家更愿意创作自己的视频。

（三）算法之上的普惠价值观

每个人都值得被记录，无论是明星还是"大 V"，不管在城市还是乡村，每个人都拥有平等分享和被关注的权利。保护普通的视频生产者，带来了拍摄内容的多样性，因为拍的人多了，内容自然就越来越丰富了。

我们在观看需求的多样性和拍摄内容的多样性之间做匹配。由于拍摄者拍了很多新鲜的内容能够被别人看到，观看者也看到了很多平时看不到的内容，所以这又回到了公平普惠最基本的点上。

如今快手上的视频总数超过 100 亿条，几乎都是不重复的生活记录，这在历史上是前所未有的。如何让这 100 亿条视频与观看视频的用户进行匹配是一个巨大的挑战。

过去，业内常见的做法是运营好长尾曲线中头部的"爆款"视频即可，但怎样才能让尾部视频同样也能被感兴趣的人看到，真正让每一个人都得到一些关注。因此，快手在视频的分发上，采用经济学上的基尼系数控制平台上用户之间的"贫富差距"。

（四）跨过注意力鸿沟

利用短视频、直播等方式填平注意力鸿沟体现了普惠的理念，实际上，历史上有很多普惠技术，填平过各种鸿沟。

这也正是技术和经济演进的逻辑。刚开始，某些东西很贵，只有少数人有资格享用，多数人用不起。因为某种技术进步，它的价格降下来了，普通人也可以享用，人与人之间在某一方面接近平等，生活得到了改善，整个社会因此更加进步。

曾经，文字的价格很贵。只有少数人会识字写字，在中世纪的欧洲，读写能力大部分掌握在僧侣手里。印刷术的发明，大大增加了识字的人口数，让思想得以自由交流和生产。当时，这是一个极其重要的普惠技术。

因为没有保鲜技术，所以在中世纪的欧洲，胡椒的价格很贵，只有少数富人能够享用。在大航海时代，葡萄牙的航海家发现通往印度的航线后，大量的东南亚地区的胡椒通过海路运到欧洲，胡椒的价格就降下来了，胡椒成了家家户户都可享用的调料。

在19世纪之前，颜料的价格很贵，大部分欧洲人穿的衣服是黑色的。1856年，18岁的化学家威廉·珀金合成了苯胺紫染料。颜料便宜了，每件衣服都可以有不同的色彩，每栋房子都可以有不同颜色的涂料，世界从此多姿多彩。

摩托车和汽车也是普惠工具。原来摩托车和汽车只有少数人买得起，现在价格便宜了，普通人也可以拥有私家车。对于山区的人来说，摩托车更是必不可少的生活和生产工具。

邮政、电话、手机都是重要的普惠技术，它们让普通人可以写信和发信息，满足了人们自我表达和彼此沟通的需求。

短视频、直播等则是让每一个人都可以记录和分享生活的工具。快手利用人工智能技术在内容与用户之间进行精准匹配，让每一个人的生活都有机会展示出来。这其实是降低了注意力的成本，跨越了注意力的鸿沟，让每一个人都有了自我表达的能力。

（五）被看见的世界精彩纷呈

如果信息管道不够粗，注意力比较贵，自我表达就需要排出优先级。结果就是，不是每一个生活都能被看见，生活其实就有了高低之分。优秀的生活有资格被看见，其他生活被认为是平庸的，不值得被记录和分享。

短视频、直播让每一个生活都可以自我表达、被看见、被欣赏。每一个存在都是独特的，生活再无高低之分。这是更加真实的世界的镜像，是一花一世界的境界。在这个基础上，因为可以相互看见，所以一些社群形成了。

中国有 3000 万名开大卡车的司机，他们为生计常年在外奔波，还可能遇到车匪路霸，与家人聚少离多，他们有自己的快乐与痛苦，很少被关注，也很难与外人沟通。还有，每个城市都有给殡仪馆开车接送遗体的司机，全世界的海洋上漂着无数的常年不能回家的海员。

而通过短视频、直播，当一位大卡车司机在驾驶室里不经意间拍下自己工作和生活的场景，被其他大卡车司机看到时，他们看到了自己的快乐、痛苦和压力，彼此找到了共鸣，也更加自信了。这是一个社群的形成过程和它的力量。

也许，对外人而言，很多视频毫无价值，但对拍摄者自己而言，它却是生活中不可剥离的一部分。这种社会功能，部分可以经由艺术家的创作来实现，但艺术家的创作能力毕竟有限，社群让很多人获得新的知识，得到认同，相互支持，提升了幸福感。

当我们把不同的变量输入"被看见"这个公式时，还可以得到不同的答案。当每个人的才能可以被看见时，就有了快手教育生态。比如，小兰生活在江西省的一个普通县城，她只有中专学历，却可以教全国的用户如何用好 Excel（电子表格软件），一年赚了 40 多万元。当每个好的商品可以被看见时，就有了快手电商。比如，"罗拉快跑"在拍猕猴桃的视频时意外发现了商机，现在他已经创立了自己的"俊山农业"品牌。当非遗文化可以被看见时，就有了快手上对许多原本无人关注的非物质文化遗产的展示。

当一个贫困的乡村可以被看见时，那些不同于城市的美丽风景突然展现在全国人民面前，就有了游客，有了当地人收入的增加，扶贫工作自然而然就有了落脚点。

……

这样的例子还在源源不断地涌现。每个人心中都有一个渴望，希望自己的状态、情感、灵感能够被更多的人看见，被更多的人理解。通过短视频实现的记录，让人与人以及人与世界连接起来，而建立这种连接是非常有意义的事情。

二、短视频、直播成为扶贫"新农技"

高考失利后，18 岁的贵州姑娘小袁回到大山深处，务农养家。放牛途中，她用手机随手拍了一段视频上传到快手，居然被外界关注，迄今已积累几百万粉丝，她的命运因此有了转机。小袁在快手上叫"爱笑的雪莉"，通过短视频和直播，她让全国的"老铁"看到了美丽的乡村、优质的特产。她帮乡亲们卖出了 200 多万元的土特产。如今，她办血藤果园，建民宿客栈，带领乡亲们脱贫致富。

在快手上，像小袁这样的人还有很多。他们世代居住在偏僻贫困的山村，通过快手展示乡村美景、美食、民俗风情。他们发现，自己的生活原来也值得分享，有很多人对乡村生活感兴趣。这些乡村进入了人们的视野，命运也因此改变。

我们可以惊喜地看到，短视频、直播逐渐融入了贫困地区老百姓的日常劳作中，成为他们实现美好生活需要的"新农技"。

（一）贫困地区老百姓的"新农技"

当今时代最显著的特征，就是互联网的快速发展。互联网给人们的生产生活方式带来了巨大的改变。一、二线城市的人们率先掌握了它，电商、外卖、网约车……种种新事物层出不穷。生活在边远贫困地区的人们，因为客观条件的限制，接触新事物稍稍慢了一些。

说到贫困地区，多数人会认为，贫困是因其位置闭塞且缺乏资源。而事实上，贫困地区是有资源的。在国家不断的投入下，贫困地区也有了完备的基础设施。这些地区隐藏着无数的文旅、特产乃至非遗资源，却因为老百姓"头脑里的距离"，无法展现在人们面前。

习近平总书记指出，摆脱贫困首要意义并不是物质上的脱贫，而是在于摆脱意识和思路的贫困。[①] 我们认为，扶贫应该是让贫困地区也享受到社会发展的红利，让处于中国国土"神经末梢"的人们看到不同的生活方式，对美好生活有自发需要，能够努力应用和掌握新技

---

① 《弱鸟如何先飞——闽东九县调查随感》(1988 年 9 月)，载习近平：《摆脱贫困》，福建人民出版社 1992 年版。

术，从而改善生活。

互联网为每个人搭建了一条信息的高速公路。"短视频＋直播"的方式降低了记录和分享的门槛，贫困地区的老百姓只要会用快手，就可以看到互联网呈现出来的广袤世界，开阔思维和视野，还可以记录和分享乡村生活、美食和美景。

过去一年，中国超过2500万人从快手平台获得了收入，其中，650多万人来自国家级贫困县区，在中国国家级贫困县，每4人中就有1位活跃快手用户。快手在国家级贫困县记录生活的视频总数超29亿条、点赞数超952.9亿次、播放量超16538亿次。

扶贫对于快手来说是与自身业务发展息息相关的。全国贫困县在快手平台上的卖货人数约115万，年度销售总额达到193亿元。快手被誉为"有扶贫内生驱动力"的平台。

快手扶贫的工作就是让短视频、直播这个"新农技"更好用。凭借"算法向善"的技术能力，贫困地区乡村用户即便粉丝不多，只要内容够好，就会被很多人看见。只要乡村被看见，就能产生连接，只要产生连接，就能诞生无数可能性。

（二）流量支撑良好的扶贫生态

通过短视频、直播等方式，贫困地区与外界连接起来，不经意间，带来了个人和乡村的神奇成长：小袁成了一名创业者，她正在打造血藤果园、客栈，带领村里人致富；小蒋动员村民一起采集茶叶并销售甜茶、葛根粉、笋干。这些脱贫路径各有不同，它不是任何一个扶贫机构事先的设计，而是乡村用户和粉丝千百次互动后自然迭代出来的方案。这样的方案更精准，也更有生命力。

快手为了继续发挥优势，更好地履行一家互联网企业的社会责任，成立了专门的扶贫工作办公室。2018年，快手宣布启动幸福乡村"5亿流量计划"，投入价值5亿元的流量资源，给予国家级贫困县一定的流量倾斜，专门助力推广和销售当地特产。

在流量支持下，许多贫困地区的山货取得了惊人的销量。比如，四川"爱媛橙"以果肉软且多汁闻名，很多种植"爱媛橙"的农户便在快手上发布"徒手榨橙汁"的视频，获得了很多关注，用户纷纷在视频下留言购买。仅2018年，"爱媛橙"在快手平台的销售规模就达到4000万斤，销售额约为1.57亿元，帮助无数家庭改善了生活。

不仅如此，快手独特的流量扶贫模式，是以教育扶贫为核心、以电商扶贫为重要手段、以打造贫困地区区域品牌为补充途径，并广泛动员社会力量的精准扶贫模式。

首先是教育扶贫。扶贫必扶智，快手平台本身就有很多适合乡村的农技、农服视频，可供乡村用户学习。快手还与贫困县合作开展"快手大学"项目，培训当地群众学会使用互联网，掌握短视频工具，打破闭塞的信息通道。"快手大学"已在广东省、内蒙古自治区、山西省等地开展培训，培育了超过2000名优质乡村短视频生产者，带动了贫困地区社交电商的发展。

2018年，快手发布了"幸福乡村战略"。其中一个核心板块是"幸福乡村带头人计划"，即在全国支持100位乡村快手用户在当地创业。迄今，该项目已覆盖全国20个省（自治区）51个县（市、区），培育出36家乡村企业和合作社，共发掘和培养68位乡村创业者，提供超过200个在地就业岗位，累计带动超过3000户贫困户增收。带头人在地产业全年总产值达2000万元，产业发展影响覆盖数百万人。

其次是电商扶贫。快手社区"老铁经济"让乡村地区销售农产品的"老铁"们不只是个售货员，还是一个懂行、朴实的带货达人。快手以"福苗计划"动员全站电商达人、MCN机构、服务商等有经验、有意愿的用户，帮助贫困地区的老铁推广、销售产品。目前，该计划已帮助全国近80个贫困地区销售山货，直接带动近18万建档立卡贫困人口增收。

最后，快手除了点对点式地帮扶对口贫困村落，还注重整体性的地区合作。快手启动"打开快手，发现美丽中国"项目，利用流量支持，携手贫困县地方政府，让互联网技术赋能地区和个人，努力改变城市与乡村、地区与地区之间的发展不平衡状况。目前，快手与内蒙古锡林郭勒盟、云南永胜、湖南张家界等地达成了区域扶贫合作。

三、短视频、直播扶贫案例

（一）山村里的味道：快手"鲁智深"，山中扶贫王

江西省横峰县大山深处，小蒋在快手上直播村民制作笋干、甜茶的过程，通过这种方式，他帮助50多个村、200多户的农民把山货卖到全国各地。此前，只有初中文化的小蒋在浙江义乌打拼，为了不让孩子成为留守儿童而选择回乡。他未曾想到，快手不仅帮他实现了个人的创业理想，还帮助了更多人脱贫增收。

1. 为了女儿不当留守儿童，回乡在快手创业

2010年，小蒋从打工多年的浙江义乌回到江西老家。回到家乡后，他发现家乡的土特产很多，于是就想利用电商平台销售农产品，但一直没有成效，直到2015年遇到快手。

起初，小蒋拍了几个月的小视频，都没什么起色，直到2016年

5月，好多粉丝私信小蒋说："你长得蛮像《水浒传》中的鲁智深的，要不你扮演一下鲁智深，'老铁'们会喜欢看。"于是，小蒋就网购了一些服装，自己化妆，试着拍了几条，还真的上热门了，有100多万点击量。坚持了一两个月后，渐渐有了五六万粉丝。

那时，村里的扶贫工作刚刚起步。一个贫困户挖了些笋干，小蒋就在直播里帮他卖，没想到一两天时间就卖了100多斤，卖的钱相当于贫困户过去大半年的收入。

后来粉丝越来越多，小蒋就专门拍快手短视频，分享家乡的美景、美食、生活方式，卖家乡的甜茶、山茶油、葛根等土特产。渐渐地，附近十里八乡的农民也都来找他。

2017年，小蒋卖出了1000多斤甜茶和700多斤笋干；2018年卖了1500斤甜茶。现在的他每天都在努力直播销售土特产。

2.卖土特产帮村民增收

笋干、甜茶叶、梅干菜这些不起眼的山货，在小蒋的粉丝眼中却成了抢手货。通过小蒋的短视频、直播，有近50个村的230户人家把农产品卖出了大山，其中还包括几十户贫困户，他们有的一年可以增收2万多元。2017年，横峰县委书记为小蒋颁发了一个"最美企业家"的奖项。

小蒋通过短视频、直播的形式帮村民增收，不仅得到了政府的肯定、媒体的支持，还被一些学者称赞说"既活跃了农村经济，又富裕了自己"。最重要的是，城里人还可以购买新鲜的原生态特产，可谓一举多得。

横峰县扶贫办电子商务部门还邀请小蒋去讲课，分享创业青年的扶贫经验。

3.政府协助品牌化运营，帮助家乡人四季有收入

小蒋在快手上卖农产品，一开始不在意包装，只是散装。于是有

人说他卖的是三无产品，要投诉他。当地政府和食品卫生监督部门帮忙解释，县委书记也一起想办法。

于是从2019年开始，小蒋从农民那里收来的葛根粉统一由政府协调的企业进行专业包装，包装好后还要做好溯源记录，包括哪里产的、哪些农民挖的、企业什么时候包装的。

4.快手官方扶持，扩大扶贫影响力

2018年，快手组织了一批人去考察，确定小蒋真正帮助了这些农民后，便努力帮忙宣传。

之后，北京卫视《但愿人长久》节目组拍了一期"乔杉悦悦寻找山村'鲁智深'"的节目，宣传小蒋的家乡，从而吸引了很多慕名而来的外地游客。在政府的帮助下，一些农民建了民宿，开了农家乐。

紧接着，中央电视台新闻频道的《新春走基层》栏目、中央电视台财经频道、江西卫视、中青网、新华社等都对小蒋和他的家乡进行了报道。2018年年底的乌镇世界互联网大会，小蒋的故事还被展示在图片展里，作为网络改变中国农民的故事之一，被更多人看到。

（二）内蒙古乌拉盖草原：如何利用直播打造出农牧业品牌

乌拉盖草原出产优质牛肉干，但在全国的名气不算大。短视频和直播为乌拉盖草原带来了一个良机。

当地青年阿平利用快手短视频和直播，创出了自己的草原牛肉干品牌"木其尔"，阿平牛肉干成为大城市白领的"网红"食品。2019年，20多万快手粉丝给阿平带来550万元的销售额。如今，阿平的牛肉干销量越来越大，12人的车间已经不能满足需求，阿平希望能建一个更大的工厂。

1.直播前的艰难岁月

20年前，15岁的蒙古族少年阿平来到锡林郭勒盟乌拉盖草原管理区，这里有被称作"天边草原"的乌拉盖草原。家境贫寒的阿平只上过五年小学，为了生活，羊倌、保安、卡车司机、拉草、做饭……能干的活儿基本都干过。

2015年，电影《狼图腾》上映，电影中无边的草原、成群的牛羊、野性的狼群都让人震惊：中国竟还有这样原生态的草原。电影取景地锡林郭勒大草原引得无数游人蜂拥而至，阿平敏锐地发现了商机。

这年7月，阿平借了10万元钱，租了个116平方米的房子卖起了牛肉干。"2015年小店只经营了18天，草原的秋天就来了，草黄了，游客就走了，我的店彻底没了生意。"第一次创业，阿平赔得连房租都交不起。

草原上，旅游带来的商机只在短暂的夏季。羊群4月份下羊羔，9月份被卖掉，牧民一年只赚这一次钱。7月的乌拉盖草原，辽阔、悠远、诗意、纯净……如诗如画一般，这是一年中人气最旺的季节；而进入9月，草原则换了面孔，嫩绿而无垠的草场开始泛黄，气温变化带来的凉意不仅体现在身体上，更反映在市场里，一年里最热闹的出货季结束了。

2.直播让草原特产穿越淡旺季

草原特产如何摆脱淡季无人问津的宿命，成为阿平的生意能否赚钱的关键。在没有头绪的时间里，阿平偶然间发现了快手的直播带货，虽然对自己能否成功并没有把握，但在朋友的劝说下，还是很快就开始了新尝试。

与美好的憧憬相比，阿平打开直播的第一次尝试，就不得不草草收场。"2017年第一场直播时，我不到三五分钟就关了。因为从小说蒙语，汉语学得很少，直播中粉丝问了什么问题，我要先用蒙语在脑子里过一遍再用汉语表达。"阿平用尴尬来形容自己的第一场直播。为了能跟粉丝无障碍交流，阿平开始努力学习汉语，"我每天在网上看别人直播，学习跟'老铁'沟通，平时多听普通话广播，遇到不认识的字就查《新华字典》"。

直播卖货的第一笔订单来自一位东北大哥，大哥下单买了2斤牛肉干，为了向顾客证明自己不是骗子，阿平将户口本、身份证照片、家人名字和联系方式等和盘托出。

这几年消费升级，城市里对不同口味牛肉干的需求越来越旺盛。阿平为人朴实，加上货真价实，渐渐地，越来越多的人下单、点赞、转发，他的直播间人气越来越旺，销量也开始稳步上升。口碑成了阿平牛肉干的"硬通货"，在快手提供的生态链里被迅速点燃，成为直播经济里又一成功案例。在乡村振兴的大背景下，阿平的网红创业，也被赋予了小康路上奋斗者的时代精神。

2018年，阿平被快手遴选为内蒙古自治区唯一一名"幸福乡村带头人"，得到了去北京学习的机会。那次学习对阿平影响至深，直到现在，谈起他在清华大学的参观学习时，他的语气中都有掩饰不住的激动："这太珍贵了，我做梦也没想到自己能来到清华大学学习。"

这次学习也成为阿平直播的一次转折。"公司培训我们如何跟'老铁'沟通，还教会我们应该创立自己的品牌，要学会财务管理。"培训结束回到草原，阿平注册了自己的牛肉干品牌"木其尔"。"'木其尔'在蒙语中是绿色、树叶的意思，我要做的牛肉干必须是健康的、品质一定是有保证的。"

有了人气，阿平直播带货的产品也越来越多，很多牧民慕名而来，让阿平帮忙销售自己的特产。如今，在阿平的直播间，"老铁"们不仅可以买到阿平的牛肉干，还可以买到当地牧民家里的牛羊肉、手工制作的奶制品。

为了满足销售需要，阿平成立牛肉干加工厂，招聘了 12 名员工，不仅提高了制作的集约化水平，还帮助身边的牧民找到了稳定的工作。谈起自己在致富路上给其他人带来的工作机会，阿平说他并不满足。

"我现在帮周围的牧民卖土特产，但我更想带动更多的牧民自己学会直播。"阿平经常把带动大家脱贫致富挂在嘴边，"我是从苦日子走到今天的。现在有了员工，他们可以在这挣钱，但以前跟我一起放羊的大哥现在还是羊倌。所以我想用直播的力量帮大家脱贫"。

3.过硬的质量和精准的定位才是核心竞争力

2020 年突如其来的新冠肺炎疫情，让线上直播带货成为销售的常态。商务部最新大数据显示，2020 年第一季度电商直播超过 400 万场，疫情防控的客观现实成为直播电商发展的加速器。

此轮社会消费模式的升级中，直播电商无疑抢占了先机。整体来看，直播电商行业正处于快速成长期，存在着流量红利，越来越多的平台和品牌方的加入会推动行业的持续发展。

决定直播电商成败的因素有很多，但流量与人气仍然是直播客们最根本的竞争力。现阶段，电商虽然改变了商业的渠道和网络，但直播模式尚未全面进入智能化、精准化阶段，商品的品质和品牌仍然是实现销售的关键。具有直播成功经验的阿平坦言，直播的流量固然重要，但直播模式普及后，过硬的质量才是核心竞争力。"我的直播间人并不多，我的粉丝也不是最多的，但我每场直播销量都很好，很多都是回头客。"

阿平的粉丝黏性和回购率都很高，大家看重的就是他踏实、可靠的人品。"我坚持用最传统的方式制作牛肉干，风干后的牛肉干用炭火烤，确保口感。"2019 年，接受多家媒体采访后，阿平名声大噪，但他始终坚守品质保证，"这时候我更要明白，我的品牌是要做一两年，还是要做一辈子！"

看着越来越多的人加入直播，阿平也感受到了挑战。如何作出自己的特色？阿平有了新的思考。

从前，阿平经常在视频和直播中展示大美草原风光、草原那达慕大会、传统蒙古族节日，引来了众多粉丝围观，粉丝对阿平直播中呈现的草原风光和草原人独特的生活心向往之，很多粉丝冲着阿平的名气，夏季会选择到乌拉盖旅游。

"去年有三四千名'老铁'因为看了我的直播来乌拉盖旅游，我把'老铁'们组成团，带领大家一起游玩，给他们介绍草原最美的风光和最地道的美食。"直播为草原带来了更旺的人气，阿平成了当地草原旅游的代言人。

"阿平，你吃的是什么？""你背后的马鞍子卖吗？""蒙古族为什么套马？""能不能教我做奶茶"……直播中阿平总能遇到各种各样的问题，"老铁"们对蒙古族传统文化表现出浓厚的兴趣，这也给了阿平更多的启发，经过两年多的直播，阿平逐渐找到了自己的新定位。"我要把我的直播打造成蒙古族文化的品牌，让大家通过我的直播了解蒙古族、了解草原文化。"

"不懂的事情不能乱说，我得学习。"如今，直播之余，阿平开始潜心研究草原文化。阿平说，希望未来大家来到阿平直播间，能了解蒙古包是怎么搭建的、进入蒙古包有哪些注意事项、蒙古族喝酒有哪些礼仪、进入草原开车能不能碾压草坪……

如今，阿平的牛肉干销量越来越大，12人的车间已经不能满足需求。未来，阿平希望能建一个更大的工厂，招募更多的人一起把草原牛肉干产业做大做精。在阿平心底，他仍然希望有越来越多的草原人学会直播，让自己成为"网红"，为家乡代言。"我们镇有1万多人，现在只有我一个'网红'，如果有 10 个，我们草原的名气一定会更大，来的人更多，大家都不愁致富了。"

四、动员社会更广泛力量助农扶贫

利用技术力量和普惠理念，快手在打造一条扶贫新路径，这些系统性开展的扶贫项目，其重点就是"授人以渔"——以短视频、直播作为乡村扶贫的信息普惠工具，赋能乡村农人，推动社交电商、信息推广，系统性激发贫困地区扶贫内生动力，实现"造血式扶贫"，让每一个乡村被看见。

在脱贫攻坚这场全社会参与的战役中，还涌现出了无数好故事、好方法和典型人物，短视频是承载和宣传这些经验和做法的最好的方式之一。例如，四川省阿坝藏族羌族自治州贫困村的扶贫第一书记，他将餐桌搬到了海拔 3200 多米的云端深处。风景如画的云端让视频点击量超千万，他的家还被称为"云端餐厅"。他还通过快手展现乡村美景，吸引游客前来并带动农副产品销售，帮助村民增收。

中国很多地方有着优质的农产品、丰富的资源、优美的环境，短视频和直播为它们提供了绝佳的机会窗口。未来不少地方将会乘势而起，打造全国性品牌，发展当地的产业。

短视频、直播　魏延安　▼　　扶贫兴农·专家点评

短视频与直播是近年互联网的新风口。截至 2020 年 6 月，我国网络短视频用户达 8.18 亿，网络直播用户达 5.62 亿。通过大量短视频和直播，乡村的田园风光让人向往、浓郁的风土人情引人入胜、原生态特色产品走出深山，带动了农村创新创业和农民增收致富，推动了脱贫攻坚和乡村振兴，让手机成为新农具、农民成为新"网红"、直播成为新农活、农品成为新网货。

短视频与直播平台坚持以大数据、人工智能为支撑，培养扶持乡村"网红"，支持直播扶贫活动，让贫困地区的农民和农特产品得到更多"被看见"的机会，探索出一条脱贫攻坚创新之路。过去一年，国家级贫困县区在快手平台上有 29 亿多条生活记录视频，播放量超 1.6 万亿次，650 多万用户获得收入，115 万人销售产品 193 亿元。贵州放牛女孩小袁、江西返乡打工者小蒋等一批乡村土生土长的青年人在快手上改变了人生命运，既获得了可观的收入，也带动了村民共同致富。

只要秉承普惠发展的理念，互联网科技的每一次创新，都可以为更多普通农民赋能，创造更多的发展机遇，激发他们的创新创业潜力，以更多的获得感来生动诠释互联网如何让乡村更美好！

——魏延安，国务院扶贫办电商扶贫特邀专家、陕西省果业中心主任

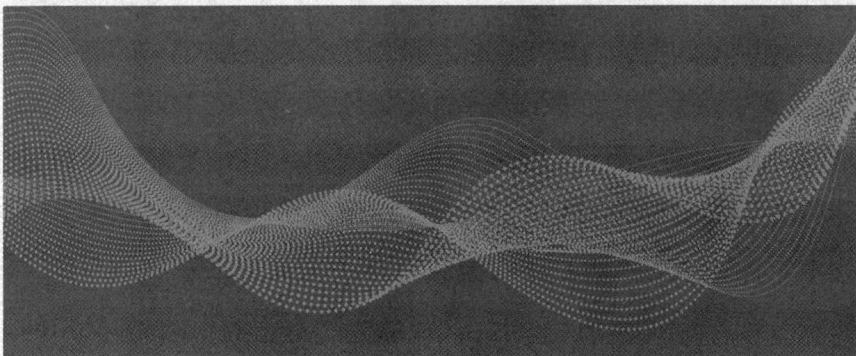

第四部分
普惠包容

　　普惠包容，是指数字技术创新让应用的门槛不断降低，可惠及包括贫困主体在内的弱势群体和普罗大众。本部分（第12—15章）分别讲述：消费升级新模式带来的包容性发展、数字金融带来的包容性发展，以及数字网络新技术给包括弱势群体在内的广大用户在健康、教育上带来的包容性发展。

12

"互联网＋家政"：为精准扶贫打开一扇窗

康　宇[①]

随着社会经济的快速发展，居民生活条件不断改善，消费水平不断提高，消费意识也不断改变。与此同时，城镇居民也面临工作节奏加快和时间分配难以平衡等压力，因此越来越多的人选择将生活上的难题交给专业的家政人员。此外，当前双职工和二代户家庭成为主流，家政服务成为这部分群体的生活刚需。习近平总书记提起，家政服务业"既满足了农村进城务工人员的就业需求，也满足了城市家庭育儿养老的现实需求"[②]。同时，家政服务业吸纳了大量来自贫困地区的劳动力，在保障民生和就业扶贫方面均起到了重要作用。家政服务业也因此得到迅速发展，目前已颇具规模，服务体系也日趋完善。

据中国劳动和社会保障科学研究院发布的《中国家政服务业发展报告（2018）》显示，近年来，我国家政服务业产业规模继续扩大，连续保持 20％以上的年增长率。2018 年，我国家政服务业的经营规

---

① 康宇，天鹅到家公关经理。

② 《习近平："功成不必在我"意在打基础、谋长远》，新华网，见 http://www.
xinhuanet.com/politics/2018lh/2018-03/08/c_1122508047.htm。

模达到5762亿元，同比增长27.9%，从业人员总量已超过3000万人，预计2020年中国家政服务业市场规模将达到近9000亿元。

然而，在家政行业迅猛发展的同时，仍然存在管理标准不健全、法律法规不完善的制度设计短板，并表现为市场有效供给不足、家政用人缺口不断扩大、家政人员质量良莠不齐、健康及背景缺乏保证等痛点。对消费者来说，存在找不到、不规范、不满意等现状，对家政人员来说，存在培训和管理不足、职业认同度低、合法权益难以保障、薪资和社会地位不高等问题。虽然少部分家庭靠他人介绍可以找到满意的家政人员，但"介绍的阿姨难靠谱、好的阿姨留不住"现象仍在一定程度上存在。

随着移动互联网和大数据等信息技术的发展，传统的家政服务行业正处于向互联网转型的过程中。2020年上半年疫情防控期间，"宅经济"迅速崛起，在线网购、在线教育、在线办公等产业互联网爆发出新潮流，到家服务的升级等趋势渐显，逐渐衍生"互联网＋生活服务"新模式。互联网融合应用让这个传统行业绽放新姿，其展现的刚需属性也愈发凸显，未来整体发展潜力巨大。

一、"数据＋平台"家政服务业数字化转型

2019年6月，国务院办公厅印发《国务院办公厅关于促进家政服务业提质扩容的意见》，明确提出要大力发展家政电商、"互联网＋家政"等新业态；培育以专业设备、专用工具、智能产品研发制造为支撑的家政服务产业集群。

2020年8月7日，央视综合频道《焦点访谈》栏目聚焦我国家政行业发展，节目就目前家政行业困境指出，家政行业需要线上化

发展；不断吸纳家政人才，满足市场需求；建立服务标准，提高服务质量；培训服务人员，提高工作效率。伴随我国经济结构转型升级，消费需求逐步提升，"互联网＋家政"成为家政服务行业未来发展方向。

业务线上化，是很多规模较大的家政企业不约而同的选择。契合发展"互联网＋家政"的思路，家政企业通过互联网思维和平台模式打造全新线上服务模式，依托优化库存管理、员工管理、服务体验来改善传统中介的运营模式。

对于家政平台来说，借助互联网、大数据、人工智能等新兴科技，可实现移动派单、智能匹配、自动调度，提升平台的运营效率。雇佣双方匹配后，通过互联网在线方式，服务者可在后台实时查看订单并按系统规划的时间和路线前往用户家进行服务，用户可进行服务确认、在线支付及在线评价，平台可统一管理订单全流程。

此外，家政平台依托互联网技术拓展服务内容，搭建起集招聘、培训、考核、销售、保险保障等于一体的服务体系有效解决目前由于家政市场缺乏统一入行标准和培训体系，造成的家政人员服务质量参差不齐，以及用户经常因家政服务不规范、不到位而投诉的难题。通过"互联网＋家政"，企业平台积极优化服务体验，规范服务流程，建立专业培训体系，为行业塑造正面形象作出不少贡献。

随着大数据、人工智能、VR/AR 等前沿技术的发展，以科技为基础的新动能将推动家政行业转型升级。先进技术将更好地实现资源整合、系统集成，降低家政人员培训的成本投入。同时，运用互联网技术实现优质高效的服务，更符合消费者的需要，也将为家政行业带来更广阔的发展前景。

二、阿姨"上云"技术变革打通供需"最后一公里"

一直以来"互联网＋家政"的发展模式备受政府关注。2020 年 7 月，商务部办公厅等八部门发文，正式启用家政服务信用信息平台。社会公众可通过"家政信用查"手机 APP 免费查询家政服务企业信息。家政服务信用信息平台有"两类记录"，即家政服务员信用记录和家政服务企业信用记录。服务员信用记录内容主要包括姓名、性别、年龄等个人身份信息和犯罪背景核查结果，企业信用记录主要包括工商注册信息、行政奖励和处罚信息等内容。平台接入了公安部门的人口信息、卫生部门的健康信息以及市场监管部门的备案信息，保证家政人员身份真实、具备上岗条件，也避免失信企业误导消费者。

"家政信用查"分为消费者端和服务员端两个手机应用程序 APP，归集各地家政服务企业和家政服务员的信用信息，并在全国范围内实现共享。其中，家政服务员信息属于个人信息，需家政服务员授权才能归集和查询。建立家政服务业信用体系可进一步规范和促进家政行业发展，保障了消费者知情权、家政服务员隐私权、企业和服务员双向选择权。

该平台对所有家政企业、服务者和消费者开放，不设任何门槛，鼓励更多企业和服务者加入平台，并引导家政服务消费者优先选择信用记录良好的家政服务企业和家政服务人员。截至 2020 年 7 月，该平台已归集 1 万余家家政服务企业和 800 余万条家政服务员信用信息，未来信息数量还会不断增加。各地正在大力推动家政服务员完成身份验证和授权，在信用平台建立完整信用记录的家政服务员数量会不断增加。

对家政服务人员来说，信用记录良好更易被消费者和家政服务企业选择，会增加工作机会和提高收入，如果信用差或有盗窃等"污点"，将很难再被雇用。而对雇主来说，在相关授权情况下，通过平台查看家政服务人员的信用信息，也可以增加对家政服务人员的了解和信任。

新冠肺炎疫情发生后，家政服务员健康状况备受消费者关注。为消除因疫情引起的互信障碍，推动家政服务员复工返岗，商务部有关部门在"家政信用查"手机 APP 新增"防疫健康信息"查询系统，增加了每日体温录入，是否属于确诊患者、疑似患者、尚在观察期内的密切接触者，过去 14 天所到国家、地区或国内城市，14 天内是否曾与新冠肺炎确诊 / 疑似患者、无症状感染者同乘公共交通工具等防疫信息查询功能。

数字化技术不仅可以应用于信用信息平台，也可以应用于家政服务交易全流程。将连接方式由线下切换为线上，是不少家政企业在疫情期间的选择。

家政服务业吸纳了大量蓝领劳动力，疫情冲击下，早日复工成为阿姨们的共同期盼。与其他行业不同，多数生产性企业在疫情防控期间采取降低成本来维持生存，而家政企业却要想办法扩展渠道实现家政员与客户的衔接。对于家政服务业，虽然线上无法实现服务环节，但线上可以解决招聘、培训、面试、签约等一系列流程。家政人员的工作期满后，可就地与下一客户进行视频面试，双方认可后家政人员即可到岗，实现无缝对接。

疫情期间工作量虽不如以前，但这也正是家政从业者"增值"提升技能的好时机。2020 年上半年，黑龙江省商务厅会同妇联等部门联合发起"家政有约·网上对接"活动，计划到 12 月底，通过组织"诚信服务·云对接""技能提升·云培训""展示家政·云橱窗"等一系列活动，帮助 10000 名家政服务员对接 10000 个家庭，培训一批家政服务成手，提升家政服务员上岗就业率。

疫情隔离防控措施下，部分家政服务紧急暂停，但一根网线串联起了家政阿姨和客户两端的供需。消费者可以通过 APP，在线查看阿姨的简历，了解阿姨的工作经历、培训经历、健康证明以及实时体温健康状态的个人信息。消费者可以根据个人需求选择阿姨，并预约在线面试时间，匹配成功后直接在 APP 上签订合同并完成支付交易。

三、家政扶贫走出精准扶贫新路子

一头托起成千上万贫困家庭的脱贫梦想，满足了农村进城务工人员的就业需求；另一头连着城镇居民提升生活质量的美好希望，满足了城市家庭育儿养老的现实需求。如今的家政服务业不仅是惠及千家万户的朝阳产业，而且已然铺就了一条助力剩余劳动力比较充盈的贫困地区实现精准脱贫的新路子，被称为一项互利共赢的工作，一项惠及广泛的爱心工程。

精准扶贫是党的十九大确定的三大攻坚战之一，商务工作贯通城乡、联通内外，在脱贫攻坚中大有可为。近年来，商务部在精准扶贫方面做了不少工作，也取得了积极成效，积累了一定经验，家政扶贫是其中重要一环。

早在 2017 年 9 月，商务部会同国家发展改革委、财政部、全国妇联印发了《关于开展"百城万村"家政扶贫试点的通知》，结合家政服务业吸纳贫困劳动力就业容量大的优势，组织家政服务需求大的

10 个中心城市的 28 个家政企业与家政服务资源丰富的 7 个省的 38 个贫困县开展家政扶贫试点工作，探索家政扶贫的有效途径。"百城万村"家政扶贫计划旨在推动中心城市和农村，特别是与贫困村的对接，让农民特别是贫困村的农民经过培训成为家政服务人员。

因就业对学历要求低、容量大，家政行业无疑是解决贫困地区富裕劳动力就业脱贫的好途径。自商务部开展"百城万村"家政扶贫试点以来，三年多共计帮助 100 多个城市家政企业与广大的贫困村进行供需对接，带动农村和贫困地区 50 多万人就业。

2019 年 6 月由国务院办公厅印发的《国务院办公厅关于促进家政服务业提质扩容的意见》中也明确提出，要加强家政供需对接，拓展贫困地区人员就业渠道。该意见指出，要建立家政服务城市与贫困县稳定对接机制。把家政服务作为劳动力输出地区各类职业技能实训基地重要培训内容，在中西部人口大省重点打造一批家政服务人才培训基地；建立健全特殊人群家政培养培训机制。对困难学生、失业人员、贫困劳动力等人群从事家政服务提供支持。推进"雨露计划"，为去产能失业人员、建档立卡贫困劳动力免费提供家政服务培训。

2020 年 6 月，商务部、人社部、国务院扶贫办等十部门联合下发《关于巩固拓展家政扶贫工作的通知》，推出多项支持政策，吸纳更多贫困劳动力从事家政等生活服务工作，更大程度发挥家政扶贫在决战决胜脱贫攻坚中的作用。通知指出，支持贫困地区通过"点对点、一站式"输送贫困劳动力到中心城市"返岗"，对签订劳动合同的劳动者可采取共享用工的方式，让贫困劳动力尽快返岗稳岗；组织中心城市的大型家政企业与贫困县进行对接，加强贫困县家政服务劳务东西部帮扶协作的落实等，让贫困地区的劳动力与城市家庭对接起来；通过家政培训提升行动、"春潮行动"等，进一步提升家政服务人员专业素养和就业竞争力。

在地方层面，各地也在积极打造具有本地化特色的家政服务劳务品牌，挖掘特色服务，多措并举创新家政扶贫模式。在江苏扬州，以"技能输出、劳务引进、品牌入驻"为突破口，深入推进劳务协作，促进精准脱贫，通过培训，持证上岗，拥有更多的就业机会。

"云嫂入沪"是云南省商务厅与上海市商务委员会按照商务部"百城万村"家政扶贫工作要求，由云南本地家政企业在贫困地区组织富余劳动力，特别是建档立卡贫困户开展短训，将有意愿从事家政服务的人员输送到上海家政企业就业。通过这一项目探索可复制、可推广的精准对接、按需培训、择优引进、就业扶贫沪滇合作新模式，实现"一人就业、全家脱贫"目标。

广州市妇联打造的"南粤家政·花城人家"（毕节）家政实训基地于2020年6月正式落成，这是广州市在对口扶贫地区贵州毕节打造的首个"南粤家政"实训基地。此外，广州市妇联还在毕节打造了首个"南粤家政·花城人家"（毕节）服务站，创建了"南粤家政·花城人家仕馨班"和"南粤家政·花城人家谷丰班"两个品牌订单班，通过开展劳务协作，实现订单入学、定向就业，吸纳当地学生来穗就业。

不仅要就业，还要创业。来自广西壮族自治区柳州市三江侗族自治县的贫困户小郭就是最佳案例，她原本抱着"学做月嫂挣钱"的目的来到广东省湛江市，没想到一路走来却办起了家政公司，不仅自家脱了贫，还带着家乡的姐妹们过上了好日子。2019年8月，小郭参加了吴川市人社局在三江县举办的家政培训课程。9月，在吴川市人社局的帮助下，她着手组建了员工制家政服务公司——吴川市江秀家政服务中心。湛江市家庭服务业协会则为小郭安排住宿，承租了公司办公场地，提供了为期3个月的公司管理业务培训。

四、补齐家政待业"短板"

近年来，随着我国经济结构转型升级，消费需求逐步提升，家政服务行业也进入了发展快车道。然而，随着消费升级、新技术的不断诞生，想要搭上"互联网"这趟快车，家政行业还需补齐自身短板。

"小散乱"一直是家政行业多年来的痛点。家政行业目前有70余万家家政企业，属于典型的"大行业小公司"，中小微公司是构成家政行业的主要力量。而且传统家政行业依赖线下门店模式，长期以来围绕社区发展，具有一定的地域局限性。不仅在企业地域分布上散，行业本身所涵盖的服务也较为分散、庞杂。大到修家电，小到通马桶，还有保洁、保姆、开锁、搬家，只要和家居场景相关，几乎都可被纳入家政服务。由于小和散，各家服务质量参差不齐，收费标准有高有低，这又直接导致了市场的混乱。中国消费者协会公布的数据显示，2019年社会服务类投诉中家政服务相关投诉占到了总量的一半。

家政互联网化是传统家政行业未来的转型方向和趋势，而构建家政服务在线系统需要长期持续投入资金及人力资源成本，对于小企业来说，此项工程耗费巨大，甚至是不可承受之重。行业的发展需要行业内所有企业共同努力，特别是头部企业，应该承担起带头作用和示范作用，共同携手，共创共享。

近年来，社会对高端家政的需求越来越多，大学生保姆、金牌月嫂等群体更是引人瞩目。但传统的家政从业人员大多是学历较低、年龄偏大、就业困难、收入较少的群体，这类群体社会保障较差，如何提升这部分群体的技能，并让其更好地就业也是亟须解决的问题。

对于消费者来说，家政服务中最重要的是家政服务人员的专业度，而专业度来自标准化和规范化的家政职业培训。从职业技能到职业素养，从从业礼仪到从业道德，均需要对家政服务人员进行相关培训和考核，方能达到专业的服务质量，为消费者提供良好的服务体验。

此外，随着智能家居的日益普及，传统家政服务的可替代性不断增加，如何结合智能家居改进家政服务，还需家政行业结合互联网展开新的探索，提升家政从业人员与智能家居设施协同的能力。未来，家政服务业还需聚焦降低成本、培养人才、完善保障和强化监管，解决家政企业发展痛点，推动行业规范有序健康发展。

五、家政行业数字基础设施构建

一场疫情改变了人们的生活方式，消费方式在转变的同时，公司平台也在不断借助科技为供需双方提供便利。疫情期间，各行各业都受到了不同程度的冲击，家政行业也不例外，订单量出现大幅减少，而互联网串起了供需两端。

疫情防控期间，基于平台的互联网家政优势明显。以国内互联网家庭服务企业天鹅到家（原58到家）为例，天鹅到家拥有自主开发的分别面向消费者和家政人员的应用软件，消费者使用"天鹅到家"APP，家政人员使用"阿姨一点通"APP，两个APP间打通家政内部系统，消费者、家政人员及平台三方连接，整个服务流程运转起来。同时，天鹅到家还开发了PC端、移动端及微信小程序等多个渠道应用，实现传统家政的智能线上化，最大限度地打破消费者与服务者的信息壁垒，让消费者能够按需选择服务者，定制服务内容、时间，整个服务沟通和交易流程更加便捷高效。

在疫情影响下，天鹅到家顺势而为，加速完成了全线上服务交易闭环系统，用"互联网＋"的思维创新性地打造家政服务发展新模式，覆盖服务人员的在线培训、在线结业、线上找工作、在线更新简历，以及雇主在线查看简历、三方在线视频面试、远程签单以及在线付款等一套家政服务体系。通过家政服务交易全在线闭环系统，58到家将传统的线下家政交易转变为线上模式，在线方式可快速连接消费者与家政服务人员，提高沟通和工作效率。此外，线上下单时，消费者可以根据自身的需要，预订个性化的服务，比如服务时间、技能水平等，可有效避免预约难、服务差等问题。

天鹅到家也采用"线上＋线下"相结合的模式，来培养更多的家政服务产业人才，以弥补当前家政市场人才供不应求的局面。通过线上直播课堂，各专业讲师采用"理论＋实践"的方式授课，深入浅出地解说专业技术操作要点，让学员可以更加直观地掌握相关知识和技能；通过直播与微信群同步教学，有视频、有语音，进行多媒体、多平台授课，让学员在家就能学到各种职业技能。

自我隔离期间，天鹅到家平台的夏阿姨上起了"网课"，开启了"充电时间"。由于日常上户工作太忙，阿姨们不舍得专程抽时间进修。疫情防控期间，她们每天手机不离身学习在线培训课程，网课学时完成，还要再去社交板块的圈子里跟其他阿姨一起聊聊今天哪个课程很实用，谁视频面试上户了，谁又做了什么新菜样……

"大家都非常积极地交流、学习，不仅可以让自己有收获，感觉疫情带来的心理压力也小了很多。"夏阿姨说。

疫情期间，按照当地防控要求，湖北籍的阿姨暂时无法外出复工。58到家第一时间了解情况后，充分利用互联网平台，让滞留在家的阿姨通过在线培训平台学习和巩固家政服务技能，并通过APP

与雇主进行在线视频面试，提前约定好上岗时间。天鹅到家 CEO 陈小华强调，疫情期间，公司 50% 以上的订单是通过视频面试匹配成功的。同时，保姆、月嫂、育儿嫂订单量在 2020 年 4 月份就恢复至 2019 年同期的 70%—80%。

还有一些春节返乡的阿姨因担心疫情期间接不到单子，又会增加额外开销，从而选择在家等待。此外，疫情以来，还有很多阿姨一时找不到工作，或者想加入家政行业，她们可以先通过在线平台进行先期服务技能培训，通过简单的工具即可学习和实践。

在大力推广线上闭环系统时，天鹅到家也十分注重阿姨们对在线方式的接受能力和操作体验。陈小华介绍，"从目前的数据来看，超过 90% 的阿姨使用都是顺畅的。工作人员会对所有线上操作环节录制相关教学视频发到各个阿姨的群里，并对不知道如何使用的阿姨进行一对一的远程指导"。

随着国内各大城市的疫情态势趋于可控，家政行业的订单量也开始逐步恢复，大众对家政服务的需求也在不断攀升。来自天鹅到家平台的保洁黄阿姨说，选择家政行业是因为看到了市场，自 2015 年加入天鹅到家平台，自己每月的收入均未低于 1 万元；而受新冠肺炎疫情影响，2020 年 2—3 月份几乎处于待业状态。从 4 月份开始，她的订单量开始陆续回升，一个月能接 70 个订单左右，是 2019 年同期的 80%—90%，大部分订单都以老用户为主。

疫情期间，她更加体会到互联网家政平台的优点，并对自己的事业充满希望。"像网约车司机一样，公司每一位'阿姨'手机里都装有一个 APP，平台会根据你在的位置就近派单。"黄阿姨表示，比起过去排队"等单"模式，平台"智能接单"给每位"阿姨"节省了不少时间。

为努力减轻疫情影响，助力家政行业复工复产，58 到家也整合自身互联网平台能力，发挥大数据优势，积极探索家政扶贫和行业发展的创新模式，在为消费者提供高质量家政服务的同时，帮助广大来自乡镇及贫困地区的劳动者就业脱贫。作为"互联网＋家庭服务"蓝领就业平台，天鹅到家以"授人以渔"的家政扶贫模式，激发劳动者脱贫内生动力，通过专业的家政培训不断提升劳动者技能，增强就业本领，帮助劳动者顺利脱贫并成为都市新蓝领。

2020年3月，天鹅到家还推出百万劳动者就业计划——"天鹅计划"，优先为贫困地区的建档立卡贫困人口提供"培训＋就业"一站式服务，以家政助力精准扶贫项目合作为基础，依托完善的"培训＋就业"扶持体系，通过专业的家政培训不断提升劳动者职业技能，以教育扶贫形式实现劳动者赋能。通过此计划，劳动者可完成包括在线培训、在线结业、在线简历、在线健康档案、在线找工作等在内的就业准备，消费者则可完成在线查看简历、三方在线视频面试、在线远程签单及在线付款等招聘流程，待疫情结束，即可快速实现上岗接单，大大减少找工作的成本。同时，天鹅到家将聚焦就业扶贫需求较强的地区，力争在2020年实现百万劳动者就业目标，帮助各地早日摆脱疫情影响，助力国家脱贫攻坚战圆满收官。

2020年5月，天鹅到家母公司到家集团作为6家平台经济企业之一，参与了由人力资源和社会保障部、国务院扶贫办主办的"数字平台经济促就业助脱贫行动"，同时参与该行动的还有阿里巴巴、滴滴出行、京东等知名企业。作为"互联网＋家政服务"蓝领就业平台，天鹅到家将结合自身业务结构和发展，专注蓝领劳动者就业，发挥数字经济新业态企业优势，全力实施定向招聘计划和创业带动计划，向贫困地区精准提供一批家政服务人员就业季创业项目。

多年来，天鹅到家持续在家政服务企业助力困难群众就业这条路上"深耕"，并取得了一定的成绩。自2017年以来，天鹅到家与邵阳、濮阳、吕梁、娄底、湘潭等 10 多个贫困市县达成战略扶贫合作协议，聚焦无专业技能、低学历的贫困和低收入劳动力，赋能 13 万多名贫困地区劳动者，成功安排 10 多万贫困地区劳动者走上家政服务就业岗位，人均月收入超过 4000 元，实现"一人就业、全家脱贫"目标。

互联网与传统家政行业深度融合后，将持续有力促进家政行业多元发展，也让家政行业高质量发展成为趋势，让家政从业者拥有更多选择。通过互联网平台，家政服务从业者可以在家找工作，并通过培训系统掌握新的技能；客户也可以在电脑或移动设备上面试挑选阿姨，节约了很多时间；经纪人则可以更加快速高效地为客户匹配阿姨，从而有更多精力为客户提供优质的服务，实现从销售走向服务的转变。

互联网家政服务平台应不断优化线上服务闭环系统，构建以人为核心的服务交易数字基础设施，打通产业链，向行业多方面输出诸多信息化解决方案，撬动行业的变革与蓝领职业化进程。

六、网络家政转型升级提质增效

目前，现存的家政服务公司大多为中介型，这使得公司对家政服务人员约束力不足，从而有可能诱发诚信问题。在我国万亿级家政服务市场化步伐日益加快的情况下，服务数量和质量结构方面却存在明显不足。信息不对称、技能不齐整等问题导致家政服务体验和行业社会公信力欠佳，家政服务一度陷入"价高质次"的结构性失衡困境。商务部家政服务信用信息平台的正式启用将为这一现状打开新局面，增加家政服务市场供给双方的透明度和互信度，监督家政企业和家政从业人员的诚信经营和诚信就业，促进家政行业走向良性循环。

随着"互联网＋"时代的到来，家政服务业也迎来了新的发展机遇，告别了之前门店面试、电话预约与跑腿签单的模式。现在的居民只需在手机上发起下单并进行预约，就可以享受专业家政到家服务。因此，线上线下联动发展的服务模式，使得家政服务市场风起云涌，粗犷管理、服务模式落后的家政行业将成为过去，互联网家政将催生一批突破地域局限性的全国性的家政企业。

家政服务业是一个传统产业，但也在不断融入新业态、新方式、新内容，家政服务业的标准化、品牌化的发展是大势所趋。与传统家政业相比，"互联网＋"模式下的家政业有利于消除客户与家政服务人员之间的信息壁垒，所有的家政服务人员资料可以自由查阅，再进行选定，极大地满足了消费者的知情权权益，也有利于消费者作出合适的选择，实现按需消费，让用户获得更好的体验。

此外，相比传统家政公司，"互联网＋"模式下的家政组织形式的最大优势即借助云计算和大数据等，可以快捷便利地整合资源，信息透明易查且获取渠道拓宽。在全民网购的时代，家政服务供给双方可在互联网平台实现快速沟通和供需匹配，通过网络平台进行信息引流，推动营造透明公正、安全的交易环境，从而保障供需双方权益。

行业的整体发展需要行业内全体企业和从业者的共同努力，互联网平台型企业应扛起促进行业规范化发展的重任。市场需要不断推动服务机构的经营管理和竞争行为规范，运用大数据工具使得从业人员的背景资料可靠、流动有序，使行业诚信机制健全，供求双方的交易行为顺畅、有序。借助互联网的赋能，平台型企业需在服务中明晰家政服务三方的权利义务，针对家政服务员的服务行为都有相应明确的标准或其他形式的规范性文本予以精细化的明示。

品牌化是家政服务业发展的另一重要趋势。当前，部分企业已经完成了初期的发展，开始进入"跑马圈地"的规模化发展阶段，这部分企业的未来发展将朝着跨区域经营、全方位服务的方向前进。借助标准化、资本介入、品牌推广等途径，扩大规模、完善服务、开辟新领域，整合行业资源，扭转行业"小散乱"的格局，扩大经营规模，降低平均成本，提升行业盈利水平和集约化程度，促使家政服务企业从"小作坊"式的服务中介机构发展为规模化、品牌化的大企业。

针对未来新家政模式的发展，行业将持续开展"互联网＋家政"模式的创新，探索家政服务线上平台和线下资源紧密结合的有效实现形式和可持续的盈利模式，提高供需对接、人员管理、市场推广方面的效率等。

优质的家政服务不仅能保障充分就业，还将促进高质量就业，最终实现"稳就业"。同时，家政服务业在扶贫方面具有天然优势，可吸纳大量贫困劳动力，以培训赋能方式，帮助贫困人口实现技术脱贫。家政扶贫可有效促进贫困地区和人口就业增收，同时也将为家政服务业输送数量可观的优质劳动者，是助力精准扶贫和行业发展的双向良方。

在努力满足用户品质化、个性化服务需求的同时，行业还需持续提升家政服务人员技能、素质、综合水平，塑造专业化的"职业蓝领"，使家政服务人员获得归属感、认同感、成就感，真正实现扶贫又扶志，为服务人员带来收入和精神层面的双丰收，形成精准扶贫、精准脱贫的强大合力，以家政精准就业扶贫助力国家全面扶贫攻坚战完美收官，进一步助力乡村振兴战略实施。

在可以预见的未来，"互联网＋家政"将是一片蓝海，行业尚处于起步阶段，无论是企业营收还是服务发展都需要继续投入，比如扩充团队、招募阿姨、扩张市场、延伸品类、摸索线上、招揽用户等。将"互联网＋"的思维融入传统家政行业，结合"互联网＋家政"的新模式创新产品与服务，家政服务业 70 余万企业需共同助力行业提质扩容，用最优质的服务为行业的发展提供最大的价值与贡献。

"互联网＋家政" 　段永朝　▼　扶贫兴农·专家点评

　　2020 年注定是被载入史册的一年。脱贫攻坚战的全面胜利，将创造中国减贫史的奇迹，并为解决世界贫困问题提供富有中国特色的成功范例。这一成功范例的思想源泉，是习近平总书记 2013 年提出的"精准扶贫"重要思想。

　　作为新时期党和国家扶贫工作的精髓和亮点，"精准扶贫"思想借助"互联网＋"、大数据、人工智能等技术手段，涌现出了富有创新精神的新经验、新模式，结出了丰硕的成果。"互联网＋家政服务"就是一系列"精准扶贫"成功实践中一道亮丽的风景，并逐渐形成了一个生机勃勃的万亿级市场。

　　"平台＋公司＋家政服务员"的开放模式，为探索精准高效、安全质优、满意多赢的家政服务平台，走出了一条特色鲜明的路子，开创了家政服务的新业态。

　　——段永朝，信息社会 50 人论坛执行主席，苇草智酷创始合伙人，杭州师范大学阿里巴巴商学院特聘教授

13

"互联网＋金融"：农村小额贷款
机构发展的出路

汤　敏①

　　解决中低收入小农户贷款难问题一直是农村金融工作的重中之重。经过多年的国家精准扶贫政策的实施，贫困农户的融资难题有所缓解。中共中央办公厅、国务院办公厅于 2019 年印发的《关于促进小农户和现代农业发展有机衔接的意见》中明确指出，要"鼓励发展为小农户服务的小额贷款机构，开发专门的信贷产品"。但大规模、长期可持续地对中低收入小农户融资还未得到完全解决。随着乡村振兴的大规模推进，以及我国扶贫重点从解决绝对贫困向解决相对贫困转移，对中低收入农户的贷款还需要进一步加强。

　　农村小额贷款机构面临的最大难题在于农户过于分散，规模很小，不管是用传统的银行贷款模式，还是孟加拉乡村银行的小额贷款模式，都存在成本过高的问题。而近年来，互联网银行在解决小微企业和个体工商户贷款上的成功，开拓了一条解决中低收入农户贷款的新思路。以中和农信为代表的一些农村小贷机构经过市场化转型，形成专为小农户服务且能长期可持续发展的农村金融模式。他们利用互

---

①　汤敏，国务院参事，友成基金会副理事长。

联网和大数据来促进农村金融机构的数字化转型，让更多的互联网金融机构参与农村金融服务竞争，有利于建立多层次、广覆盖的农村金融服务体系。

一、网商银行和微众银行对农村金融的启示

农村金融遇到的问题同样也在城市小微企业和个体工商户贷款中存在。因为服务对象规模太小、运作成本过高，导致传统商业银行不愿参与。而近年来，一种特殊的模式——互联网银行模式却另辟蹊径，通过大数据、人工智能以及互联网的运用，大大降低了运营成本，让小额贷款也变成了有利可图的金融业务。

由阿里巴巴牵头创办的互联网银行——"网商银行"，从成立的第一天起就不断开拓小微企业和个体工商户的贷款市场。网商银行没有一个营业网点，但在短短的 5 年中就为 2900 万家小微企业提供了纯线上、纯信用、随借随还的贷款服务，放款金额高达 3.6 万亿元，超过 80% 的客户是从来没有获得过贷款的微型企业，不良率在 1% 左右。网商银行的户均贷款余额只有 2.6 万元。

另一家互联网银行——"微众银行"是由腾讯公司牵头创办的，同样也没有任何营业网点，5 年中为 8000 万客户发放了超过 3 亿笔贷款，笔均贷款约 8000 元，其中的 1/4 是个体工商户贷款。除此之外，微众银行还在深圳尝试为 100 万家小微企业提供贷款，累计已经放款约 2000 亿元，笔均贷款金额 20 万元，其中 2/3 的企业从未在银行贷过款。

网商银行、微众银行通过互联网、人工智能，实现低成本运营，是它们成功开辟新市场的关键所在。网商银行提供的"310"模式，

即客户用 3 分钟申贷，银行 1 秒完成审贷，全程零人工介入，全部由人工智能操作。网商银行每笔贷款的平均运营成本仅为 2.3 元，较传统银行上千元的运营成本大幅降低。微众银行单账户每年信息技术（IT）运营成本仅为 3.6 元，而国有大型银行该成本为 18 元，花旗银行为 14 美元，汇丰银行为 37 美元。网商银行、微众银行有了市场开辟式创新，使 4000 多万小企业和个体户贷到款，这些企业又创造了更多的就业，给城市带来了更多的便利，缩小了贫富差距，使低收入人群获得幸福感。

有同样重要意义的是互联网银行还打破了传统银行的单打独斗模式。互联网银行没有营业网点，吸储能力差，但拥有海量沉淀数据及线上触达、人工智能等方面的优势；商业银行虽然资金雄厚，但通过传统方式对小微企业发放贷款的成本过高。双方的合作不但扩大了各自的业务，也显著提高了传统银行服务小微企业的能力，充分发挥了银行业整体践行普惠金融的潜能。

二、农村中低收入农户贷款互联网化

20 世纪 90 年代中期，在联合国计划开发署等国际机构和国内外民间捐助资金的支持下，以孟加拉乡村银行为模板，一大批公益机构开始了在我国的小额贷款试验。在鼎盛时期，全国有几百家农村小贷机构，但随着国际机构项目的结项和我国小贷公司的发展，这些小贷机构转型的转型、合并的合并，相当一部分结束了运营。

现在还在运营的农村小贷机构中转型最为成功的是中和农信公司。它起源于中国扶贫基金会的小额贷款部执行的国务院扶贫办和世界银行在秦巴山区的扶贫小额信贷试点项目。这一模式被逐步推广至其他贫困地区。后来，中国扶贫基金会以小额贷款部为核心组建了中和农信公司，向市场化、专业化机构转型。经过几轮融资后，中和农信引入了国际金融公司、红杉资本、蚂蚁金服等外部股东。目前，它的业务已经覆盖了全国 20 个省的 10 万个村庄，分支机构遍布 327 个县，员工超过 5000 人。截至 2018 年年底，累计放贷 496 亿元，平均贷款额度在 2.6 万元，600 多万农户从中受益。据抽样调查，51% 的贷款户除了在中和农信，没有在其他农村金融机构贷过款。与中和农信类似但规模比较小的现存农村小额贷款机构还有四川仪陇乡村发展协会等，它们中的绝大部分都是公益性、非营利的小贷机构，在贫困地区苦心运营了十多年，各家机构贷款余额从 3000 万元到 3 亿元不等。

这些农村小贷机构的产品和服务是专门针对农村低收入农户和贫困农户设计的。以中和农信为例，一是门槛低，贷款无须抵押，无须担保；二是放款快，农户足不出户，信贷员上门调查审核后，3—5 天内就可以发放贷款；三是额度小，单笔贷款最高限额为 10 万元，笔均 3 万元；四是风险低，中和农信大于 30 天的风险贷款率为 1.49%，其中大部分可以收回来；五是可持续，公司完全按照国际普惠金融机构的原则，以市场化方式运作，无须政府补贴，自我实现保本微利可持续发展。

但是，这类农村小贷机构近来发展中也面临一些困难。其最大问题在于贷款的额度小、地区分散、成本高、数量大，传统的银行贷款模式有很大局限。互联网银行运用数字技术在城市小微贷款中取得了成功，那么数字技术能不能在农村金融中也起作用呢？

现在，越来越多的农产品都通过农村电商来销售。微信等软件在农村运用也很普遍。腾讯的"为村"，阿里的"村淘"等在农村也越来越常见。这里面都有着很多的数据，可为农村金融所用。

近年来，中和农信也开始了数字技术应用的试点，从 2018 年开始，该公司的所有贷款业务都可以通过手机上的信贷系统完成。有相当一部分的新增贷款就是在网上进行的。在新冠肺炎疫情期间，中和农信利用已经开发的数字金融技术为农村小微客户提供服务。仅在 2020 年 1 月至 3 月，新增"中和金服"应用程序的客户达 29 万人，3 个月累计线上放款 14 万笔，平均每笔贷款为 6786 元，为疫情期间有紧急小额资金需求的人带来了方便。同时采取远程尽调授信，把手机授信额度从 2 万元提高到了 3 万元。

为响应国家精准扶贫和乡村振兴的号召，互联网银行的业务也逐渐在农村地区发展。网商银行打造了"基础型数字信贷""县域普惠金融""农村产融数字化"三种模式的农村金融服务，探索缓减"三农"融资难问题，取得了一定成效。微众银行在重庆、广西、河南等共计 39 个国家级、省级贫困县开展"微粒贷"联合贷款金融扶贫项目，累计核算到贫困地区的贷款规模超 667 亿元。

三、进一步扩大互联网金融在农户 小额贷款中的作用

通过数字技术的运用，农村金融在扩展服务范围和深度方面还有很大潜力，能让更多原本无法享受传统金融服务的农村中低收入客户可以得到更方便快捷、经济实惠的服务。为此，笔者建议：

一是加快农村的诚信体系和网络基础设施的建设。通过农户信用信息采集、信用评价和评价结果，加快建立农村信用评价体系，解决金融精准扶贫工作中信息不对称和金融机构对农户贷前调查难、成本高等问题，实施"信用＋信贷""信用＋社会管理"等工作机制，提

升金融帮扶工作效率和精准度，促进农村经济和社会管理发展。同时，要加强农村的网络基础设施建设，把移动互联网布局到所有的村庄中。

二是加快农村金融机构的数字化转型。数字化转型是解决小额贷款"贷款难、贷款贵"的根本出路，数字金融在农村大有可为。随着第五代移动通信技术（5G）、人工智能技术的不断发展，一系列新的技术及手段都会出现，农村小贷机构、农商行、农信社系统也应该加快数字化技术的建设。农村电商已经蔚然成风，农村金融机构还可以跟农村电商平台等机构合作，加强数据的采集和使用。

允许更多的互联网金融机构参与竞争。目前新网银行、苏宁银行和众邦银行也开始利用互联网和大数据技术参与对小微企业的贷款，以鼓励其进入农村市场参与竞争；还可以考虑再引入几家具有科技实力和数据资源的大型互联网公司，如京东、字节跳动、快手、拼多多等，允许它们筹备开办互联网银行，适度加强普惠金融领域的竞争。

"互联网＋金融" **王行最** ▼ 扶贫兴农·专家点评

金融被喻为国民经济发展的"血液"，但是这种特殊的"血液"在循环过程中也会遇到各种障碍和阻塞，导致流通不畅，无法触达"血液循环系统"中某些较为偏远的"毛细血管"部分，也就是低收入贫困农户和小微企业。

金融机构在向这部分特殊群体提供金融服务的过程中一直存在着两个顽疾，即贷款难和贷款贵的问题。贷款难是因为低收入贫困农户和小微企业无信用记录，没有符合传统金融机构要求的有效的抵押物或担保人。而过去几十年来通过孟加拉乡村银行五户信用联保等模式在中国的实践和推广，以及各级政府的支持和诸如中和农信及仪陇乡村发展协会等小贷机构的不懈努力，已经找到了一条破解贷款难的有效途径。但由于融资成本和操作成本高（额度小、数量大、地区分散、上门服务难等原因），贷款贵的问题一直困扰着这些小贷机构，也成为一些人诟病小额信贷的一个重要原因。

本文通过对网商银行、微众银行和中和农信公司等农村金融服务案例的深度解剖和研究分析，指出了解决贷款贵问题的根本出路：运用互联网、人工智能、大数据等数字金融技术，切实降低运营成本。这一结论值得广大从事农村金融工作的机构和人士重视，并应积极采取措施开发和运用数字金融技术，以期可持续地为低收入贫困农户和小微企业提供便捷、优质和成本低廉的金融服务。这对广大低收入贫困农户和小微企业来说无疑是一个重大福音。

——王行最，中国扶贫基金会执行副理事长

14

"互联网＋医疗"：为打赢脱贫攻坚战
筑起健康防线

王 航[①]

新时期，党中央、国务院将实施健康扶贫工程作为精准扶贫精准脱贫基本方略的重要内容，列为打赢脱贫攻坚战的七大行动之一，要求进一步加强统筹协调，加强资源整合，开展医疗保险和医疗救助脱贫，保障农村贫困人口享有基本医疗卫生服务，努力防止因病致贫、因病返贫。[②]

习近平总书记、李克强总理多次谈到因病致贫、因病返贫问题，指出因病致贫是各种致贫原因中最高的，也是导致脱贫工作不可持续的主要原因，一些群众"辛辛苦苦奔小康，得场大病全泡汤"。[③]据统计，在我国的贫困群众中，因病致贫、因病返贫的人口数量占全部贫困群众的40%。其中，患大病的有417万人，占4.7%；患长期慢性病的有1504万人，占16.8%。在各种致贫原因中，因病致贫在各

---

① 王航，好大夫在线创始人兼CEO。

② 《对十二届全国人大四次会议第3591号建议的答复（摘要）》，中华人民共和国国家卫生健康委员会官方网站，见 http://www.nhc.gov.cn/zwgk/jianyi/201611/0f19b13d63f648259c718ef90942d19a.shtml。

③ 《全面实施健康扶贫工程为农村贫困人口实现脱贫提供健康保障》，《中国扶贫》2016年第22期。

地区都排在最前面。在此背景下，要打赢脱贫攻坚战，就必须加快推进健康扶贫工程。

一、健康扶贫的要求

健康扶贫工程核心是要让贫困地区农村贫困群众"看得起病、看得好病、看得上病、少生病"，综合施策，形成政策合力，有效防止因病致贫、因病返贫。

（一）让贫困群众"看得起病"

习近平总书记在部分省区市扶贫攻坚与"十三五"时期经济社会发展座谈会上讲话中指出，"因病致贫、因病返贫的贫困具有暂时性、间歇性特征，只要帮助他们解决医疗费用问题，这部分人就可以通过发展生产或外出务工做到脱贫"[1]。对此，《关于实施健康扶贫工程的指导意见》提出的政策思路是"保"和"控"，"保"就是提高医疗保障水平，"控"就是控制医疗费用。

（二）让贫困群众"看得好病"

健康扶贫关键是对象要精准，要精准到户、到人、到具体病种，重点是要实施分类救治，让患病的贫困群众得到有效的治疗。贫困群

---

[1]　王培安：《准确理解和把握实施健康扶贫工程的政策内涵》，中国经济网，见 http://www.tuopin.ce.cn/news/201608/27/t20160827_15301793.shtml。

众往往受困于基层医疗资源的限制，不能及时地问诊合适的医生，无法得到精准的救治而耽误病情的预防和控制，因误诊或治疗延误导致的大病、重病降低了群众的生活质量，加重了群众的经济负担。因此，帮助群众看得好病、看得对病是提高贫困群众生活质量的重要任务。

（三）让贫困群众"看得上病"

农村贫困群众大多生活在偏远山区等交通闭塞地区，就近"看得上病"，可以让他们患有的疾病得到及时有效医治，并有效减轻因看病就医而增加的交通、食宿等生活开支。实施健康扶贫工程，必须要想方设法优化医疗资源布局，有效提升贫困地区医疗卫生服务能力，基本实现"小病不出乡、大病不出县"，方便贫困群众看病就医。

（四）让贫困群众"少生病"

农村贫困群众往往文化水平偏低，健康意识和健康知识不足，不利于疾病的预防和控制。实施健康扶贫工程应帮助贫困群众建立科学的信息渠道，提高贫困群众的医学素养和治病意识，"防患于未然"，治病于未病或小病，从而降低贫困群众的患病可能性和医疗负担。

二、"互联网＋医疗"助力健康扶贫的背景

健康扶贫的首要任务就是要解决贫困地区医疗资源困乏、群众看病难的问题。我国的三甲医院集中在北上广深和沿海地区，基层

优质医疗资源极其匮乏。互联网医疗服务，尤其是远程问诊、家庭医生等远程医疗服务模式的出现，较好地化解了我国医疗资源不对称的问题，提升了优质医疗资源的配置效率，普及了更广的受众面。将优质的医疗资源引进基层地区，将对改善基层地区，特别是偏远农村和贫困地区的群众看病问题起到重要的作用。基层群众可以通过互联网实现"不出门就能看大病"，成为互联网医疗技术的最大受益者。

宁夏回族自治区地处西北地区，医疗资源相对匮乏，健康扶贫任务较重，以宁夏为样本研究利用互联网医疗技术助力健康扶贫有重要的意义。其一，医疗资源相对匮乏，有充足的创新动力；其二，人口规模不大，探索创新的成本相对较低；其三，区内经济发展程度不一，作为样本，对处于不同发展阶段的地区来说都有代表性；其四，更重要的是，作为国家首个"互联网＋医疗健康"示范区，宁夏有应用互联网医院等新技术、新模式的创新经验和基础，银川市大胆探索，已经走在互联网医疗事业发展的前列，并取得了一定经验。所以，研究宁夏探索互联网医疗助力健康扶贫具有典型的代表意义。

三、"互联网＋医疗"助力健康扶贫的服务模式

针对宁夏优质医疗资源缺乏问题，银川市率先提出利用互联网技术将优质医疗资源"引进"银川，好大夫在线作为第三方互联网医疗平台协助银川引进全国优质医疗卫生资源，同时通过互联网技术促进全区优质资源下沉，逐步形成一体化的区域医疗服务平台，推动跨区域、跨层级的医疗资源共享和业务协同，着力解决宁夏医疗健康发展

不平衡、不充分的问题，提高医疗健康服务的可及性，方便居民看病就医。主要包括：

（一）解决基层医疗问题，尤其是重大疾病问题的"县级远程专家门诊"

统筹自治区、市级三级医院（包括综合医院、中医医院、专科医院）医疗资源，实现自治区、市优质医疗资源在县级落地，提高县级医疗机构的诊疗能力，确保"部分重大疾病患者救治不出县""外转手术患者大部分不出县""县域内常见病多发病患者基本不出县"三个不出县。

（二）建设针对常见病、慢性病的"在线互联网门诊"

由各市卫生健康行政部门统筹辖区二级以上医疗机构专科医生资源，汇集在互联网上，建立日常线上排班出诊机制，为社区卫生中心、乡镇卫生院的患者提供常见病、慢性病的互联网诊疗服务。让当地居民可以通过互联网实现"不出社区，看全市专家"的便捷就医模式，改善群众的就医体验，增强群众就医获得感。

（三）建设解决疑难重症问题的"全国疑难重症诊疗中心"

充分利用现有远程诊断系统和"互联网＋医疗健康"优势，将自治区外国家级专家的诊疗能力通过远程专家门诊的形式在当地落地，让银川首创的远程专家门诊服务形式，在全自治区范围内发挥更大作用，解决当地疑难重症问题。

（四）建立"家庭医生签约服务体系"

建立"家庭医生签约服务体系"，依托"远程专家门诊"和"在线互联网门诊"开展签约后服务，既促使了专科专家带动基层医生能力提升，提高了居民健康素养，又完善了家庭医生公共卫生基础服务，让居民切实获得优质医疗服务，避免反复奔波，降低群众就医成本。

四、"互联网＋医疗"扶贫工作实践

为了助推贫困地区的健康扶贫工程，银川市卫健委与好大夫在线合作，将成熟的互联网问诊服务模式惠及彭阳县、闽宁镇等贫困地区群众，为其提供免费的互联网医疗服务。

接下来将以宁夏彭阳县的"远程专家门诊"义诊和闽宁镇"家庭医生签约服务"两个试点地区案例为例，总结互联网医疗在助力健康扶贫工程工作方面取得的成效，进一步思考互联网医疗助力健康扶贫挑战及发展对策。

（一）助力解决"看得起病""看得好病"的问题

分析贫困群体因病致贫、因病返贫的问题，往往存在两方面现实困境。一是病患相关生活开支大幅增加。由于基层地区特别是贫困偏远地区的医疗资源匮乏，县域医疗服务能力不足，尤其是诊治大病的能力不强，不能满足县内群众的就医需求，导致大病患者外地就医。因此发生的交通、住宿等费用较平时成倍增长，贫困家庭负担沉重。而拥有优质医疗资源的大医院往往又存在号源紧缺等各种现实困难，无形中增加了贫困群众就医的难度和成本。二是病患家庭稳定收入减少。因家庭成员身患重病，导致患者本人劳动力丧失，且需要家人照顾护理，家中其他有劳动能力的成员也因需要照顾病人，相应减少甚至放弃外出务工的机会，导致家庭收入锐减，陷入贫困。而互联网技术能有效减少这种跨地域的难题，通过互联网在线问诊的方式，减少出行成本，提高问诊名医的可能性，帮助贫困群众少走弯路、多省钱。

为了帮助彭阳县贫困群众解决"看得上病""看得好病"的问题，银川市卫健委在彭阳县推出了针对基层重大疑难杂症问题的"远程专家门诊"，对彭阳县免费开放，为彭阳县提供义诊服务。

远程专家门诊的特色是由患者根据自身状况主动向上级专家发起就诊请求，由平台根据患者疾病类别推荐本地对症专家联合上级专家进行会诊，上级专家为患者提供就诊指导建议，并由下级专家医生落实治疗，或由下级医院医生就实际诊疗中遇到的难以解决的疑难杂症，通过平台向上发起专家支援请求。远程专家门诊用东部优质医疗资源支援西部地区医生解决疑难杂症，上级医生常态化支援下级医生，通过联合诊疗提升下级医生医疗服务能力，减少患者异地就诊住院，构建急慢分治、层级优化的分级诊疗格局。

"远程专家门诊服务"以银川市第一人民医院为中心，好大夫在线提供互联网运营技术支持，向上面向全国专家发起请求、呼叫支援、解决省内疑难病例的救治，向下由省内专家资源向贫困地区提供支持、常态化地帮助基层解决日常医疗问题，在解决优质医疗资源引入、向基层沉淀等方面做了初步尝试。

彭阳县张女士的生活就经历了"因病致贫、治病脱贫"的巨大转变。20年前张女士因病毒性脑炎留下后遗症，每当月经期，或遇天气变化、情绪波动，都会出现全身抽搐的癫痫症状，每次发作差不多都要持续10分钟之久，而且每个月都会大发作2—3次，严重影响了工作与生活。20年来，张女士去全国各地找过很多大夫，看过中医、西医，甚至还看了藏医，可是癫痫一直没有控制住。因为病情，张女士不得不放弃学业和工作，没有了收入来源使得张女士的家庭一度成为贫困家庭。

2019年4月15日，张女士在银川市第一人民医院的远程专家门诊与北京宣武医院神经内科林医生进行了视频问诊，林医生针对张女士的病情，制订了详细的治疗方案。

张女士的病情因此得到有效控制，生活质量也明显提高了。

通过数月的远程门诊指导治疗，张女士的身体状态已近乎常人，也能放心地投入工作中。经历了20年的病魔折磨，张女士终于如愿过上正常人的生活，现在的她获得了一份印刷厂的工作，稳定的工作收入帮助她的家庭逐步走出贫困。

作为开展"互联网＋医疗健康"服务的主要创新服务模式之一，远程专家门诊给银川当地群众寻求上级专家帮助提供了有效通道，该项服务得到国家各级领导的高度认可及赞许，尤其是在2019年得到了李克强总理、孙春兰副总理在银川调研互联网医疗发展情况时的高度认可，成为互联网医疗促进宁夏地区医疗卫生服务发展的亮点之一。

（二）助力解决"看得上病""少生病"的问题

2017年，闽宁镇以敢为人先的精神，大胆探索，与好大夫在线合作，开展了"互联网＋家庭医生"服务。为解决传统家庭医生签约中出现的居民对家庭医生信任度不高、家庭医生对居民缺乏有效管理手段、家庭医生和居民参与热情低等问题，让居民切实感受到家庭医生的服务，在家庭医生签约服务中做了如下创新。

第一，推出基于微信公众号的线上家庭医生服务平台，利用其使用成本低、普及率高、易规模化推广等特点，落实家庭医生签约及签约后服务。

第二，建立"全科＋专科"家庭医生服务团队，提升家庭医生服务水平。为强化家庭医生专业能力，增加居民信任感，"银川家庭签约服务"建立"全科＋专科"家庭医生服务团队：全科团队为签约服务团队，由县、乡、村三级人员组成；专科团队为服务指导团队，由银川市第一人民医院有关专科专家组成。居民遇到疾病问题可以在微信中向家庭医生提问，家庭医生可在整理好居民有关资料后，邀请对应的专科医生解答，直接解决居民的问题，增加居民的信任度；同时，在参与解决问题的过程中，家庭医生不断观摩、学习，在实战中快速提升专业能力。

第三，丰富家庭医生线上服务内涵，将签约后服务落到实处。"银川家庭医生签约服务"健全完善线上家庭医生服务体系，向签约居民提供疾病教育科普，国内顶级医学专家以图文、音视频等大家喜闻乐见的方式编写的科普材料，经由基层医生有针对性地转给签约居民，从而解决了签约居民对基层医生不信任的问题；以奖励的方式激励签约居民参与科普学习、线上答题，从而提高居民的健康素养，推动其科学求医习惯的养成；同时，完善健康咨询、远程专家门诊及双向转诊等服务，确保家庭医生服务落到实处。

第四，依托线上家庭医生签约后服务，开展"互联网＋健康扶贫"工作。针对银川贫困地区实际情况，好大夫在线多次参与银川市贫困地区调研工作，在银川市卫计委的指导下，于2018年7月选取闽宁镇进行试点，减轻该地区因病致贫、因病返贫的压力，助力健康扶贫工作，支援健康扶贫工程。

闽宁镇的陈女士对"银川家庭医生签约服务"深有体会。通过签约服务，她不仅有了自己的"家庭医生"团队，而且还有省级大医院里的各科专家做"后援团"，各种疾病问题都可以咨询。此外，不仅是本人，连家里的孩子和老人的健康问题也都可以在线咨询。

陈女士说，"我们向家庭医生咨询疾病，都是有积分的，咨询一次，给我们 10 个积分，攒够 50 个积分就能换鸡蛋。不光咨询有积分，答题也有"。而陈女士的手机上，已经收到了家庭医生发来的好几篇科普文章，比如春节前流感盛行的时候，陈女士收到了《有这些症状，您可能得流感了》，因为陈女士为妈妈咨询过高血压，所以家庭医生还给她推送了《在家怎样测血压》《在家发现血压升高怎么办》《血压降得越快越好吗》……这些文章都是全国各大医院的专家写的，看完这些文章，还可以参与答题获得积分，内容都是文章里教给大家的健康知识。

和陈女士相似的经历每天都在发生。截至 2020 年 8 月 11 日，闽宁镇的互联网家庭医生服务平台已签约 23942 人，其中，234 位居民共在线咨询 269 次；5645 位居民共阅读医生发放的健康科普文章 25413 篇次；居民参与答题 9607 次。居民的健康意识有了明显提升，"拖到实在不能忍，再去医院找大夫"的情况有了明显改善。相信随着家庭医生签约服务的逐步推进，"小病拖成大病，大病拖成重病"的情况将得以改观，"互联网＋医疗健康"将普惠更多群众。

家庭医生签约服务的工作实践让好大夫在线认识到基层医疗服务的重要性，为了帮助基层贫困地区群众实现"解决普通毛病不出村，大病治疗后，放心回村康复"的目标，好大夫在线正在努力探索"赤脚医生"的服务模式，通过互联网技术让专家的医疗资源"下沉"到农村最基层，让赤脚医生在专科专家的指导下完成疾病筛查、常见病的康复管理，帮助农村完善基层医疗服务体系。

五、"互联网＋医疗"助力健康扶贫的挑战

互联网医疗行业的发展已经在城镇地区愈加成熟，但是在偏远地区、农村基层还是一个不被熟知的领域；而基层群众，特别是贫困地区群众往往是最需要利用互联网技术带来的便利打破地域限制的群体。具体分析"互联网＋医疗"在助力健康扶贫方面的工作实践，可以看出目前面临的挑战如下。

（一）网络通信等基础设施有待完善

对互联网技术而言，其最重要的莫过于网络通信等基础信息设备的健全与发展，然而在最需要健康扶贫帮扶的偏远地区，网络通信等基础设施尚未实现全面覆盖，部分贫困群众还没有可以上网的智能手机，基础设备的不健全直接影响到互联网医疗在贫困地区的推广，更不用谈互联网医疗意识了，这是影响互联网医疗在基层推行的首要因素。

（二）群众对互联网医疗的信任感有待提升

对于偏远地区的贫困群众来说，互联网技术还不是一个熟悉的概念，互联网医疗更是一个新鲜的词汇，群众对互联网医疗技术的不了解很难让群众对其建立信任，在没有得到切实的服务之前，群众更倾

向于信任他们能现实接触到的基层医生、有相似经验的长者，甚至是不具备医学知识的人，"病急乱投医"最不利于贫困群众的治疗与康复，甚至很可能造成误诊、延误病情，给群众健康带来不利的影响。而群众对互联网医疗的不信任、不了解，究其原因是互联网意识的匮乏，互联网医疗服务在农村基层推行的力度还不够，群众还没有养成通过互联网去获取帮助、咨询问诊的意识。当互联网医疗服务让基层群众切实感受到帮助时，将会形成口碑效应，在基层逐渐推广，基层群众的信任将推动互联网医疗在基层的发展。

（三）基层医疗服务体系的不健全

在我国存在着医疗资源分配不均的问题，医疗资源集中在城镇地区，农村地区特别是贫困的偏远地区医疗资源薄弱，较难满足贫困群众求医问药的日常需求，患有疑难重症的贫困群众尤其需要借助互联网问诊远程的专家来寻求治疗方案。而互联网医疗服务于贫困群众往往依托于基层医生的配合，例如，群众问诊的前期筛查、病症的描述、诊疗方案的落实、患者的诊后管理等，这些直接影响群众诊疗效果的诊疗行为都需要基层医生的协助。基层医生人数不足、医疗资源不充备等客观问题将影响互联网医疗服务质量和效果。

六、"互联网＋医疗"扶贫发展策略

未来互联网医疗的发展将深挖行业痛点，在扩大行业宣传、提高服务质量、扎实基层服务体系几个方面做文章。为助力健康扶贫，互联网医疗行业应根据基层实际，紧靠行业的发展方向，有针对性地制订符合基层客观情况的服务方案，助推互联网医疗更长远地服务基层群众。

（一）提升互联网医疗基础设施保障，提高基层服务质量

针对偏远贫困地区网络通信基础设施落后等问题，政府将进一步凝聚社会合力提升基层基础设施的保障能力，完善基层互联网智能设备的普及。此外，互联网医疗还将加大基层的投入力度，大力推进家庭医生的签约服务力度，在提升签约率的同时保证基层医疗服务质量，更多考虑患者的感受，提升基层医生的服务质量和服务效率，让群众在家即能切实感受互联网医疗服务，提高群众对互联网医疗的感知和认可。

（二）做好远程医疗服务，强化医疗质量监管

互联网医疗的技术优势是跨地域提供服务，将优质医疗资源"下沉"到基层，改善贫困偏远地区的医疗资源匮乏劣势，帮助贫困群众匹配合适的医疗资源的同时减少不必要的看病成本，降低贫困群众的问诊经济压力。为基层群众带来跨地域、跨层级的优质远程医疗服务，是互联网医疗提高群众的获得感和幸福感的重要方式。互联网医疗需要做好远程医疗服务，逐步推进互联网医疗服务标准化和规范化建设，做好患者远程问诊的服务管理和技术管理，配套出台相关的政策和规范，强化医疗质量监管，全面提升互联网医疗服务质量，养成良好的行业口碑，提升群众对互联网医疗行业的信任度和认可度。

（三）加强互联网医疗科普推广力度，提高群众的健康意识

"小病扛、大病躺"是基层群众因病返贫的重要原因，互联网医疗助力健康扶贫，除了能够帮助减少群众看病的成本外，很重要的一点是可以帮助群众建立科学的健康管理观念，提高群众的健康意识和健康知识，科普医学健康知识，指导群众科学健康地做好疾病预防和控制，从根本上提高群众身体素质，控制疾病发生的风险以及由此带来的经济支出。

2020年，我国将实现全面脱贫，如何保证"脱贫不返贫"将是脱贫攻坚面临的重要课题，尽可能减少"因病返贫"将是健康扶贫工程的重要任务。互联网医疗如何在健康扶贫工程里提高其社会价值，如何建立适合基层群众看病就诊的互联网医疗长效机制将是社会与互联网医疗行业需要共同思考的问题。

"互联网＋医疗"　　陈秋霖　▼　　扶贫兴农·专家点评

没有全民健康，就没有全面小康。因病致贫、因病返贫，是全民健康、全面小康的"拦路虎"。实施健康扶贫，对于保障农村贫困人口享有基本医疗卫生服务，实现到2020年让农村贫困人口摆脱贫困的脱贫目标具有重要意义。

由于患病的不确定性高、疾病治疗对专业人才要求高、农村贫困地区医疗条件相对差等原因，使得健康扶贫成为脱贫攻坚的坚中之坚、难中之难。因病致贫、因病返贫"是一个长期化的、不随着2020年我们宣布消灭绝对贫困以后就会消失

的"。① 因此，解决"因病致贫、因病返贫"，"既要解决好眼下问题，更要形成可持续的长效机制"②。

解决农村贫困人口医疗需求，不仅要加大医疗保险和救助力度，实现看病"有钱可付"，更重要的是增强医疗服务能力，实现"有医可就"。加强农村基层医疗服务能力，"互联网＋医疗健康"发挥着重要作用。推进"互联网＋医疗"，"让百姓少跑腿、信息多跑路"③，已经成为健康扶贫越来越重要的抓手。利用互联网和人工智能为基层医疗机构赋能，已经成为宁夏银川市、贵州遵义市、山东平阴县、安徽旌德县等很多地方探索健康扶贫的新手段。连接了城市远程医疗和配备了人工智能助手的村医，成为新时代的"赤脚医生"，可能是中国为世界初级卫生保健发展贡献的新经验。

在 2018 年之前以行业自发探索和创新为主的阶段，互联网医疗平台，比如好大夫在线、春雨医生、微医、平安好医生、丁香园等都把健康扶贫作为一个重要的功能。2020 年新冠肺炎疫情发生后，包括农村地区的更多患者接受了互联网医疗这种新的医疗模式，"互联网＋医疗健康"进入了行业、政策、用户共同推进的全面发展阶段。

---

① 2017 年 3 月 4 日，习近平总书记看望参加全国政协十二届五次会议的民进、农工党、九三学社界委员并参加联组会讨论时的讲话，见 http://www.china.com.cn/lianghui/news/2017-03/05/content_40412458.htm。

② 2018 年 3 月 5 日，习近平总书记在参加十三届全国人大一次会议内蒙古代表团审议时的讲话，见 http://china.cnr.cn/news/20180307/t20180307_524155366.shtml。

③ 2016 年 4 月 19 日，习近平总书记在网络安全和信息化工作座谈会上的讲话，见 http://www.cac.gov.cn/2016-04/25/c_1118731366.htm。

未来"互联网＋健康扶贫"必定会有更多的创新和更广的覆盖，成为健康扶贫长效机制的重要载体。

——陈秋霖，中国社会科学院人口与劳动经济研究所健康经济研究室主任

15

"互联网＋教育"：构建开放精准教育帮扶新业态

袁　涛[①]

打赢教育脱贫攻坚战是党和国家作出的重大战略部署，也是全面建成小康社会目标的重要标志。习近平总书记历来高度重视扶贫工作，重视教育在扶贫开发中的重要作用。早在 20 世纪 80 年代，习近平总书记在福建宁德工作期间写下《摆脱贫困》一书，特别强调"越穷的地方越需要办教育，越不办教育就越穷"[②]。2013 年 12 月，习近平总书记到河北阜县考察扶贫开发工作时指出，"治贫先治愚。要把下一代的教育工作做好，特别是要注重山区贫困地区下一代的成长。下一代要过上好生活，首先要有文化，这样将来他们的发展就完全不同。义务教育一定要搞好，让孩子们受到好的教育，不要让孩子们输在起跑线上。古人有'家贫子读书'的传统。把贫困地区孩子培养出来，这才是根本的扶贫之策"[③]。

---

① 袁涛，尚德机构公益中心主任。

② 《习近平讲"效应"》，人民网，见 http://fj.people.com.cn/n2/2017/0508/c377118-30151228.html。

③ 《习近平论扶贫工作》，人民网，见 http://theory.people.com.cn/n1/2016/0301/c352498-28161661.html。

然而受客观条件制约，贫困地区教育发展面临诸多特殊困难。要想让贫困地区教育水平接近全国平均水平，需在教育扶贫的思路、举措、方法等方面注重创新，走出一条贫困地区教育事业发展的新路。而在这一过程中，由于天然的跨时空、强大的储存性和交互性优势，"互联网＋教育"在脱贫攻坚中扮演着越来越重要的角色，为打赢脱贫攻坚战作出了积极贡献。

从MOOC的蓬勃发展到云端学校、移动学校等虚拟学校如雨后春笋般出现，再到双师教学模式的兴起，以及2020年在线教育顺利应对新冠肺炎疫情对跨时空上课的挑战，"互联网＋"给我国教育带来了许多新的机遇，真正让优质教育资源实现了共享。

一、"互联网＋教育"是精准脱贫的重要手段

（一）教育脱贫是脱贫攻坚的重要途径

实现乡村振兴是全面建成小康社会奋斗目标的关键，脱贫攻坚又是实现乡村振兴的着力点。百年大计，教育为先，教育脱贫对于提高贫困人口发展能力、完成精准扶贫任务和实现乡村振兴目标都有着不可估量的作用。尤其是我国扶贫开发工作进入以巩固温饱、加快致富、改善生态、提升能力和缩小差距为主要任务的新阶段，教育在贫困治理中的基础性、先导性和可持续性作用愈发凸显。教育脱贫不仅成为脱贫攻坚的优先任务，还上升到精准扶贫、精准脱贫的国家基本方略。

教育扶贫常被视为"造血式"扶贫的一种方式，是针对贫困地区的贫困人口进行教育投入和教育资助服务，以贫困地区人才培养作为主要方式，使贫困人口掌握脱贫致富的知识和技能，通过提高当地人

口的科学文化素质以促进当地的经济和文化发展，并最终摆脱贫困的一种扶贫方式。

随着我国信息化建设和应用水平的不断提升，信息技术作为一种先进生产力，逐渐成为实施精准扶贫的有效手段。2016年4月19日，习近平总书记在网络安全和信息化工作座谈会上指出："可以发挥互联网在助推脱贫攻坚中的作用，推进精准扶贫、精准脱贫，让更多困难群众用上互联网，让农产品通过互联网走出乡村，让山沟里的孩子也能接受优质教育。"①"互联网＋教育"已然成为新时期我国扶贫开发工作的新方向、新思路、新杠杆。

（二）"互联网＋教育"是教育脱贫的创新方式

以"互联网＋"主导的现代信息技术为教育领域带来的变革创新是多方面的，其中最突出的就是可以实现优质教育资源的共享。而近年来的教育信息化建设为优质教育资源的覆盖奠定了硬件设施和基础网络保障。

据《中国教育报》报道，党的十八大以来，我国加快推进以"三通两平台"为核心的教育信息化建设，全国中小学互联网接入率从25%上升到98.4%；多媒体教室比例从不到40%增加到92%。在农村地区，行政村的光纤和4G覆盖率都已超过了98%，农村及偏远地区学校网络接入条件不断改善，为"互联网＋教育"的落地提供基础支持。

从定义上看，有学者提出，"互联网＋教育"帮扶是指互联网作

---

① 习近平：《在网络安全和信息化工作座谈会上的讲话》，人民出版社2016年版，第5—6页。

为一种技术工具和思维方式介入与融合传统的教育帮扶实践，充分发挥互联网在社会资源配置中的集成和优化作用，重构帮扶结构和流程，创新帮扶内容和供给方式，构建开放精准的教育帮扶新业态，实现真扶贫、促公平的价值追求。[①]

展开来讲，与传统支教模式需要志愿者带着行李到贫困地区相比，当前互联网的普及使得使用一根网线就可以把志愿者和贫困地区学校连接起来，大量的志愿者能够通过互联网帮助边远乡村学校学生，补充乡村学校师资力量的不足。互联网具有天然的公平属性，可以把供给优势资源的一方和需求的一方有效连接在一起，通过互联网、大数据等技术，实现数字脱贫、教育扶智。互联网和信息化设备的全覆盖，意味着贫困地区的孩子也能通过"互联网＋教育"的实施接受优质教育，教育相关的社会团体、机构等，能够通过四通八达的互联网为贫困地区学校提供推进精准教育扶贫需要的产品和服务。同时，还可以利用大数据技术的精准支持，对不同区域不同人群教育需求进行精准定位，提升教育扶贫效率。

二、"互联网＋教育"对贫困地区教育现状的重构

（一）贫困地区教育现状：资源匮乏，发展滞后

近年来，在国家的重视和支持下，虽然我国教育脱贫取得了很大

[①] 廖宏建、张倩苇：《"互联网＋"教育精准帮扶的转移逻辑与价值选择——基于教育公平的视角》，《电化教育研究》2018 年第 5 期。

进展，但我们也清醒地看到，贫困地区教育发展仍比较滞后，面临不少困难和问题。

一是客观条件差，教育基础薄弱。贫困地区大都地处山区、牧区和高寒高海拔地区，资源禀赋差，教育欠账多，办学条件不足。据中国经济网报道，截至2016年8月，全国连片特困地区尚有1020多万平方米中小学危房、近40%的理科实验室缺仪器设备、超过22%的校园未接入互联网。

二是优质教育资源匮乏，短时间内难以补齐。据《教育蓝皮书：中国教育发展报告（2019）》介绍，按照《义务教育课程设置实验方案》的规定，四年级语文、数学、体育、艺术周课时数应分别为6节、4—5节、3节、3节，而根据国家监测显示，四年级语文周课时数超过6节的学校占比为72.0%，数学周课时数超过5节的学校占比为67.2%，体育周课时数低于3节的学校占比为44.3%，艺术周课时数低于3节的学校占比为12.9%。"开不齐课、开不足课、开不好课"问题在贫困学校仍然突出，音乐、体育、美术、英语和计算机等课程很难开齐开全。

三是农村教师整体素质不高，教学质量难以提升。近年来，虽然贫困地区农村教师队伍建设取得明显进展，但仍是教育最薄弱的环节。一方面，相比城市地区，贫困地区的教师面临艰苦的教育环境，在技能培训、特长发展和职称评定方面弱势明显，有经验、有水平的高素质教师大量流失，留下的主要以新入职教师或不具备入城条件的教师为主；另一方面，在国家政策鼓励下，虽有大量教师流向贫困地区，但都以短期支教为主，持续性弱，对贫困地区学生的影响有限，难以长久发展。

四是乡村职业教育发展滞后，人才培养水平亟待提升。连片特困地区县普遍是农业大县、工业弱县，产业结构单一，职业教育发展滞后。中国教科院 2020 年调查显示，贫困人口中超过 50% 的人只有小学以下文化程度；在全国建档立卡贫困人口中，22.3% 的家庭因为缺少技能摆脱不了贫困。长期以来，提供生产生活资料帮助等"输血式"扶贫方式难以治愈贫困人口知识水平偏低、技能不足、思想落后等根本问题。

（二）"互联网＋教育"重构教育现状：跨时空资源共享

在教育脱贫攻坚战中，互联网的普遍应用特别是大数据、云计算和移动互联等技术的发展，正深刻地改变着教育的面貌，推动教育向数字化、网络化和智能化方向发展。"互联网＋教育"不仅代表着教育技术的革新，更意味着对学习、教学、组织模式的冲击及由此给教育理念和体制带来的深层次影响。

1. 教育资源——从封闭到开放

传统模式下，教育资源集聚在校园这个相对封闭的物理空间里，局限于课堂、图书馆、实验室等场所，满足固定人群的需求。而互联网以其强大的存储性和交互性的技术优势，在短时间内迅速吸纳了海量的知识和信息，成为人类历史上前所未有的巨大"信息库"，并且这个信息库随着由互联网终端连接起来的人们不断上传、发布新的信息而源源不断地扩容。借助互联网，教育资源可以跨越校园、地区，覆盖到每个角落，优质教育资源的平等共享成为可能并且极为便利。

国务院参事、友成基金会副理事长汤敏在接受媒体采访时曾表示，"互联网在教育领域起了非常大的作用。过去乡村教师培训多采用传统的面授方式，将乡村教师请到师范大学集中培训，这样做不仅成本高，而且效果一般。而互联网的方式则可以将最优质的教育资源以很低的成本直接送到乡村学校去，教师不用离开学校就可以长期学习，而且效果很好"①。

"双师教学"项目就是"互联网＋教育"精准扶贫的典例。该项目是由创新人才教育研究会、中国人民大学附属中学、友成企业家扶贫基金会、国家基础教育资源共建共享联盟共同发起的，旨在促进教育均衡发展的远程教学模式。"双师教学"项目尝试用远程的方式解决乡村学校师资不足，优秀资源匮乏等问题，从而探索城市优质教学资源补充乡村的可操作性。据公开数据显示，截至 2014 年，人大附中"双师教学"项目计划推广至全国 18 个省市的一百三十多所乡村学校，惠及更多贫困地区学校教师和学生，进一步探索城市优质资源补充乡村的可能性。

2. 教育主体——从单一到多元

传统教育以学校为主要载体，借助于"互联网＋"对教育资源重新配置和整合，社会教育机构、新型教育组织依靠灵活性、免费性等优势给学校教育带来了强烈冲击，教育组织形态呈现多元化的趋势。

为阻断 2020 年新冠肺炎疫情向校园蔓延，教育部要求 2020 年春季学期延期开学，多地提出网络教学，"停课不停学"成为热门话题。包括中国教育电视台、国家网络云课堂平台、人民教育出版社平台、基础教育资源公共服务平台，以及数十家在线教育机构都推出了免费线上课程，积极发挥了补位的作用，让全国师生真正做到了"离校不离教、离校不离学"，教育主体变得更加多元。

在"互联网＋"时代，教师不再是一种全职职业，任何一个人都可以利用互联网在闲暇时间向他人传播知识，贫困地区学校获得的信息更加丰富。教育部副部长杜占元曾指出，信息时代，谁走到前面，

---

① 汤敏：《扶贫先扶智 扶智先强师》，中国教育在线，见 http://dy.163.com/article/DCCU8VIG05268MTU.html。

谁就是老师。教师不仅需要具备专业的知识技能，还得具备较好的讲授能力，此外还需要有较强的信息搜索技能以及信息处理能力。在"互联网＋"时代，教师功能也将从单一走向多元，教师也逐步从台前走向屏前。

3. 教育成果——从模糊到科学

学生能力提升和教师专业发展是一个持续、系统的发展过程，这个特点直接决定了教育精准扶贫效果评价的复杂性和动态性，因此，需要以"动态、实时"为核心对扶贫效果进行评价，互联网的大数据优势得以体现。

互联网具有天然的数据记录和承载功能。当优质的教育资源落地到贫困地区时，可以采用不同的手段和方式分别对精确师生资源、教学和教研扶贫进行动态跟踪，比如用问卷、量表了解学校师生对资源使用的需求与满意度进行跟踪评价，通过教师的教学日志、反思等方式了解教师对教研质量、满意度进行跟踪评价，及时调整和修正扶贫策略。通过过程数据和评价数据，可以直观、科学地呈现出整个"互联网＋教育"精准扶贫的效果，也可以及时地发现新的问题，行病因诊断，最后再循环到动态跟踪阶段，进行分类治疗与问题解决，如此循环往复的评估反馈和修正完善过程，能够提高扶贫的精准性，从而实现"互联网＋教育"精准扶贫促进薄弱学校的发展的目的。

2015 年，国务院颁布的《国务院关于积极推进"互联网＋"行动的指导意见》已经把"互联网＋"行动上升为国家战略，"互联网＋教育"已经成为教育现代化实现和提升的重要指标。据《中国教育报》报道，党的十八大以来，我国加快推进以"三通两平台"为核心的教育信息化建设，全国中小学互联网接入率从 25％上升到 98.4％；多媒体教室比例从不到 40％增加到 92％。在农村地区，行政村的光纤和 4G 覆盖率都已超过了 98％，农村及偏远地区学校网络接入条件不断改善。中国"互联网＋教育"已具备良好基础，成为加快实现我国教育现代化的有力引擎。

三、"互联网＋教育"助力脱贫攻坚的有效实践

2019 年，尚德机构在原有"尚进生公益助学项目"基础上进行升级，推出"尚进生计划"，将在 10 年内投入 1 亿元资金，组建 100 个定制化服务的"尚进生"班级，为全国 10000 名品学兼优但有困难的学员提供免费学习机会等。在该项目实施过程中，尚德机构发挥自身优势，将企业"互联网＋教育"基因融入精准扶贫工作中，形成了从生源、教学到运营等一整套操作流程，既保证了教学效果，又使这种模式可以快速复制到其他地区。

短短一年多时间，"尚进生计划"将脱贫攻坚帮扶范围从四川凉山州的两个县扩展到覆盖四川、青海、贵州、黑龙江、陕西五省贫困地区的 23 个县（市）。截至 2020 年 6 月，"尚进生计划"已覆盖 2916 名乡村教师和 672 名基层扶贫干部、乡村致富带头人和待就业人员等群体。该项目在 2019 年入选中国互联网企业社会责任实践案例，以及由中央网信办信息化发展局指导、中国网络社会组织联合会主办征集的 2019 网络扶贫案例。

（一）增强农村贫困人口"造血"能力是乡村振兴的关键

"尚进生计划"始于 2016 年，是尚德机构发起的"互联网＋教育"公益项目，秉持"尚心联梦立德树人"理念，以"用教育点亮人生"为愿景，旨在帮助更多人提升学历水平，助力更多教师提高教学

水平，促进更多地区实现教育公平。2019年，"尚进生计划"确立了"五个一"发展目标，即尚德机构将在10年内为"尚进生计划"投入1亿元资金，组建100个定制化服务的"尚进生"班级，招募并组建一支由1000名志愿者组成的"尚心"志愿者服务队，为全国10000名"尚进生"学员提供免费学习机会。

早在2018年，为响应国家"精准扶贫"的号召，尚德机构"尚进生计划"项目组成员就多次前往四川省凉山州及青海省玉树州等深度贫困地区进行实地走访，开展调研工作，"看真相、访真事、探真情、扶真贫"，与凉山州县两级教育部门及凉山州"一村一幼"幼教点辅导员进行交流座谈，深入了解当地教育现状及帮扶需求。

在走访调研中发现，贫困地区的贫困不仅仅是收入和资源的缺少，更是社会资本和人力资本等自身能力的匮乏。"乡村振兴，人才先行"，只有增强农村贫困人口"造血"能力，从根本上激发其内生动力，才能解决我国的区域性整体贫困问题，最终实现乡村振兴。

因此，"尚进生计划"将主要帮扶对象定位为：免费培养乡村基层干部，培养脱贫致富带头人、免费为建档立卡贫困人员提供继续教育机会、免费为农村乡镇培养教师人才、免费为农村富余劳动力开展技能培训，从给乡村人才赋能的角度扶贫。

针对当地情况精准施策，尚德机构先后与四川省凉山彝族自治州喜德县、昭觉县签订对口帮扶协议，通过"尚进生计划"为喜德县和昭觉县"一村一幼"辅导员免费提供价值400万元的教师资格证考前培训课程以及电视、电脑等学习设备。

小冉是四川省凉山彝族自治州喜德县的"95后"女孩，从2018年12月开始，她以"尚进生计划·喜德班"学员的身份，通过观看直播课的形式，免费参加了教师资格证的培训，并成为第一批通过笔试考试的学员。

截至 2020 年 6 月，"尚进生计划"推广覆盖到四川省凉山州全部17 个县（市）、青海省玉树州的囊谦县和称多县、青海省黄南州同仁县、贵州省黔东南州凯里市、黑龙江省佳木斯市汤原县、陕西省汉中市佛坪县，其开设的扶贫班级已使 2916 名乡村教师受益。

（二）发展乡村教师职业道路是教育脱贫的有效途径

教育者是教育扶贫活动的核心要素，优秀的师资队伍是教育扶贫质量的根本保障。建设一支人才充沛、有理想信念、有扎实学识、有道德情操、有丰富经验的教育扶贫师资队伍，使他们成为贫困人口全方位发展的引导者和推动者，切实为精准脱贫、乡村振兴、全面建成小康社会贡献自身力量至关重要。

"授人以鱼不如授人以渔"，对于乡村教师，"尚进生计划"在保障他们免费收看直播课程的同时，也要求讲师对学员提出的问题认真答疑，增强学员的自我"造血"能力，让他们把学到的知识真正变成自身就业技能。同时，在每一节培训课程结束后，"尚进生计划"项目组会实时获取尚进生学员的学习情况，并针对性地采取相应督学及奖励措施。

"尚进生计划·昭觉班"学员洛古老师在参与学习后表示，通过此次学习，使自己的理论基础、道德水准等方面有了比较明显的提高，进一步增强了学习理论的自觉性与坚定性，增强了做好新形势下本职工作的能力和信心。

来自四川省凉山州昭觉县的阿呷老师也是受益乡村教师职业道路打通的典例。阿呷老师一家有 6 口人，4 个孩子都靠父母在家务农养活，生活条件并不好。初中毕业后，她并没有因为家庭困难回家务农，而是选择继续读书。而后在昭觉县幼教点担任"乡村教师"辅导员，能到小学去任教是她的目标。在"尚进生计划"的帮助下，2019年7月阿呷老师已成功地考取了"小学教师资格证"。

《中国农村贫困监测报告2015》显示，我国农村贫困地区劳动力参加非农技术培训的比例仅为10.6%，最高的新疆也仅为22.2%，而西藏、海南、黑龙江、吉林分别只有0.1%、3.0%、3.2%、3.6%。因此，构建面向贫困群体的职业教育和培训支持体系，是促进贫困群体人力资源开发的关键之策。

从落地效果看，"尚进生计划"不仅有助于当地县（市）教育主管部门解决辅导员流动性大、难以"留得住、教得好"的问题；还有利于打通辅导员扎根乡村从事教育工作的职业发展通路，帮助他们实现增收脱贫的目标。而通过培训提升辅导员教育教学水平，也将惠及贫困地区的孩子们，阻隔贫困的代际传递。

四、职业教育和成人教育是"后脱贫时代"促进乡村振兴的关键

（一）职业教育扶贫是教育扶贫的重要组成部分

党的十九大提出了乡村振兴战略，2018年中央一号文件全面部署实施乡村振兴战略，乡村再次成为我国改革的前沿。按照脱贫攻坚的战略部署，2020年是全面打赢脱贫攻坚战的收官之年，要巩固脱贫攻坚成果，实现精准扶贫与乡村振兴战略的有效对接是当前扶贫工作的重要任务。农村贫困人口的致贫原因具有多样性特征，在致贫原因分析中，带有共性的因素是贫困人口受教育程度低、思想观念落

后、没有谋生致富的一技之长且贫困代际传递恶性循环。

从政策上看，新中国成立初期制定了"教育为工农服务、为生产建设服务"的方针，2002 年出台了《国务院关于大力推进职业教育改革与发展的决定》，2019 年印发了《国家职业教育改革实施方案》。党和国家为教育定了基调，特别是后期在职业教育发展中制定了一系列服务乡村振兴的政策，为职业教育与乡村振兴的耦合提供了政策基础。

职业教育扶贫是教育扶贫的重要组成部分，相对于普通教育而言具有针对性强、周期短、门槛低和范围广泛的特点。通过职业教育扶贫不仅能实现个体贫困户"一人就业，全家脱贫"的目标，而且可以提升整个贫困地区的内生动力，实现由"输血式"向"造血式"扶贫功能转变。同时，职业教育精准扶贫还具有转变贫困人口落后观念、提升贫困人口生存和发展能力等效能，是阻断贫困代际传递的最有效的方式。[1]

因此，职业教育在精准扶贫中理应发挥重要作用。然而，由于种种原因，从我国的实际情况来看，由于城乡二元结构比较突出，农村职业教育，尤其是农村中等职业教育仍存在教育职能偏失、简单套用城市教育模式、学科教育取向一味偏重知识文化等问题，因此，探寻"普职成统整"的农村职业教育融合模式是农村职业教育寻求"外推"与"内生"共进式改革的有效路径，可以突显出农村职业教育在人才培养、资源整合与乡村建设方面的多重价值。[2]

---

[1] 刘静中、张建伟：《乡村振兴背景下职业教育精准扶贫的对策探讨》，《农业与技术》2020 年第 5 期。

[2] 朱成晨、闫广芬、朱德全：《乡村建设与农村教育：职业教育精准扶贫融合模式与乡村振兴战略》，《华东师范大学学报（教育科学版）》2019 年第 37 期。

（二）贫困地区职业教育需研制个性化培训方案

乡村振兴离不开"人、地、钱"，其中人是实现乡村振兴的核心要素。要实现乡村振兴的战略目标，就必须解决人力资本的积累问题，而我国农村目前还处于形势比较严峻的状态。国家统计局全国农村贫困监测调查，按现行国家农村贫困标准测算，2019年年末，全国农村贫困人口551万人，比2018年年末减少1109万人，下降66.8%；贫困发生率0.6%，比2018年年末下降1.1个百分点。但在我国中西部农村地区，扶贫的道路还任重道远，这些地区农村人口受教育程度较低。

据联合国教科文组织研究，不同层次受教育者提高劳动生产率的水平不同：本科300%、初高中108%、小学43%，人均受教育年限与人均GDP的相关系数为0.562。在乡村振兴发展的重要机遇时期，人才无疑是乡村振兴的关键。基于目前人力资源大量外流的现实，一方面，要根据实际需求量，选拔一批年龄结构合理、文化素质高、政治素养强的农技干部，通过上下互派、远程培训、专家团队巡回指导等方式，提升其服务质量和工作实效，确保农村持续发展、农业持续增效、农民持续致富，让群众感受改革、政策和产业发展红利，有效巩固提升脱贫质量，实现乡村振兴的目的；另一方面，也要加大对人才的激励，特别是对在脱贫攻坚或者乡村振兴中有突出贡献的人。

同时在职业教育和培训中，也必须要充分考虑目标扶贫群体的知识水平与接受能力，精准识别贫困群体个体特征，研制个性化培训方案。也就是在组织贫困群体进行职业教育和培训时，不能将所有受助群体都视为同质化的培训对象，而是结合贫困地区各自的差异化条件，对贫困地区需求进行精确定位，增强不同培训目标人群的瞄准度，分别提供更具针对性、适用性的技术培训服务。比如"90 后"和部分"80 后"中存在的贫困群体，可以开展多层次的职业教育和培训，加强创业教育培训，激发脱贫的内生动力。①

（三）农村成人教育是实现乡村振兴的必然之路

乡村振兴战略的推进需要一大批有文化有技术有信念的乡村专业人才，这为农村成人教育的转型升级提供了机遇，通过农村成人教育提高农村劳动者文化素质、深化知识技能、增强创新能力等，培养出新时代的新型农民成为新时期的教育发展目标。

随着我国农业现代化进程的不断推进，我国在农业领域加大了资金、技术等方面的扶持力度，推进了农业专业化和集约化水平的不断提升，但作为重要生产要素的农民综合素质（主要指农民的知识技能、文化水平和经营管理水平）无法满足于现代农业发展的基本要求，农民整体素质低下已成为制约新农村建设的"短板"。深剖原因，主要有五点：农村成人教育理念较为落后、农村成人教育办学经费投入不足、农村成人教育办学基础薄弱、农村成人教育师资力量不足、农村成人教育办学制度不完善。

穷则思变，变则通，通则久。面对乡村振兴战略推进中的农村成人教育发展机遇与挑战，农村成人教育政策必须作出积极回应，通过优化农村成人教育政策体系，实现农村成人教育服务乡村振兴战略的伟大目标。

首先，要重视成人教育价值，转变农村成人教育理念。在办学主

---

① 马建富、陈春霞：《补齐乡村振兴短板：职业教育和培训精准扶贫的价值追求与推进策略》，《职业技术教育》2019 年第 21 期。

体上，政府应该加强对农村成人教育的宣传，增加办学主体的多元化；在办学机构上，需要树立以人为本的理念，尊重农村成人教育需求的差异化和多元化，充分考虑农村贫困地区的地理、经济、民族和文化特征。

其次，要加大农村成人教育的投入，保证农村成人教育的稳步发展。这一点仅依靠政府力量是不够的，还应该增加资金投入的渠道，鼓励社会团体、企业等参与进来，开展多元办学渠道，增加办学的多样性。由于职业教育与成人教育有一定的共性，职业教育与成人教育在发展中可以相互借鉴、吸收各自的优势，使两者有机结合起来。

再者，要改革农村成人教育办学机制，提高公共服务供给水平。农村成人教育院校基础设施落后，阻碍了乡村建设的发展，办学机构应该完善基础教学资源，开展多元化授课的方式，如开展组织网络授课，通过打破时空的界限，开展交互式的教学活动有利于满足成人的需求，为服务乡村振兴提供坚实的物质基础。

最后，要加强农村成人教育师资队伍建设，提升农村成人教育教师职业吸引力。在满足教师数量的同时，还应该着力提升师资队伍的质量。应优化教师队伍的年龄结构，并且定期对教师进行培训，提高教师的专业知识能力和教育教学质量，使教师掌握的知识与时俱进，避免所学知识与现代化农业发展脱轨。

（四）在"后脱贫时代"，"互联网＋教育"仍是教育脱贫的有效手段

2020 年是全面建成小康社会目标实现之年，是全面打赢脱贫攻坚战的收官之年，绝对贫困即将彻底消除，新中国将迈入"后脱贫时代"。但如何进一步激发贫困人口内生动力，切实防止返贫，改善乡

村治理，实现乡村振兴，仍然是一项长期而艰巨的任务。

治贫先治愚，扶贫先扶智。教育在时间向度上所具有的长周期性、未来性和迟效性的基本特征决定了必须把教育脱贫摆在脱贫攻坚的优先地位。而在教育脱贫的过程中，"互联网＋教育"给我国教育脱贫带来了许多重大机遇，并且这些机遇是我们过去没有的或者难以企及的。一方面，"互联网＋教育"让课程、教学、学习、评价等都发生了显著改变；另一方面，"互联网＋教育"也让与世隔绝的、地处偏远山区的乡村学校，享受到了城市的优质教育资源，在一定程度上缩小了城乡之间的教育鸿沟。

问渠那得清如许，为有源头活水来。扶贫就是为了脱贫，教育扶贫是精准扶贫举措中的一种内生性扶贫方式，只有从根上把农村贫困的问题解决掉，才能真正实现乡村振兴。教育脱贫是精准脱贫的重要途径，也是包括尚德机构在内的众多教育企业的社会责任。尚德机构将秉持"用科技和人文重塑教育"理念，依托行业领先的技术研发、教研教学和用户运营能力，在"后脱贫时代"，为实现我国的乡村振兴和均衡发展目标继续贡献力量。

"互联网＋教育" 汤 敏 ▼ 扶贫兴农·专家点评

　　"阻断贫困代际传递"是教育的重要使命。从人文历史来看，贫困大体上是一代一代往下传的，而阻断贫困代际传递的关键在于教育质量，即不仅要保证贫困家庭的子女"有学上"，还要"上好学"。教学质量是靠教师来保障的，但优秀教师总是少数的，他们往往会选择到城市中去，这是不争的事实。这种现象不仅在我国，在世界各国都存在，这也是世界各国教育都存在不公平问题的最重要的因素。

要解决教育不公平问题，就要把互联网等现代科学技术结合进去。"互联网具有天然的公平属性，可以把供给优质资源的一方和需求的一方有效连接在一起。贫困地区的孩子也能通过'互联网＋教育'的实施接受优质教育。"

职业教育和成人教育是巩固脱贫成果、促进乡村振兴的关键。而将"互联网＋教育"推广到了农村基层干部、脱贫致富带头人、农村富余劳动力的培训上就是一种重要手段。"用科技和人文重塑教育"理念，依托领先的技术，将在"后脱贫时代"为实现我国的乡村振兴和均衡发展目标贡献重要力量。

——汤敏，国务院参事，友成基金会副理事长

丛书策划：蒋茂凝

责任编辑：李甜甜

封面设计：姚　菲

版式设计：周方亚

责任校对：周　荣

图书在版编目（CIP）数据

数字科技：扶贫兴农新利器／汪向东　主编 . —北京：人民出版社，2020.10

ISBN 978－7－01－022513－5

I.①数…　II.①汪…　III.①数字技术－应用－农村－扶贫－中国

　IV.① F323.8-39

中国版本图书馆 CIP 数据核字（2020）第 187356 号

数字科技：扶贫兴农新利器

SHUZI KEJI FUPIN XINGNONG XIN LIQI

汪向东　主编

人民出版社 出版发行

（100706　北京市东城区隆福寺街 99 号）

北京盛通印刷股份有限公司印刷　新华书店经销

2020 年 10 月第 1 版　2020 年 10 月北京第 1 次印刷

开本：710 毫米 ×1000 毫米 1/16　印张：19.75

字数：246 千字

ISBN 978－7－01－022513－5　定价：68.00 元

邮购地址 100706　北京市东城区隆福寺街 99 号

人民东方图书销售中心　电话（010）65250042　65289539